Jan Smuts

Jan Smuts: portret deur JK de Vries, 1947. Museum Africa, Johannesburg

Jan Smuts

Afrikaner sonder grense

Richard Steyn

Jonathan Ball Uitgewers
Johannesburg & Kaapstad

Die publikasie van hierdie boek is moontlik gemaak deur 'n ruim subsidie van die
LW Hiemstra Trust – Opgerig deur Riekie Hiemstra ter herinnering aan Ludwig Wybren
(Louis) Hiemstra.

Alle regte voorbehou.
Geen gedeelte van hierdie publikasie mag gereproduseer of in enige vorm of op enige wyse
oorgedra word, sonder skriftelike toestemming van die uitgewer of kopiereghouers nie.

© Teks: Richard Steyn, 2017
© Foto's: Verskaf deur die skrywer, tensy anders vermeld
© Gepubliseerde uitgawe: Jonathan Ball Uitgewers 2017

Uitgegee in 2017 deur
JONATHAN BALL UITGEWERS
'n Afdeling van Media24 (Edms.) Bpk.
Posbus 33977
Jeppestown
2043

ISBN 978-1-86842-742-0
e-boek ISBN 978-1-86842-743-7

*Alle redelike pogings is aangewend om kopiereghouers op te spoor en toestemming te verkry vir
die gebruik van kopieregmateriaal. Die uitgewer vra om verskoning vir enige foute of weglatings
en verneem graag van kopiereghouers met die oog op regstellings of byvoegings in toekomstige
uitgawes van hierdie boek.*

Twitter: www.twitter.com/JonathanBallPub
Facebook: www.facebook.com/Jonathan-Ball-Publishers
Blog: http://jonathanball.bookslive.co.za/

Omslag deur publicide
Ontwerp en geset deur Triple M Design, Johannesburg
Vertaal deur Anne-Marie Mischke
Redigering deur Janita Holtzhausen
Proeflees deur Annlerie van Rooyen
Indeks deur Sanet le Roux
Gedruk en gebind deur CTP Printers, Kaapstad
Geset in 10,5pt/15pt ITC Berkeley Oldstyle Std

Vir Elizabeth,
en ons kinders,
en hul kinders.

Inhoud

Voorwoord ix
Skrywersnota xii
Proloog xiii

DEEL EEN Jan Smuts: sy lewe en sy era
1. Totsiens, Oubaas 3
2. 'n Eienaardige kêreltjie 8
3. Bruisend van idealisme 16
4. Boerestrateeg 23
5. Na die Kaapkolonie 33
6. Nasleep 43
7. Nasiebouer 50
8. Rebellie 62
9. Aan Brittanje se kant 73
10. "In diens van die mensdom" 84
11. Die vrede word verloor 96
12. 'n Teensinnige eerste minister 104
13. 'n Toonbeeld van selfbeheersing 116
14. Die ondenkbare gebeur 126
15. Leier in 'n tyd van oorlog 136
16. "Ons, die Verenigde Nasies" 148
17. 'n Hartseerjaar 158
18. Teen die laaste berg uit 168

DEEL TWEE Die man
19. Uit staal gesmee 177
20. 'n Toevlug vir stoïsyne 186

21. Gemaklik by vroue 194
22. Die soeke na orde in kompleksiteit 208
23. Die wyse ekoloog 219
24. 'n Onseker trompet 227
25. Raadgewer van konings en staatslui 243
26. Envoi 257

Notas 263
Geselekteerde bibliografie 276
Erkennings 280
Indeks 281

Voorwoord

Ek het eendag vir 'n vriend – 'n bekende akademikus – genoem dat Jan Smuts my nog altyd gefassineer het en dat ek daaraan dink om 'n nuwe studie oor hom te doen, want dit lyk of so min jong mense besef wat sy invloed op ons land was. Hy het geantwoord dat ek twee keuses het: Ek kan myself die volgende paar jaar lank onder navorsing begrawe en 'n lywige boek voortbring wat op die rakke gaan sit en stof vergader, of ek kan 'n korter en minder ontsagwekkende boek skryf wat besige mense soos hy dalk sal verlei om dit te lees. Ek het sy raad probeer volg en die tweede opsie gekies.

Vir 'n relatiewe jong nasie ver van die hart van wêreldsake, het Suid-Afrika 'n merkwaardige versameling buitengewone, groter as lewensgroot figure voortgebring – sommige meer bewonderenswaardig as ander. Hulle is die produk van sowat 350 jaar se onstuimige geskiedenis, van stam- en etniese oorloë, rassekonfrontasie, gevegte oor hulpbronne, kulturele botsings, ideologiese twiste, politieke skikkings en skouspelagtige versoening. Twee van hulle – Smuts en Nelson Mandela – het in die oë van die wêreld luister verleen aan die land waarvan hulle leiers was. Nog twee uitsonderlike figure van die 20ste eeu – Winston Churchill en Mahatma Gandhi – het diep spore hier getrap.

As ek my verbeelding soms vrye teuels gee, stel ek my voor hoe hierdie vier mans saam om die hemelse tafel vir aandete aansit, hoe hulle afkyk op Suid-Afrika en hul bydraes tot ons geskiedenis bespreek. Op die spyskaart, behalwe nou die godespys en nektar (en vonkelwyn vir Churchill) sal daar ook vir elkeen 'n ruim skeppie nederigheid moet wees, want sommige van hul verwagtings het anders uitgedraai as wat hulle met soveel vertroue voorspel het. In die meeste gevalle het die wêreld hardnekkig geweier om aan hul hervormingsverwagtings te voldoen. Die aandete sou sonder twyfel vroeg verby gewees het. Churchill sou dalk nog tot in die vroeë oggendure wou gekuier het, maar Smuts, Gandhi en Mandela – nie een geneig tot oordaad nie – sou teen tienuur in die bed gewees het.

Oor 'n onlangse boek deur Doris Kearns Goodwin (die skrywer van *Lincoln*) het die Amerikaanse resensent Nicholas Lemann geskryf dat Goodwin se soort geskiedskrywing anders is as dié van die meeste akademici. Lemann het dit as 'n soort populêre geskiedenis beskryf – "'n soort joernalistiek oor die verlede" waarin die storie en die karakters die sleutelelement en die beredenering sekondêr is. Dis presies die soort boek wat ek probeer skryf het: 'n joernalistieke werk wat die lewe en die tyd van die fenomenaal begaafde, hardnekkige en altyd omstrede Jan Christiaan Smuts beskryf en weer in oënskou neem.

In die skryfproses het ek voortgebou op die fondamente wat gelê is deur baie mense wat óf Smuts persoonlik geken óf boeke oor hom geskryf het. Ek het probeer om uit hierdie baie en uiteenlopende bronne die essensie van hierdie buitengewone individu vir 'n nuwe gehoor te distilleer, die wese van 'n man wat in sy leeftyd beroemder as sy land was en wie se invloed, ten goede of ten kwade, steeds in postkoloniale en postapartheid Suid-Afrika gevoel kan word. Ek is ontsaglik baie verskuldig aan geskiedkundiges soos sir Keith Hancock, Kenneth Ingham, FS Crafford, Piet Beukes, Piet Meiring en ander en ek het hul werk so volledig as wat ek kan aan die einde van die boek erken.

◆

'n Mens kan wel vra waarom Jan Smuts se lewe en voorbeeld vandag nog vir Suid-Afrikaners relevant is. Bowenal, sou ek sê, is sy lewenslange (eintlik té lang) toewyding aan openbare diens. Van meet af aan het hy sy talente in diens van sy land en sy mense gebruik, nié om homself te amuseer of te verryk nie – ofskoon hy nie arm was nie. As 'n politikus het hy harder as enigiemand anders gewerk en, in teenstelling met baie moderne leiers, het hy nooit van moeilike besluite weggeskram nie. As 'n jong staatsamptenaar was hy bereid om hom ongewildheid op die hals te haal in sy ywer teen baantjies vir boeties en korrupsie. Anders as sommige voor en ná hom het hy dit duidelik gemaak dat openbare bronne nie daar is sodat politici en staatsamptenare dit na hartelus kan plunder nie. In sy private lewe was hy spaarsaam, getrou aan sy geestelike oortuigings en altyd uitermate fiks. Hy het grootgeword en uitgestaan in 'n gemeenskap wat veel ruwer en in baie opsigte veeleisender was as dié een waarin ons vandag leef.

William Hazlitt kon net sowel Jan Smuts in gedagte gehad het toe hy geskryf het die mens is 'n intellektuele dier in voortdurende stryd met homself: "Sy sinne is in homself gesentreer, sy idees reik tot aan die einde van die heelal sodat hy aan stukke geskeur word tussen die twee, sonder die moontlikheid dat dit anders kan wees."[1] Daar was inderdaad baie teenstrydighede in Jan Smuts se karakter, in die besonder sy gelyktydige geloof in rasseskeiding én menseregte, die twee mees botsende ideale van die 20ste eeu.

Die boek is in twee dele geskryf. Die eerste is sonder omhaal 'n verslag van Smuts se lang en veelbewoë lewe; die tweede is 'n poging om hom in al sy dimensies uit te beeld – sy persoonlikheid, sy huis en familie, sy verhoudings met vroue, sy geestelike lewe en filosofie van holisme, sy belangstelling in ekologiese kwessies, die problematiek van swart stemreg en sy ervarings as internasionale staatsman. Ek het aanvaar nuwe lesers het min of geen kennis van Smuts nie en het probeer om sy intellektuele idees en filosofie toeganklik te maak vir dié wat dalk deur vorige boeke oor hom geïntimideer is. Ek hoop dat mense opnuut bewus sal word van die rol wat hierdie merkwaardige Afrikaner in die geskiedenis van ons en ander lande gespeel het.

Johannesburg 2015

Skrywersnota

Soos al dikwels gesê is, Suid-Afrika is 'n terminologiese mynveld. In Smuts se tyd het die wet en gebruik onderskei tussen Europeërs (of "blankes"), Kleurlinge (mense van gemengde afkoms), Asiate (of Indiërs) en "naturelle" (swart mense). Die benaming "naturel" – Engels: *native*, soos in die South African Native National Congress (voorloper van die ANC) – het nie die pejoratiewe betekenis van vandag gehad nie. In hierdie boek het ek die rassebeskrywings van die tyd gebruik: "naturel" word gebruik waar dit binne die konteks van die tyd nie anders kan nie, andersins word "swart mens" gebruik.

Proloog

Op Parliament Square in Londen staan 11 standbeelde. Uit die vier wat nie Britte is nie, is twee Suid-Afrikaners – Jan Smuts en Nelson Mandela. Die derde is Abraham Lincoln van Amerika en die vierde, Mahatma Gandhi, is onlangs bygevoeg. Daar is al heelwat kontemporêre artikels, boeke en rolprente oor Mandela, Lincoln en Gandhi geskryf, maar Smuts het in die vergetelheid vervaag. Tog was die Suid-Afrikaanse leier-krygsman en internasionale staatsman se aansien en bekendheid in sy tyd vergelykbaar met dié van die ander drie.

"In sy tyd" is die sleutelfrase hier, want Smuts se standpunte oor 'n wêreldryk (*empire*) en ras het ontwikkel in die 19de eeu en alhoewel dit tipies was van die meeste van sy tydgenote, het dit hom buite die grense van aanvaarbaarheid in die moderne Suid-Afrika met sy meerderheidsregering geplaas. Dit was aan die begin van die vorige eeu vir hom as stigtersvader en argitek van 'n nuwe land bowenal belangrik dat wit Afrikaners en Engelssprekende Suid-Afrikaners tot een verenigde nasie gesmee word, onder die beskerming van 'n imperiale sambreel.

Smuts en sy wit landgenote het hulle in onbestendige isolasie aan die suidpunt van Afrika gevestig, waar hulle met 'n oënskynlik onoplosbare "naturelleprobleem" gekonfronteer is. Terwyl hy volgehou het dat Suid-Afrika 'n belofteryke unitêre staat is waarin swart en wit mense geen ander keuse het as om hul toekoms saam uit te werk nie, het hy – verkeerdelik – gedink die "naturellevraagstuk" kan los van die politiek gehou word. Smuts het 'n grondige geloof gehad in biologiese, sosiale en politieke evolusie. Suid-Afrikaners, het hy herhaaldelik benadruk, moet hul politieke, ekonomiese en kulturele verskille in 'n atmosfeer van hoop, eerder as vrees uit die weg ruim. Politieke oplossings sal eers in die volheid van die tyd kom.

As daar een gemeenskaplike kenmerk onder die vier figure op Londen se parlementsplein is wat hulle die toegeneentheid en respek van die Britte besorg het, is dit daardie grootste van alle politieke deugde – grootmoedigheid. Lincoln se ruimhartigheid teenoor sy politieke teenstanders en Amerika se slawe was die sleutel tot sy grootheid as mens en as president. Gandhi se menslikheid is legendaries, terwyl die groothartigheid waarmee Mandela ná 27 jaar in die tronk na sy gevangenemers en politieke vyande uitgereik het, vir ewig as voorbeeld aan die mensdom voorgehou sal word. Ook Smuts, eens 'n vurige teenstander van die Britte, is so geïnspireer deur die edelmoedigheid van Henry Campbell-Bannerman, die destydse Britse eerste minister wat enkele jare ná die Vrede van Vereeniging selfregering aan die verslane Boererepublieke toegestaan het, dat hy die res van sy lewe aan "die verspreiding van groothartigheid" tussen die Boere en die Britte, Afrikaners en Engelssprekendes en strydende nasies wêreldwyd gewy het.

Jan Smuts was 'n Afrikaner met 'n buitengewone intellek, veelsydigheid en veerkrag. As geleerde, advokaat, guerrillaleier, militêre bevelvoerder, filosoof, wetenskaplike, politikus en internasionale staatsman het sy uniekheid as mens in sy diep geestelikheid gelê, in sy fisieke dapperheid, sy liefde vir die natuur, sy spartaanse persoonlike lewe en die genot wat hy uit eenvoudige dinge geput het. Bowenal was hy lewenslank 'n soeker na godsdienstige waarheid en daardie ewige waardes wat op die politiek en in ander sfere van menslike strewe toegepas kan word. Sy geloof is soos dié van Job eindeloos beproef, dwarsdeur 'n stormagtige lewe van 80 jaar wat ontsier is deur persoonlike tragedie, innerlike stryd en wanhoop en die bittere vyandigheid van baie Afrikaners wat hom eens geëer het.

In 'n onlangse huldeblyk in 'n Britse regstydskrif het sir Louis Blom-Cooper QC geskryf Jan Smuts se benadering tot swart mense se menseregte kan slegs behoorlik begryp word as dit teenoor Nelson Mandela se standpunt in die latere jare van die 20ste eeu gestel word.[1] Smuts het verkies om die probleem te systap, maar Mandela het onder verskillende omstandighede die bul by die horings gepak en hom nie deur ander kwessies van stryk laat bring nie. Tydens sy inspirerende leierskap van die ANC het Mandela "strak op die tuisfront gefokus". Daarteenoor was Smuts wel aanvanklik vasgevang in die politiek van sy land, maar hy is al hoe dieper by internasionale sake betrek waar konings en gewone mense almal sy raad gesoek het.

Terwyl hy gedurende die Eerste Wêreldoorlog Suid-Afrika se minister van verdediging was, het Smuts 'n lid van Brittanje se oorlogskabinet geword en gehelp om die koninklike lugmag tot stand te bring; hy het die hooftrekke van die Britse beleid by die Vredeskonferensie van Versailles opgestel en 'n sleutelrol gespeel in die totstandkoming van die Volkebond; hy het ook die stigting van die Britse Statebond voorgestel en die fondamente gelê vir die Statuut van Westminster, wat die politieke emansipasie van die dominiums van Kanada, Australië, Nieu-Seeland en Suid-Afrika moontlik gemaak het. Gedurende die Tweede Wêreldoorlog het hy Europa en die Midde-Ooste nege keer besoek om met die Geallieerde leiers en militêre bevelvoerders te beraadslaag. Winston Churchill het soos Smuts oor krygskwessies gedink, en wou hom in 1943 as waarnemende Britse eerste minister aanstel tydens sy (Churchill se) afwesigheid uit die land. "My geloof in Smuts is onwankelbaar,"[2] het hy gesê. Smuts was die enigste persoon wat die vredeskonferensies ná albei die wêreldoorloë bygewoon het, en ná die Tweede Wêreldoorlog het hy die aanhef tot die handves van die Verenigde Nasies opgestel. Alan Paton, wat Smuts beter as die meeste mense verstaan het, het gesê: "Selfs die grotes het gedink hy was groot."[3]

Smuts was nie sonder tekortkominge en swakhede nie. Hy het nie die geduld en warmte van sy groot kameraad Louis Botha gehad nie en was meestal afsydig teenoor gewone mense. Volgens 'n tydgenoot het hy geen diep gevoel vir hulle gehad nie, en waarskynlik baie min werklike simpatie, al het hy groot empatie met die mensdom in sy geheel gehad.[4] Hy het ook soveel vertroue in sy eie oordeel gehad, dat hy nie kon verstaan hoekom ander mense nie dieselfde insig het wanneer hy met 'n briljante rasionele oplossing vir 'n probleem vorendag gekom het nie. Mettertyd het hy die afstand tussen hom en sy mede-Afrikaners te groot laat word. Hy het 'n outoritêre streep gehad en kon genadeloos wees wanneer hy gedink het die omstandighede vereis dit.

Maar as Smuts die deernis en verdraagsaamheid van 'n Lincoln en Mandela kortgekom het, het sy ander geestelike, intellektuele en morele eienskappe hom 'n buitengewone mens gemaak. Soos Paton geskryf het: "Hy het die vreesloosheid gehad wat as 'n seldsame en wonderbaarlike gawe van die natuur kom."[5] Sy moed, saam met sy intellek en energie, het hom een van die pioniersfigure van die 20ste eeu gemaak, terwyl sy persoonlike dinamiek en idealisme buitengewone lojaliteit geïnspireer het by diegene wat hom gevolg of van ver af bewonder het.

Dis dan die man wat die huidige geslag Suid-Afrikaners verkies om te vergeet. Tog, as Ralph Waldo Emerson reg is wanneer hy sê: "Daar is waarskynlik geen geskiedenis nie, net biografie,"[6] is dit tyd dat ons ons geskiedenis deur die lewe en tyd van Jan Smuts, een van die land se grootste seuns, herbesoek. Oor hom het Churchill gesê: "He did not belong to any single nation. He fought for his own country, he thought for the whole world."[7]

DEEL EEN

Jan Smuts: sy lewe en sy era

Deug is soos 'n ryk edelsteen, liefs in eenvoud vertoon.
Francis Bacon

Die kanonwa met Smuts se kis. INPRA

HOOFSTUK 1

Totsiens, Oubaas

> 'n Lig is uitgedoof in die wêreld van vry mense.
> Clement Attlee

Die datum 11 September (of dan 9/11) is onuitwisbaar in die geskiedenis van die moderne tyd ingegrif. Dit is ook die dag in 1950 waarop generaal Jan Smuts, die kryger-politikus en staatsman wat langer as wat enigiemand kon onthou in die middelpunt van Suid-Afrika se sake gestaan het, in sy huis in Irene, naby Pretoria, aan 'n hartaanval dood is. Hy was 80 jaar oud. Soos een koerant dit gestel het, was dit asof "'n eikeboom omgeval het nadat ons geslagte lank daaronder geskuil het".[1]

Minder as 20 kilometer van Irene af het Smuts se politieke nemesis – Suid-Afrika se eerste minister, dr. DF Malan – pas sy 90 minute lange toespraak op die Nasionale Party se kongres in die Pretoriase stadsaal afgesluit. Volgens die *Rand Daily Mail* se parlementêre korrespondent het iemand 'n nota aan hom gegee en het hy, nadat hy dit gelees het, byna 'n minuut lank met sy kop in sy hande gesit. Hy was duidelik ontsteld en moes na die mikrofoon gehelp word, waar hy 1 000 kongresgangers meegedeel het dat generaal Smuts, "'n groot figuur van sy tyd"[2], pas oorlede is. Hy het almal gevra om as gebaar van respek vir 'n oomblik van stilte op te staan en daarna te verdaag. 'n Kabinetslid het aan die verslaggewer gesê hy het Malan nog nooit so diep geraak gesien nie.

Die nuus het stadig oor die land versprei, en Suid-Afrikaners van alle rasse het elk op hul eie manier die wete begin verwerk dat "Oubaas", die man wat die land se politieke lewe byna 'n halfeeu lank oorheers het, nie meer daar was nie. Radioprogramme is onderbreek en in stede en dorpe oor die hele Suid-Afrika is vergaderings, openbare vertonings en private vermaak dadelik gestaak. Die volgende dag het Malan in 'n radiouitsending 'n stram bewoorde en versigtig genuanseerde huldeblyk gelewer aan die man saam met wie hy grootgeword het en met wie hy as student bevriend was, maar wat sedertdien 'n bittere politieke vyand geword het: "Generaal Smuts was sonder twyfel een van Suid-Afrika se grootste en mees gevierde seuns," het die eerste minister stadig en gedrae, gesê. "In hom het hy die mees besondere gawes van intellektuele krag gekombineer met uitdrukkingsvermoë, wilskrag, energie en – selfs in sy ouderdom – 'n merkwaardige fisieke uithouvermoë, alles saamgevoeg in daardie sterk persoonlikheid wat altyd beïndruk het."[3]

"Sowel in die openbare lewe van ons eie land as op die wyer terrein van internasionale betrekkinge," het Malan voortgegaan, "sal sy afsterwe 'n leemte laat wat nie gevul kan word nie." Suid-Afrika se rykdom, het hy bygevoeg, lê nie in goud en diamante nie, maar in manne en vroue wat deur hul persoonlike eienskappe en dade diep voetspore in die sand van die tyd en in hul land se geskiedenis laat. Een van hulle was Smuts – "'n groot Suid-Afrikaner".

In Brittanje, waar Smuts weens sy oorlogsbedrywighede heldestatus verwerf het, was die huldebetuigings inniger. Die eerste minister, Clement Attlee, het hom beskryf as iemand met "die ware eenvoud van hart wat die kenmerk van grootheid is".[4] 'n Duidelik bewoë sir Winston Churchill, die leier van die opposisie, het in die parlement gesê "op al die vele terreine waarop hy uitgeblink het – krygsman, staatsman, filosoof, filantroop – het Jan Smuts in sy majestueuse loopbaan almal se bewondering afgedwing. Die einde van so 'n lang en volkome lewe soos hierdie is nie 'n persoonlike tragedie nie ... maar sy vriende wat agtergelaat word om die nimmereindigende probleme en gevare van die menslike bestaan in die oë te kyk, is oorweldig deur 'n gevoel van ontneming en onherstelbare verlies. Hierdie gevoel dui ook op die mate van dankbaarheid waarmee ons en almal, oral, wat vryheid hoog ag sy gedagtenis salueer."[5]

Nie alle Suid-Afrikaners het Smuts met soveel toegeneentheid onthou nie. *Die Transvaler*, 'n spreekbuis van Afrikanernasionalisme, het opgemerk dat Smuts se gees so rusteloos was, sy energie so verterend, sy liggaam so gespanne met voortvarendheid, dat hy nooit die ouderdom herken het of by die uitspanplek van rus en stille nadenke uitgekom het nie. Daarom was sy lewe 'n tragiese mislukking: "Die uitstaande tragedie is dat hy heeltemal los gestaan het van die stryd en opkoms van sy eie mense." Die koerant het darem toegegee dat al het hierdie mede-Afrikaner nie sy eie mense gedien nie, het hy wel die wêreld "met onderskeiding" gedien.[6]

◆

Soos altyd in die rasverdeelde Suid-Afrika van die middel-20ste eeu, het menings oor Smuts van ras tot ras en selfs binne rassegroepe verskil. Woordvoerders van die "Kleurling-" en Asiër-gemeenskappe het openbare hulde aan die ontslape staatsman gebring. Baie bruin mense, veral dié wat in die gewapende magte gedien het, het 'n groot verering vir hom gehad. Maar daar was baie ander wat hul menings vir hulself gehou het of wat nie gevra is wat hulle dink nie. Dr. JS Moroka, sekretaris-generaal van die African National Congress, het gesê: "In Suid-Afrika stem ons nie altyd saam oor daardie kwessies wat ons voel ons belange raak nie en ons het baie bitter botsings gehad, maar ons was onvermydelik en voortdurend bewus van die reusestatuur van sy gees en verstand."[7] In Natal het Pika Zulu, die kleinseun van Shaka se broer Mpande, uit sy siekbed opgestaan om sy spyt uit te spreek oor die groot verlies wat "die wit mense van Suid-Afrika" gely het met die dood van generaal Smuts, "'n man wat ons mense as 'n ware en geëerde vriend beskou het".[8]

Nie een van die hoofstroomkoerante het enige swart leier gevra om oor Smuts se dood kommentaar te lewer nie. Die *Rand Daily Mail* het in sy redaksionele kommentaar gesê dat in al die huldebetuigings aan Smuts oor die radio niemand genooi is om namens Suid-Afrika se agt miljoen "naturelle" te praat nie. 'n Vanselfsprekende keuse om namens hulle te praat, het die koerant versigtig voorgestel, sou 'n lid van die Naturelle Verteenwoordigersraad kon gewees het, iemand soos mev. Margaret Ballinger.[9]

◆

Die Malan-regering het die Smuts-familie 'n staatsbegrafnis aangebied, maar hulle het 'n militêre plegtigheid verkies. Op Vrydag 15 September, 'n dag van nasionale rou, het die skares in eerbiedige stilte langs die strate van Pretoria gestaan terwyl Smuts se stoet stadig na die Groote Kerk beweeg het. Daar het ds. Johan Reyneke en eerw. JB Webb die tweetalige roudiens gelei. Volgens 'n verslaggewer het dit gelyk of byna elke tweede mens in die skare 'n kamera het.

Smuts se kis, op 'n oop kanonwa, is gevolg deur 'n ruiterlose perd, in lanfer gehul met stewels en kamaste omgekeerd in die stiebeuels. Bo-op die kis was Isie Smuts se krans van Kaapse heide met die eenvoudige groet: "Totsiens, Pappa." Sy was te swak om die begrafnis by te woon.

Ds. Reyneke het die plegtige geleentheid gebruik om by die mense "van ons geliefde vaderland" te pleit vir 'n nuwe gees van vrede en verdraagsaamheid tussen die rasse. Die verhouding tussen wit en swart was aan die verswak, het hy opgemerk, en tussen die wit groepe het die bitterheid toegeneem. As ons verenig is in rou, in die dood, wil God nie hê dat ons ook so in die lewe moet wees nie? het hy gevra, en afgesluit: "Jan Christiaan Smuts, u het 'n plek onder die grotes van die wêreld gehad, u het 'n plek onder die nederigste individue gehad ... Ons groet u, Oubaas."[10]

Vanaf die Groote Kerk het die begrafnisstoet, met orkeste van die leër en die lugmag vooraan, op pad na die stasie by die standbeeld van Paul Kruger verbybeweeg terwyl 'n kanonsaluut van 19 skote vanaf 'n nabygeleë heuwel weerklink het. Toe die klanke van die laaste taptoe daarna wegsterf, het agt Spitfires van die lugmag laag oor die stasiegebou gevlieg en die spesiale begrafnistrein het stadig uit die stasie gegly op pad na Johannesburg.

By Irene het honderde mense bloeisels en veldblomme op die perron gestrooi. Die trein het 'n kort rukkie lank stilgehou, die laaste taptoe het uit 'n enkele beuel opgeklink en 'n swart koor het "Nkosi Sikelel' iAfrika" gesing. Langs die roete na Johannesburg, selfs in die oop veld, het mense van alle rasse stilgestaan, die mans met ontblote hoofde. By Olifantsfontein het sowat 2 000 swart werkers langs die spoorwal gestaan om hul respek te betoon.

In Johannesburg het 'n skare van sowat 400 000 mense van alle rasse op elke denkbare uitkykpunt saamgedrom en die kop gebuig wanneer die stoet op pad na die krematorium in Braamfontein tussen rye veterane, soldate en spoorweg- en militêre polisiemanne by hulle verbybeweeg het. 'n Polisieman het daarna gesê dit is die beste gedrag van 'n skare wat hy in sy 32 diensjare gesien het.[11] Die verassingsdiens was slegs vir die familie; 'n paar dae later is Smuts se as op die koppie bokant sy huis op Doornkloof gestrooi. Vandag word hy daar met 'n gedenknaald vereer.

Daardie hele week lank het koerante in Suid-Afrika en oor die wêreld lang evaluerings van Smuts se nalatenskap geplaas. In Londen het *The Times* geskryf dat die ou kryger-staatsman se volhardingsvermoë gedurende sy lang aktiewe openbare lewe hom op daardie hoë spits geplaas het wat net 'n paar historiese figure kon bereik, mense soos Palmerston, Gladstone en Clemenceau. Die koerant het sy uitsonderlike lewenskrag toegeskryf aan sy lang en stabiele huwelik en sy intellektuele nuuskierigheid. Dis onmoontlik om te glo, het *The Times* gesê, dat Smuts ooit in sy lewe verveeld was, "en die afwesigheid van verveling verseker sonder twyfel ewigdurende jeug".[12]

In Johannesburg het die *Rand Daily Mail* geskryf dat Smuts een van daardie mense was wat klein lande van tyd tot tyd oplewer, wie se ware plek op die wêreldverhoog is.[13] Dit was egter *The Star* wat die vinger gelê het op wat hom so 'n uitsonderlike mens gemaak het: "Om te sê dat hy geliefd was, is gemeenplasig en ontoereikend. Smuts het die eienskap van grootheid gehad wat nie net 'n passievolle lojaliteit van sy volgelinge verseker het nie, maar wat ontsag by sowel ondersteuners as teenstanders gewek het. Dit was onmoontlik om in sy geselskap te wees sonder om betower te word. Min het hom heeltemal verstaan, nogtans het hy die toewyding geniet van baie vir wie sy filosofie nie eens 'n naam gehad het nie. In oorlog en in vredestyd was mense bereid om hom na onsigbare bakens te volg. Geen ander man van vergelykbare statuur het in 300 jaar op die Suid-Afrikaanse toneel verskyn nie. Baie nasies moes veel langer wag."[14]

Suid-Afrika was natuurlik geseën met ten minste twee mans wat diep voetspore in die sand van die tyd gelaat het, nie net in hul eie land nie, maar ook in die wyer wêreld. In die eeue oue debat oor of geskiedenis deur groot figure gevorm word en of sulke mense die produkte van hul sosiale omgewings is, is Jan Smuts en Nelson Mandela kragtige voorbeelde van eersgenoemde – ofskoon die godsdienstige Smuts waarskynlik met Tolstoi sou saamstem dat sulke mense bloot instrumente van 'n Heilige Voorsienigheid is. Mandela is met reg gekanoniseer omdat hy die kans benut het om vir die eerste keer in sy land se geskiedenis Suid-Afrikaners van alle rasse bymekaar te bring, maar Jan Smuts verdien ook 'n ereplek in ons panteon van helde.

HOOFSTUK 2

'n Eienaardige kêreltjie

VROEË DAE

Riebeek-Wes is 'n mooi Wes-Kaapse dorpie aan die voet van die imposante Kasteelberg, tussen die koringlande en wingerde van die welvarende Swartland. Dis waar Jan Christiaan[1] Smuts op 24 Mei 1870 op die familieplaas, Bovenplaats, gebore is. Sy pa, Jacobus Abraham Smuts, 'n sesdegeslag-afstammeling van die eerste Smuts wat in 1692 uit Holland in die Kaap aangekom het, was 'n steunpilaar van die Nederduits Gereformeerde Kerk en 'n lid van die Kaapse koloniale wetgewer. Sy ma, Catherina (Cato) Petronella (gebore De Vries), was 'n sewendegeslag-afstammeling van Jacob Cloete, wat in 1652 saam met Jan van Riebeeck in die Kaap geland het. Sy was van die Worcester-omgewing en het voor haar troue Frans en musiek in Kaapstad gestudeer.

Jan Smuts is in die tyd van die wêreldryke gebore: dié van Brittanje, Frankryk, Spanje, Nederland en België. In daardie stadium was Europa se kolonisering van die wêreld reeds 400 jaar lank aan die gang en kolonialisme is as natuurlik, legitiem en grootliks in die belang van sowel die regeerders as hul onderworpenes beskou. Van die koloniale imperiums was die Britse Ryk maklik die grootste en magtigste, en, volgens haar eie oordeel, verreweg die goedaardigste. As burgers van die Kaapkolonie was die Smuts-familie wel Hollands, maar hulle was koningin Victoria se onderdane. Jan was 'n tingerige, sieklike kind wat in sy grootwordjare die vee op die plaas opgepas het. Hy het glad nie formele onderrig gekry voordat hy 12 was nie. Sy gemeenskapsbewuste pa het nie geweet hoe hy dit met die kind het nie en het hom beskryf as 'n "eienaardige kêreltjie sonder veel intelligensie".[2]

Jan was ses toe die familie van Bovenplaats af na die plaas Klipfontein, sowat 16 kilometer van Riebeek-Wes af, getrek het. Dis waar Jan sy intense passie vir die natuur en die plant- en dierelewe ontwikkel het, lank voordat hy kon lees en skryf. Jare later sou hy onthou: "Maand ná maand het ek daar in eensaamheid deurgebring – op my eie met die vee en met God. Die veld het deel van my geword, nie net in die sin dat my vlees en bloed deel daarvan was nie, maar in die wesenliker sin: die vereenselwiging van die natuur met die mens."[3]

Jan se oudste broer, Michiel, sou predikant word, maar toe hy aan ingewandskoors sterf, het sy ouers besluit dat Jan geleerdheid moet kry sodat hy 'n predikant in die NG Kerk kon word. Hy is na die koshuis Die Ark by mnr. TC Stoffberg se skool in Riebeeck Kasteel gestuur. Daar het sy onversadigbare dors na kennis dadelik na vore gekom. Hy het 'n fenomenale geheue gehad en kort voor lank het hy sy agterstand ingehaal en skoolmaats wat al 'n hele paar jaar se onderwys agter die rug gehad het verbygesteek. Stoffberg sou later van hom sê dat hy een van sy briljantste leerlinge was, die hardwerkendste seun wat hy ooit teengekom het.[4]

Die jongeling was ook diep godsdienstig, van vroeg af onder die invloed van sy ouers, sy oom, ds. Boudewyn de Vries, en die plaaslike predikant, ds. AJ Louw, wie se Sondagskoolassistent hy later geword het. Soos sy amptelike biograaf opmerk, Jan sou sonder sy godsdienstige oortuigings baie maklik 'n animis kon geword het, wat 'n gees in elke rots en boom ontdek; of 'n panteïs, wat glo God is in alles.[5] In verskeie stadiums van sy lang lewe het hy dan ook na panteïstiese denke geneig.

In die plaashuise van Riebeek-Wes waar Jan sy vroeë kinderjare deurgebring het, is net Afrikaans gepraat. Hy het Engels die eerste keer teengekom toe hy skool toe is en die taal gou baasgeraak. By die skool en die huis het hy alles gelees wat hy in die hande kon kry, in Engels en in Hollands. Vier jaar later kon hy albei tale vlot skryf, ofskoon sy huistaal nog meestal sy voorkeurspreektaal was. Hy was 'n peinsende alleenloper, wat veel eerder boeke gelees het as om met sy maats te speel en wanneer hy vakansies by die huis was, het sy ouers dikwels op hom afgekom waar hy diep ingedagte alleen op die plaas ronddwaal.

AFSYDIG EN 'N BOEKWURM

Ná net vier jaar op skool pleks van die gewone sewe op Riebeek-Wes, het Jan nie net die Kaapkolonie se standerdagt-eksamen geslaag nie, maar ook die tweede plek behaal. Hy was 16 jaar oud toe hy in 1886 Stellenbosch toe gestuur is om te matrikuleer en daarna aan die Victoria-kollege op die dorp vir 'n graad te studeer. Hy was baie ernstig, selfbewus oor sy fisieke tekortkominge en pynlik skaam, en het hom van die ander studente afgesonder. Hulle het gedink hy is afsydig en 'n boekwurm en het nie juis van hom gehou nie.

As adolessent moet Jan 'n baie preutse wysneus gewees het. Voordat hy by die Victoria-kollege aangekom het, was hy so benoud dat sy medestudente hom op dwaalweë sou lei, dat hy hierdie merkwaardige woorde aan prof. Charles Murray, 'n Skotse dosent in die Engels-fakulteit geskryf het: "Ek is van plan om volgende Julie Stellenbosch toe te gaan ... en ek vertrou dat u my die guns sal doen om 'n oog oor my te hou en my met u vriendelike raad by te staan. Bowendien ... sal ek 'n algehele vreemdeling daar wees en, soos u weet, bied 'n plek met so 'n groot element van ligsinnigheid baie ruimte vir morele, en belangriker, godsdienstige versoekings wat, as ek daaraan toegee, my aandag sal aftrek en die verwagtings van my ouers sal ondergrawe ...".[6] Nodeloos om te sê, as die Victoria-kollege in daardie dae iets so ligsinnig soos 'n jool gehad het, sou Jan nie onder die vlotbouers gewees het nie.

In sy eerste jaar op Stellenbosch was Smuts se lewe "geheel en al voorbeeldig, wat toewyding én vroomheid betref".[7] Sy wortels was in die Afrikaanse taal, die taal van sy kerk was Hollands, maar hy het hoofsaaklik in Engels gestudeer en gedebatteer, 'n taal wat hy met die kenmerkende Malmesbury-bry van die Swartland gepraat het. In sy koshuis het hy hard aan wiskunde, wetenskap en Latyn gewerk, baie gelees en gedigte geskryf.

Hy het baie laat eers uitgevind dat Grieks een van die vakke was wat hy moes deurkom. Hy het nie 'n woord daarvan geken nie en in die sesdaagse vakansie voor sy laaste kwartaal het hy hom in sy kamer toegesluit om die taal te bemeester. Hy was so suksesvol dat hy die hoogste punte in die Kaapkolonie in dié vak behaal het. Hy het sy hele lewe lank dié prestasie van sy geheue as die merkwaardigste van sy lewe beskou.[8] Aan die einde van daardie jaar het hy matriek met onderskeiding geslaag, in die derde plek in die Kolonie. In die negende plek was 'n jong boekeliefhebber wat hy kort tevore die hof begin maak het en met wie hy uiteindelik sou trou.

◆

Sybella Margaretha Krige (beter bekend as Isie – uitgespreek as "Icy"), die dogter van 'n wynboer van Hugenote-afkoms, was ses maande jonger as Jan en het net so 'n ernstige lewensuitkyk gehad. Die twee het onder die eike van Dorpstraat ontmoet, die straat waarlangs hulle elke dag skool toe geloop het. Volgens oorlewering was sy 'n skraal, mooi meisie, "met groot, wakker, intelligente oë, vol intellektuele en fisieke energie".[9] Die tienerpaartjie was terughoudend en glad nie demonstratief nie, maar hul vriendskap het gegroei terwyl hulle saam plantkunde en digkuns gestudeer het. Al was albei vlot in Hollands, en nou ook in Engels, het hulle altyd Afrikaans met mekaar gepraat.[10] Isie was veral lief vir die Duitse digters Goethe en Schiller, terwyl Jan weer Milton, Shakespeare, Shelley en Keats ontdek het. Shelley se *Prometheus Unbound* was 'n groot gunsteling. Selfs al was Shelley 'n ateïs, "het ek nog nooit 'n digter gelees wat die gees van die Bybel so helder laat weerklink en wat so 'n eteriese gees in my wakker maak nie", het Jan geesdriftig vir Isie geskryf.[11]

Op Isie se 17de verjaardag het Smuts sy gevoelens vir haar in 'n lang, liriese brief beskryf. Dit het onder meer gelui: "Sommige wense het ek in verse uitgedruk – sommige strewes wat ek weet met joune ooreenstem. Mag ek nog een byvoeg? Dit is dat ons getrou aan mekaar sal wees, dat ons wedersydse liefde suiwer en onselfsugtig sal wees, dat in watter verhouding en omstandighede ons mag wees, dit al hoe meer sal groei en, indien moontlik, nooit sal verdwyn nie; dat ons in siel en gees deur 'n heilige en ware liefde aan mekaar gebind sal wees."[12]

Die serebrale jong paartjie het min aan die sosiale lewe van die kollege deelgeneem en nie een van hulle het ooit met iemand anders uitgegaan nie. Isie het Jan die vertroue gegee om sy plan om teologie te studeer te laat vaar en eerder fisika en letterkunde sy hoofvakke te maak. Hy was nou 5 voet 9 duim (1,75 meter) lank en heelwat stewiger, blond, met deurdringende blou oë. Hy was 'n bietjie minder skaam en hy het meer aandag aan die "ligsinnige element" op die kampus begin gee, ofskoon hy nooit enigsins in sport belanggestel het nie. Hy het uitgeblink in die studente se debatsvereniging en hy het die sekretaris daarvan geword. In 1889 het hy 'n bewonderende gewese Sondagskoolleerling van hom uit Riebeek-Wes na die vereniging gebring, niemand anders nie as sy latere politieke teenstander, DF (Danie) Malan.

Hy het ook in die politiek begin belangstel, en in die saak van

By Christ's College op Cambridge, 1892. Wes-Kaapse Argief en Rekorddiens

Afrikaner-eenheid. Op vergaderings van die Unie-debatsvereniging, een van die twee debatsforums op die kampus, het hy gepleit dat Afrikaans dieselfde status moet kry as Engels, wat meer algemeen gebruik is. Toe die Kaapse premier, Cecil John Rhodes, die kollege in 1888 besoek, is Smuts gekies om namens die studente op sy toespraak te antwoord. Hy moet Rhodes beïndruk het met sy steun vir laasgenoemde se idee van 'n verenigde Afrika.[13]

In daardie stadium was die jong Smuts net so vurig nasionalisties as Danie

Malan, sy vriend van Riebeek-Wes. Al het hy homself as 'n verligte Kaapse liberaal beskou, was sy konserwatiewe politieke standpunte eintlik baie nader aan dié van die Transvaalse Boere in die Zuid-Afrikaansche Republiek (ZAR). "Die Transvaalse karakter lyk dalk met die eerste oogopslag kru," het hy geskryf, "maar dis vol belofte en het die heel beste potensiaal vir al wat goed is in mense en nasies".[14]

CAMBRIDGE

In sy finale jaar het Smuts met onderskeiding in wetenskap en letterkunde geslaag en die Ebden-beurs vir regsstudies aan Cambridge gekry. Vir die volgende vier jaar was hy weg van Isie – die eerste van talle lang skeidings wat sy moes verduur. Toe hy ná 'n lang seereis waartydens hy erg seesiek was op Cambridge aankom, het hy hom by Christ's College ingeskryf en dadelik hard begin studeer. Sy eerste jaar was ellendig. Hy was eensaam, het huis toe verlang en was platsak. Soos op Stellenbosch het hy min tyd vir enigiets behalwe studie gehad en vir oefening het hy ver buite die stad alleen gaan stap. Sy sosiale vervreemding is vererger deur sy tekort aan geld, want hy kon nie die gasvryheid van die paar studente wat hom probeer bevriend het terugbetaal nie.[15]

Hy is bibberend deur sy eerste Engelse winter omdat hy nie warm onderklere kon bekostig nie (die Ebden-beurs was net die helfte van wat aan hom beloof is) en hy moes noodgedwonge geld leen by sy Stellenbosse mentor en vriend, prof. JI Marais, van die teologiefakulteit. Al was Marais teleurgesteld dat Smuts die teologie vir die regte verruil het (regte is "geklassifiseerde swendelary", het hy geglo), het hy nog gereeld aan sy protégé geskryf en hom op die hart gedruk dat die Afrikaner alles verskuldig is aan die voorsienigheid van God, met waarskuwings tussendeur teen die euwels van ongeloof en "Anglomanie". Hy en Smuts (wat reeds na 'n teoretiese sintese van "natuur, gedrag en godsdiens" begin neig het[16]) het gereeld vir mekaar geskryf oor onderwerpe wat gewissel het van filosofie en letterkunde tot wetenskap en teologie.

Smuts se tweede jaar op Cambridge was baie aangenamer as sy eerste, veral omdat nog 'n paar Afrikaners van die Victoria-kollege op Cambridge aangekom het. Onder hulle was NJ (Klaas) de Wet, 'n toekomstige hoofregter van Suid-Afrika, en FS Malan, 'n latere politieke kollega. Smuts is 'n keer saam met hulle Londen toe om die bootresies tussen Oxford en Cambridge te sien, maar onderweg het hy van hulle geskei geraak. Dit het later uitgekom dat hy koers gekies het na die Britse Museum, waar hy die middag met navorsing verwyl het. Hy het ook vriende gemaak met nog 'n stapgeesdriftige, Ethel Brown, met wie hy 'n jare lange (kuise) vriendskap gehandhaaf het. In haar briewe aan hom was hy altyd "Mr Smuts".[17]

Met Brown as sy gids het Smuts op staptogte in die heuwels van Derbyshire gegaan en sy gedagtes oor filosofie, wetenskap en die politiek uitgestort. Al kon sy nie kop of stert uitmaak van baie van sy idees nie, het sy aandagtig geluister en hom die morele ondersteuning en aanmoediging gegee wat hy nodig gehad het. Dit was in haar ma se eenvoudige huisie in Belper, Derbyshire, dat hy die eerste keer begin tuis voel het in Engeland.

'N GEESGENOOT

Toe hy 'n keer wegbreek na die prentjiemooi Mere-distrik in die noorde van Engeland, het Smuts verdiep geraak in die geskrifte van die Amerikaanse digter Walt Whitman. Die Amerikaner se idees oor godsdiens en die evolusie van die persoonlikheid sou Smuts bevry van sommige van die beperkinge van sy uiters vrome opvoeding en die gepaardgaande beheptheid met sonde. Hy sou later sy eerste boek oor Whitman skryf.[18] Whitman was 'n geesgenoot in wie hy sy eie passie vir sintese herken het. Dit het later uitdrukking gevind in die filosofie van holisme, die idee dat die spesifieke net betekenis het as deel van 'n groter geheel.[19]

Die meeste van die jonger voorgraadse studente op Cambridge was te ligsinnig vir die doodernstige Smuts, maar hy het vriende gemaak met sommige van die ouer en meer volwasse tutors, en veral met twee dosente. Die een was WE Hobson, 'n genoot van Christ's College, 'n professor in suiwer wiskunde en 'n lid van 'n radikale Kwakerfamilie wie se politieke idees en morele houding Smuts later in sy lewe diep sou beïnvloed.[20] Die ander was die teruggetrokke HJ Wolstenholme, wat eers 'n presbiteriaanse predikant wou word, maar toe sy geloof verloor het. Laasgenoemde was 'n onwaarskynlike vriendskap: die jonger man so vol idealisme en godsdienstige ywer; die ouer een skepties oor die betekenis en doel van die lewe in 'n moreel onverskillige wêreld.[21] Die twee het gereeld gekorrespondeer, vanaf 1892 tot Wolstenholme se eensame dood in 1917.

Smuts het waarskynlik op Cambridge die eerste maal begeester geraak deur die idee van 'n Suider-Afrikaanse ryk wat onder die Afrikaners se leiding van Tafelbaai tot by die Zambezi sou strek.[22] In 'n artikel vir die kollege se tydskrif het hy oor die gemeenskaplike lotgevalle van die Engelssprekendes en Afrikaners in sy vaderland geskryf. Al wat hulle geskei het, het hy gereken, was godsdiens. Hy het uitgesien na die toekomstige samesmelting van die twee wit groepe. Hy het geglo dit is van die allergrootste belang weens die rassestryd wat onvermydelik op Afrika gewag het.[23]

In sy eindeksamen het die toegewyde Smuts skouspelagtig gepresteer. Hy was die eerste Cambridge-student wat albei dele van die finale regskursus in dieselfde jaar geneem het en hy het albei met onderskeiding geslaag. Hy het 'n spesiale merietetoekenning vir Romeinse reg en regsgeleerdheid gekry en die Ebden-beurs is vir 'n verdere jaar se studie aan hom toegeken. Sy tutor, FW Maitland (self hoog aangeslaan in akademiese kringe), het Smuts beskou as die beste student wat hy ooit gehad het. Ná 'n maand se studie en navorsing in Duitsland, is Smuts as advokaat tot die Middle Temple in Londen toegelaat en is hy 'n professoraat by sy Cambridge-kollege aangebied. Tog het hy verkies om sy dae in die Britse Museum deur te bring, waar hy alles oor Whitman waarop hy sy hande kon lê gelees het, sodat hy sy manuskrip, "Walt Whitman: A Study in the Evolution of Personality", kon klaarmaak. Tevergeefs: niemand wou dit uitgee nie.[24]

'n Loopbaan in Engeland moet aanloklik gelyk het, maar Suid-Afrika het gewink. In Junie 1995 het Smuts per skip in Kaapstad aangekom, waar 'n getroue Isie op die kaai vir hom gestaan en wag het. Die voorafgaande vier jaar het haar nie goed behandel nie. Haar ouers kon nie vir haar mediese studie betaal nie en sy het 'n swak betaalde onderwyspos op die platteland aanvaar. Dit sou 'n hele ruk duur voordat die platsak Smuts genoeg geld verdien het sodat hulle kon trou.

HOOFSTUK 3

Bruisend van idealisme

VERRAAI DEUR RHODES
'n Selfversekerde Smuts het hom in Kaapstad gevestig en 'n praktyk as advokaat begin. Sy skitterende akademiese reputasie het hom vooruitgeloop en hy het 'n paar vroeë suksesse gehad, maar hy steeds min opdragte gekry. Die rede, volgens sy biograaf en mede-Afrikaner FS Crafford, was sy stram persoonlikheid. Hy het voorheen feitlik nooit met gewone mense gemeng nie en nou was dit vir hom bitter moeilik om skouer met Jan en alleman te skuur. Daarby het sy afsydigheid en taktloosheid sy kollegas in die eksklusiewe broederskap van die Kaapse regslui geantagoniseer. Sy sosiale ongemaklikheid was nie regtig verbasend nie, want tot in daardie stadium het sy ervaringswêreld uit "boeke en drome en ontasbare dinge"[1] bestaan.

Om sy karige inkomste aan te vul het Smuts artikels oor 'n verskeidenheid onderwerpe vir die Kaapse koerante begin skryf, in sowel Engels as Hollands. Sy belangstelling in die Kaapse politiek het weer opgevlam en hy het 'n geesdriftige lid van sy pa se party, die Afrikanerbond, geword. Jan Hofmeyr (Onze Jan) was die ligtende ster van die party en 'n stoere bondgenoot van die Kaapse premier, Cecil John Rhodes. Hy het geglo Rhodes hou die sleutel tot Afrikaner- en Engelssprekende eenheid. Smuts het 'n soortgelyke ideaal gekoester. Hy was oortuig van sy eie intellektuele vermoëns en bruisend van idealisme, en het 'n belowende toekoms vir homself voorsien in die verenigde Suid-Afrika wat Hofmeyr en Rhodes beoog het.[2]

Alhoewel hy die ideale van die Transvalers in die Zuid-Afrikaansche Republiek (ZAR) simpatiek gesind was, het Smuts hul leier, president Paul Kruger, as eng en na binne gerig beskou, te geneig om Hollanders (uit Nederland) pleks van Afrikaners aan te stel. Daarenteen het Rhodes 'n inspirerende visie gebied van 'n groter, verenigde nasie van Afrikaners en Engelssprekendes waarin die Afrikaners nie hul taal of tradisies sal hoef prys te gee nie.

In 1895 het Hofmeyr Smuts op versoek van Rhodes gestuur om 'n vergadering in Kimberley, die tuiste van De Beers Consolidated, toe te spreek. Smuts het die geleentheid aangegryp om die Kaapse premier en mynmagnaat te verdedig en sy optrede en beleid te onderskryf. Onder die leierskap van "Mr Rhodes", het hy vol selfvertroue beklemtoon, was die Kolonie se "naturellebeleid", soos neergelê in die Glen Grey Wet, asook die kwessie van stemreg (doelbewus met hoë kwalifikasies) op die regte pad. Sy toespraak is goed ontvang, maar nie almal in die gehoor was oortuig nie. Twee vooraanstaande inwoners van Kimberley, Samuel Cronwright en sy vrou, die skrywer Olive Schreiner, was uiters skepties oor wat Rhodes se eintlike planne was. In 'n artikel spesifiek bedoel vir Smuts se mede-Afrikaners in die Kaap het hulle gewaarsku dat Rhodes nie te vertrou is nie: hy was in sy hart der harte 'n imperialis wat Britse belange wou bevorder en nie Afrikanerbelange nie.[3]

Nie lank daarna nie het die berugte Jameson-inval Rhodes se gekonkel aan die kaak gestel. Smuts was hoogs ontsteld. Ná sy Kimberley-toespraak is hy as 'n opkomende politieke ster gereken, maar nou het die Kaapse premier hom soos 'n totale gek laat lyk. 'n Paar dae lank het dit vir Smuts gevoel asof hy "in dryfsand wegsak".[4] Hy het nie geweet wat om te sê of te dink nie. Hy het nietemin gou genoeg herstel om twee weke later in Malmesbury saam met John X Merriman, 'n Kaapse liberale politikus en latere eerste minister van die Kolonie, op 'n anti-Rhodes-platform te verskyn waar die twee die Engelsman se geveinsdheid verwerp het.

Daarna het Smuts 'n paar maande lank in wanhoop verval. Hy het op Rhodes gereken om hom 'n wegspringplek in die Kaapse politiek te gee, maar daardie deur was nou toe. En tog, al het hy verraai en verneder gevoel, het hy nie geesdriftig deelgeneem aan die algemene beswaddering van Rhodes nie. Was dit dalk omdat hy besef het wat sy kritici later sou beweer: dat hy 'n geesgenoot gesien het in die Victoriaanse *empire*-bouer met sy idealisme en ekspansionistiese idees?

Ná dié knou aan sy selfbeeld kon Smuts nie meer 'n rol vir homself in die Britsbeheerde Kaapkolonie sien nie. Soos hy later meewarig sou skryf: "In die loop van 1896 het dit vir my so duidelik geword dat die Britse konneksie nadelig is vir Suid-Afrika dat ek gevrees het dit sou vals van my wees om 'n pos as Kaapse politikus te beklee. Ek het die ou Kolonie dus vir goed verlaat en my in Transvaal gevestig."⁵ Hy het afstand gedoen van sy Britse burgerskap, die Kaap vir goed die rug toegekeer en sy lot by sy mede-Afrikaners in die noorde ingewerp. Isie het voorlopig in die Kaap agtergebly.

DIE KAPENAAR WORD 'N TRANSVALER

Johannesburg, die lelike, stowwerige mynkamp met sy wettelose fortuinsoekers van alle rasse, was 'n ongelukkige keuse as woonplek vir die preutse Smuts. Sy regspraktyk in Commissionerstraat was ook nie suksesvoller as dié een in die Kaap nie en hy het ongemaklik gevoel in die geselskap van die ander mans van sy ouderdom met hul gejaag na kitsrykdom. Hy het na die Kaap se natuurskoon verlang – en natuurlik het hy Isie gemis. Om sy inkomste aan te vul het hy saans lesings gegee en weer vir koerante geskryf.

In April 1897 het hy 'n kort sakebesoek aan Kaapstad gebring en terwyl hy daar was, en nadat hulle hul familie net 'n dag tevore laat weet het, is hy en Isie getroud. Sy vriend prof. JI Marais het die huweliksbevestiging waargeneem en die volgende dag is die jong paartjie per trein Johannesburg toe. Hulle het in 'n eenvoudige en onpretensieuse huisie in Twiststraat ingetrek, en hul eerste gas was niemand anders nie as Danie Malan.⁶ In 1898 het Isie die lewe geskenk aan 'n tweeling, maar die vroeggebore babas het net 'n paar weke lank geleef.

Ná 'n paar moeilike maande het Smuts op Isie se aandrang besluit om na die politiek terug te keer. Toe hy kort daarna aan Kruger voorgestel is, het sy jeugdigheid en skerp intelligensie dadelik 'n indruk op die ou Boereleier gemaak. Op sy beurt het Smuts 'n diep simpatie vir Kruger en sy probleme met die Britte gevoel. Van verdeelde lojaliteit was daar by Smuts nooit sprake nie. Toe die president sy Britsgesinde hoofregter, JG Kotze, ontslaan (iets wat die regsberoep in die ZAR woedend gemaak het) het die nou vurige anti-Britse advokaat 'n slim bewoorde verklaring ter ondersteuning van die Kruger-regering uitgereik. Sy beloning het nie lank uitgebly nie: in 1898, op die jeugdige ouderdom van 28 (twee jaar jonger as die minimum voorgeskryf vir die pos) is hy as die ZAR se staatsadvokaat aangestel. Hy moes wet en orde handhaaf en die regering oor regskwessies adviseer. Later daardie jaar het hy en Isie permanent Pretoria toe getrek en minder as 'n jaar later is hul seuntjie Jacobus (Kosie) gebore.

Smuts het sy nuwe rol met die geesdrif en fanatiese ywer van 'n wraakgierige engel aangepak. Die ZAR se administrasie was berug vir sy ondoeltreffendheid en korrupsie, dus het hy voorkeur gegee aan die suiwering van die polisiemag en die beëindiging van die onwettige drank- en goudhandel. Hy het die polisiehoof ontslaan, iemand wat hy beskryf het as 'n "baie slim man, besonder onsuksesvol met die aankeer van misdadigers",[7] en het wetgewing deurgevoer om die speurdiens onder die persoonlike beheer van die staatsadvokaat te plaas. Vasbeslote om ook 'n einde te maak aan koppelary en prostitusie, het hy 'n tweede openbare vervolger in Johannesburg aangestel wat aan hom moes rapporteer en "morele wetgewing"[8] moes implementeer. In die proses het hy baie vyande gemaak. Crafford skryf dat Smuts met die teenkanting en afkeer van amptenare te doen gehad het. Hulle het die "grimmige jong man met die koue, deurborende oë, onuitputlike werkvermoë en verstommende doeltreffendheid verafsku en gevrees".[9]

In sy nuwe pos het Smuts baie na aan Kruger gekom. Ná Kruger se dood het hy aan sy Kwakervriendin Emily Hobhouse geskryf hul verhouding was soos dié van pa en seun. Tot sy eie dood het hy van die ou president as "die grootste Afrikaner van almal"[10] gepraat. Tog kon die twee mans beswaarlik meer verskillend gewees het: die bejaarde patriarg was flegmaties, waardig en bereid om geduldig met enigiemand wat hom kom spreek te praat; daarenteen was die jonger man vlug van begrip, ongeduldig en dikwels onhoflik.[11] Ofskoon Kruger soms deur Smuts se jeugdige hovaardigheid geïrriteer is, het hy sy regsman se intellek en administratiewe vermoëns hoog aangeslaan, en natuurlik het Smuts se kennis van Engeland baie nuttig te pas gekom wanneer hulle met die Britse hoë kommissaris, sir Alfred Milner, later lord Milner, te doen gekry het.

KRUGER SE REGTERHAND

Milner is ná die Jameson-inval na Suid-Afrika gestuur. Hy was 'n regsgeleerde en gebore administrateur en sy opdrag van die minister van kolonies, Joseph Chamberlain, was om die spanning tussen die ZAR-regering en die Uitlanders (immigrante wat hulle aan die Rand gevestig en 'n bestaan uit die myne gemaak het) te ontlont. Maar Milner was in sy hart 'n geswore imperialis wat geen geheim gemaak het van sy geloof dat die Afrikanerdom vermorsel

Smuts, Isie en dogter Santa, 1904. Smuts Huis Museum

moet word nie. In Brittanje het sy teenstanders hom as 'n "natuurlike diktator"[12] bestempel en selfs sy bewonderaars het toegegee sy "genialiteit is van die outokratiese soort".[13]

Aan die begin het Milner Chamberlain se opdragte uitgevoer, maar hy het gou oortuig geraak dat Suid-Afrika die swakste skakel in die imperiale ketting is. Hy het nie geglo dat " 'n Middeleeuse rasseoligargie kon saambestaan met 'n moderne nywerheidstaat wat geen onderskeid tussen die status van die onderskeie wit rasse erken nie".[14] Hy was uitgesproke oor die ZAR-regering se ondoeltreffendheid en onwilligheid om stemreg aan die Uitlanders te gee. Vasbeslote om 'n *casus belli* aan die gang te sit, het hy in 1898 aan Chamberlain geskryf die pad vorentoe vir Suid-Afrika is "óf hervorming in Transvaal óf oorlog".[15]

Nóg Kruger nóg Smuts wou oorlog hê, maar hulle het geen illusies oor Milner se planne gehad nie. Op aandrang van president MT Steyn van die Oranje-Vrystaat, het Kruger en Milner in Bloemfontein ontmoet om hul verskille te probeer besleg en gewapende konflik te vermy. Kruger het sy vertroue in Smuts getoon deur hom effektief die ZAR se afvaardiging te laat lei. In die vasbeslote jong staatsadvokaat het die patrisiese en kompromislose Milner sy gelyke in arrogansie teengekom.[16] Die persoonlike vyandigheid wat tussen die twee ontwikkel het, het Suid-Afrika ongetwyfeld tot op die rand gebring van die oorlog wat die Engelsman so duidelik wou hê.

Die haakplek by die week lange konferensie was die stemreg. Milner het stemreg vir die Uitlanders geëis, iets wat Kruger as heeltemal onredelik beskou het, want dit sou beteken dat twee Uitlanders vir elke Transvaalse burger by die stembus sou kon opdaag. Agter die skerms het Smuts Kruger aangeraai om 'n kompromis aan te gaan, maar Milner het laat blyk dat hy nie bereid was om te onderhandel nie. Sy houding het Smuts die harnas in gejaag en hy moes op sy tande byt om nie uit te bars oor Milner se minagtende behandeling van die ou president nie.[17]

By hul terugkeer na Pretoria ná die mislukte konferensie het Smuts vir Piet Grobler, Kruger se sekretaris, gesê: "Dit is vir my absoluut duidelik dat Milner beplan om oorlog te maak."[18] Op Smuts se aandrang het Kruger aangebied dat Uitlanders ná vyf jaar in Transvaal stemreg kon kry, maar op advies van Milner het Chamberlain die voorstel verwerp. Op 2 September het die Britse minister van kolonies diplomatieke betrekkinge met die Kruger-regering verbreek.

Smuts het geen alternatief gehad as om namens Kruger 'n ultimatum aan die Britse regering op te stel nie, maar die onversetlike Milner het dit verwerp.

Smuts het een laaste poging aangewend om oorlog te vermy deur stilweg nog konsessies oor die stemreg aan die Britse agent in die ZAR, Conyngham Green, aan te bied, maar die samespreking het doodgeloop. En so het daar, tot die wêreld se verbasing, op 11 Oktober 1899 oorlog uitgebreek tussen die twee Boererepublieke (die Oranje-Vrystaat was saam met die ZAR in die stryd) en die magtige Britse Ryk. Die ongelyke militêre stryd sou drie jaar duur. Al het dit in 'n neerlaag vir die Boere geëindig, sou dit die verbeelding van die wêreld gaande maak en blywende skade doen aan die Britse imperiale prestige en selfvertroue.

HOOFSTUK 4

Boerestrateeg

VOORBEREIDINGS VIR OORLOG

Albei kante van die Anglo-Boereoorlog[1] het moeilikheid gesoek. Al was die openbare mening in Brittanje gekant teen oorlog met die Boere en al het sommige in regeringskringe hul bedenkinge gehad, het Milner vir Joseph Chamberlain oortuig dat die tyd aangebreek het om Kruger en die Boere 'n les te leer. Maar besluite word nie oornag geneem nie en die Britse militêre bevel in Suid-Afrika was later ongedurig oor die gedraal in Londen.[2] Die Britte was nogtans vas oortuig dat hul beroepsoldate nie meer as 'n paar maande sal nodig hê om die Boere op hul plek te sit wanneer die oorlog uiteindelik uitbreek nie.

Kruger moes eers in die volksraad koppe stamp met sy kollegas Piet Joubert, Koos de la Rey en Louis Botha, wat huiwerig was oor 'n wapenstryd met die magtige Britse Ryk. Ná 'n heftige botsing het die president, met die steun van Smuts en die staatsekretaris, FW Reitz, sy sin gekry: die meerderheid volksraadslede het ten gunste van oorlog gestem so gou die kans hom voorgedoen het. Smuts het Kruger reeds oortuig dat die oorlog so gou moontlik moet begin, aangesien dit in elk geval onvermydelik was. Smuts het gehoop 'n vinnige aanval, voordat groot getalle Britse troepe in die land aankom, sou dalk net genoeg wees om die imperiale regering te oortuig dat vrede verkieslik is bo 'n uitgerekte stryd.

Op die jeugdige ouderdom van 29 het Smuts hom naas Reitz aan die spits van die ZAR-regering bevind, verantwoordelik vir die administrasie in Pretoria, terwyl die generaals hulle vir oorlog gereed maak. Al het hy hoegenaamd geen militêre opleiding gehad nie, het hy ongevraagd in 'n memorandum van 18 bladsye die maatreëls uiteengesit wat nodig is om die Boerekommando's in die veld te ondersteun: alle landbou- en nywerheidsproduksie moet op die oorlogspoging gerig wees; goudproduksie moet verhoog, wapentuig vervaardig en 'n oorlogsbelasting gehef word. Soos altyd het Smuts hom gedaan gewerk en die swaarste las van almal in die regering op sy skouers geneem. Hy het proklamasies uitgereik, versendings behartig en die logistieke grondslag vir die oorlog gelê.

Sy plan was dat die Boere 'n verrassingsaanval moes loots terwyl daar voorberei word vir 'n lang en duur stryd. Nadat hy lank sy bes gedoen het om konflik te vermy, moet Smuts gemengde gevoelens gehad het oor die wysheid van oorlogvoering. Sy gesonde verstand moet vir hom gesê het dat 'n uitgerekte en bloedige stryd voorgelê het, met ongekende lyding vir die Boere tot gevolg. Sy hart het hom gelei tot wat uiteindelik geblyk het wensdenkery te wees: dat oorwinnings deur die Boere Brittanje se baie vyande in Europa kon oorreed om te mobiliseer en die Britse Ryk tot 'n val te bring. Hy het homself wysgemaak dat die Afrikanerdom dalk Brittanje se hegemonie oor die gebied van die Kaap tot aan die oewer van die Zambezi kon verbreek as die Afrikaners in die Kaap hul volksgenote te hulp sou kom en 'n derde Afrikanerrepubliek uitroep.

Om steun vir die oorlog onder sy mede-Afrikaners en in die wyer wêreld te wen het die impulsiewe jong Smuts iets gedoen waaroor hy hom later sou berou. In 'n emosionele propagandastuk van 30 000 woorde, *Eene Eeuw van Onrecht*, het hy die Engelse verwoed aangeval oor hul gedrag die voorafgaande eeu in Suider-Afrika en dit met die strydkreet afgesluit: "Ons lê nou ons hele saak met volle vertroue voor die wêreld. Of ons oorwin en of ons sterf: vryheid sal na Suid-Afrika kom so seker soos die son uit die oggendwolke verrys ... dan sal dit van die Zambezi tot Simonsbaai wees: 'Afrika vir die Afrikander'."[3] Isie het dit uit Hollands in Engels vertaal.

FS Crafford het opgemerk dat Smuts oor min dinge in sy lewe so spyt sou wees soos oor *Eene Eeuw van Onrecht*: "As 'n stuk Boerepropaganda voor en tydens die oorlog het dit haas geen nut gehad nie en daarna het sy landgenote dit gedurig in sy gesig gesmyt."[4] Die Britse historikus Kenneth Ingham merk snydend op dat Smuts se "adolessente retoriek in skerp kontras was met die gesonde verstand waarvan sy militêre planne gespreek het".[5]

DIS OORLOG!

Die oorlog het in alle erns begin toe twee Boerekolonnes onder leiding van generaals Piet Joubert en Lukas Meyer die Britsbeheerde Natal inval. In daardie stadium was daar nie meer as 25 000 Britse troepe in die hele Suid-Afrika nie. Die Kakies, soos die Boere hulle gou begin noem het, moes op onbekende terrein veg en aan die begin kon hulle nie die mas opkom teen die beter toegeruste en talryker Boere nie. Die Boere, goed bewapen met swaar artillerie en nuut aangekoopte Mausers, was gewoond aan die ruwe veldlewe en het geweet hoe om te oorleef. Wat hulle wel kortgekom het, het Smuts gou besef, was dissipline en volharding – nie verbasend in 'n leër wat grootliks uit vrywilligers bestaan het nie.

Welwetend dat 'n paar vinnige oorwinnings hul beste hoop was, het die Boere die Britte uit Talana en Nicholsonsnek verdryf en gedwing om na Ladysmith terug te val. Dié dorp is omsingel en die noodsaaklike spoorverbinding met Durban verbreek. Aan die westelike front het 'n Boeremag reeds Mafeking beleër nadat luitenant-kolonel Robert Baden Powell en 'n paar honderd koloniale troepe dit probeer verdedig het. Die boere het ook Kimberley in die Noord-Kaap beleer, waar Rhodes ten spyte van die militêre weerstand De Beers se ingenieurs opgekommandeer het om die Long Cecil-kanon te bou. In die Vrystaat is lord Methuen se troepe behoorlik verslaan deur generaal Koos de la Rey se manne. Daarna het hulle hulle in Magersfontein ingegrawe en die Scottish Highland-brigade, gelei deur die Black Watch, gevoelige verliese toegedien. In die Tugelavallei het sir Redvers Buller se pogings om by Colenso en Spioenkop terug te veg in skaakmat geëindig. In Brittanje was die publiek verstom oor die groot getalle Britse slagoffers. Nie eens die Indiese opstand in die Krimoorlog was so 'n bedreiging vir die toekoms van die Britse Ryk nie.[6]

Tuis in Pretoria het die tuig van sy gedwonge onaktiwiteit Smuts geskaaf. Hy het dalk nie militêre ervaring gehad nie, maar as daar oorlog moes wees, wou hy in die hart van die gevegte wees en sy eie strategie toepas. Soos hy later getoon het, was dit nooit vir hom genoeg om net sy eie burgers in die veld aan te voer nie, hy was in wese 'n strateeg.[7] Sy herhaalde versoeke om self die wapen te mag opneem het op dowe ore geval; met sy hand aan die stuur van die administrasie was hy veel nuttiger weg van die front. Dit het hom nietemin nie gekeer om gereeld na die front te reis nie. Daar het hy vuur gemaak onder elke Boeregeneraal wat voete gesleep het en teruggerapporteer oor hoe die oorlog verloop.[8]

In November 1899 het Louis Botha en sy manskappe 'n gepantserde trein naby Chievely in die Tugelavallei voorgekeer en 60 Britte gevangene geneem, onder wie die jong korrespondent van Brittanje se *Morning Post*, Winston Spencer Churchill. Hy is vir ondervraging na Smuts in Pretoria geneem, wat "die uitdagende jong man" as "verslons en verontwaardig" beskryf het. Churchill het as burgerlike op immuniteit aanspraak gemaak, maar hy kon nie by die feit dat hy 'n pistool by hom gehad het verbykom nie en hy is aangehou.

Toe Smuts en Churchill 45 jaar later oor die voorval praat, het Smuts vertel dat hy generaal Joubert oortuig het dat daar geen rede is om 'n koerant se buitelandse korrespondent weens 'n tegniese punt aan te hou nie. Voordat Churchill egter vrygelaat kon word, het hy ontsnap na Lourenço Marques toe waar hy met internasionale aandag oorval is. Daarna het hy 'n soort glanspersoonlikheid geword, en is hy as 'n gevierde oorlogskorrespondent oral in Brittanje soos 'n held ontvang.[9] Smuts het dadelik 'n lasbrief vir Churchill se gevangeneming uitgereik. Dit het gelui, "Engelsman, 25 jaar oud, sowat vyf voet agt duim lank, loop vooroor, bleek voorkoms, rooibruin hare, dun snorretjie skaars merkbaar, praat deur sy neus en kan nie die letter 'S' behoorlik uitspreek nie."[10]

In hierdie stadium van die oorlog het sowel die Boere as die Britte onder die laksheid en tekortkominge van hul bevelvoerders gely. Generaal Piet Joubert – wat kort daarna op 70-jarige ouderdom dood is en op Smuts se aanbeveling deur Louis Botha vervang is – was ver verby sy fleur. So ook die ou Britse strydros, Redvers Buller, wat sy Victoria Cross reeds jare tevore in die Anglo-Zoeloeoorlog verwerf het. In Londen het die Britse regering uiteindelik in rat gekom. Lord Roberts en lord Kitchener, onderskeidelik opperbevelvoerder en stafhoof van die Britse leër, is alleryl met 110 000 troepe na Suid-Afrika gestuur met die opdrag om die Boere op hul knieë te dwing. Saam met vrywilligers van oor die hele wêreld het die Boeremag nie meer as 70 000 man getel nie. In die veld was daar 10 000 dikwels onwillige swart helpers saam met hulle.[11]

DIE GETY KEER

Die aankoms van veldmaarskalk Roberts en sy groot kontingent troepe het geleidelik die oorlog in Brittanje se guns laat draai. Die Boere het die strategiese fout gemaak om te veel van hul manskappe op die drie beleërde dorpe – Kimberley, Mafeking en Ladysmith – te konsentreer eerder as om dieper die Britte se gebied binne te dring.[12]

Nadat die drie dorpe ontset en generaal Piet Cronjé oortuigend by Paardeberg verslaan is, is die weg vir Roberts gebaan om Bloemfontein te verower. Dit het hy dan ook op 13 Maart 1900 gedoen en daarna het hy die Oranje-Vrystaat geannekseer. Op koningin Victoria se verjaarsdag het die voormalige Boererepubliek die Oranjerivierkolonie geword.

Teen hierdie tyd was die Boere op die agtervoet. Die Britte was ver meer as hulle, die moreel was laag en drostery aan die orde van die dag. Die Boere was op vlug, nie net in die Vrystaat nie, maar ook in Natal, van waar generaals Botha en De la Rey geleidelik terug Transvaal toe gedryf is. Dit het op die Boereleiers begin neerdaal dat die kans om die Britte met 'n enkele groot slag te verslaan, verby was. Van toe af sou die oorlog een lang ontmoedigende terugval vir beter wapens en 'n getalsoorwig word.[13]

Op 31 Mei 1900 het Johannesburg in die hande van die Britte geval en die Boeremagte in Transvaal, nou net 7 000 man sterk, het teruggeval na die heuwels van die Magaliesberge, noord van Pretoria. Op 'n vergadering van die Boereopperbevel is besluit dat Kruger en senior amptenare per trein uit die hoofstad moet vlug en die regeringsetel langs die Delagoa-spoorlyn in Oos-Transvaal moet hervestig. 'n Paar generaals het Kruger selfs probeer oorreed om oor te gee. "Ek sal nooit die bittere vernedering en mismoedigheid van daardie oomblik vergeet nie," het Smuts later geskryf, "toe die dapperste harte en die sterkste wil in die Transvaalse leër, al was dit net 'n oomblik lank, onder die gety van teëspoed weggesink het."[14]

Ontsteld oor sy troepe se verkrummelende moreel, het Kruger die kwessie van oorgawe per telegram teenoor president Steyn van die Vrystaat geopper. Steyn was heftig gekant teen vrede met Brittanje en het die Transvalers min of meer van selfsug en lafhartigheid beskuldig. Die Vrystaat, het hy verklaar, sal tot die bitter einde veg. Ná nog krygsrade, nadat Kruger weer die regeringskantore in sy spesiale trein op 'n sylyn by Machadodorp aan die gang gekry het, het die Transvalers besluit om geen verdere praatjies van oorgawe te duld nie. Die oorlog moes voortgaan.

By sy vertrek het Kruger waarnemende president Schalk Burger en Smuts in Pretoria agtergelaat om die administrasie te behartig en wet en orde te handhaaf terwyl die terugvallende kommando's die hoofstad binnestroom. Burger het byna dadelik vertrek en dit aan Smuts oorgelaat om die ZAR se munt- en goudreserwes (dit het minder as £500 000 beloop) en ammunisie met die laaste trein uit Pretoria na Machadodorp te vervoer. Terwyl die trein by die stasie uitstoom, het die eerste koeëls teen die waens geklap.

Op die aand van 4 Junie, terwyl Britse troepe na Pretoria marsjeer, het Smuts weggeglip om by Louis Botha in die Magaliesberge aan te sluit. Botha het daarin geslaag om sowat 6 000 man om hom te vergader vir 'n laaste desperate poging om die ZAR te verdedig. Smuts het geen ander keuse gehad as om Isie en Kosie in Pretoria agter te laat nie.

Isie het goed geweet dat die huis deursoek sou word en sy was dus voorbereid toe Britse soldate kort ná die val van Pretoria daar opdaag. Sy het die geheime telegramme tussen Kruger en Smuts in bondels opgerol en in hol gordynstokke gedruk.[15] Die 200 goue ponde wat haar man vir haar gelos het, het sy in 'n geldgordel toegestik en in die kombuis se warmwatertenk gegooi. En al was sy bitterlik vyandig teenoor alles wat Engels was, het die goedhartige Isie se gasvryheid die oorhand gekry. Sy het warm brood uit haar oond vir die honger jong soldate gegee wat al weke lank in die veld van boeliebief en droë beskuitjies geleef het.

GUERRILLAOORLOG

Die Britse aanval op die Boere by Donkerhoek is later deur Smuts beskryf as die laaste verdedigende slag van die oorlog. Al het dit in 'n neerlaag vir die Boere geëindig, het die geveg die leiers weer versterk en die strydlustigheid onder die gewone burgers laat herontwaak. Christiaan de Wet en Koos de la Rey se geslaagde aanvalle op die vyand se toevoerlyne in die Vrystaat en Wes-Transvaal het die Boereleiers oorreed om weer tot die aanval oor te gaan. Hulle het die drosters aangekeer en die kommando's is weer opgebou en in onortodokse tref-en-trap-operasies gelei. Baie burgers het uit woede oor Roberts se nuwe verskroeideaardebeleid na die kommando's teruggekeer.

Nou het die Boere 'n nuwe strategie gehad. Hulle het die vyand se toevoerlyne afgesny en spoorlyne, brûe en telegraaflyne gesaboteer. Om die taktiek doeltreffend te implementeer, is die Boeremag in drie eenhede verdeel wat onafhanklik van mekaar gefunksioneer het. Botha was in beheer van die operasies in Oos-Transvaal, De Wet en generaal JBM Hertzog in die Vrystaat en De la Rey en Smuts in Wes-Transvaal.[16] Die aanvaarding van hierdie guerrillataktiek het wel die Boereleiers voor 'n formidabele morele probleem te staan gebring: Was dit reg, het hulle mekaar gevra, om vroue en kinders wat alleen op die plase agtergebly het in te trek in wat 'n wreedaardiger soort oorlogvoering kon word?[17]

Laat in Augustus 1900, terwyl Smuts weg op kommando was, het hy en Isie 'n groot persoonlike verlies gely. Hul seuntjie, Kosie, is dood nadat hy 'n week lank siek was. Isie het die verskriklike nuus aan haar man getelegrafeer, maar hy het nooit die boodskap gekry nie. Sy moes haar smart alleen dra, en dié pyn het sy tien maande later in 'n hartverskeurende brief aan Smuts uitgestort nadat 'n Engelse offisier 'n brief van hom aan haar besorg het en sy 'n brief aan hom kon terugstuur. Weens militêre sensuur moes albei briewe in Engels wees. Nie lank ná Kosie se dood nie het die Britte Isie gedwing om Pretoria te verlaat en by haar suster in 'n kothuisie in die Britsbeheerde Pietermaritzburg te gaan woon.

Smuts en Kruger het die laaste keer ontmoet op 'n vergadering oor taktiek by Waterval-Boven. Die Britse oorwinning by Donkerhoek het die weg vir die Kakies gebaan om Kruger se tydelike hoofkwartier langs die spoorlyn te bereik. Die beleërde ou president moes noodgedwonge nog verder ooswaarts na Nelspruit uitwyk. Daarna is hy oor die grens na Delagoabaai, van waar 'n skip hom na eensame ballingskap in Europa geneem het. Hy sou nooit terugkeer nie.

Op 25 Oktober 1900 het Roberts Brittanje se amptelike anneksasie van Transvaal aangekondig. Kort daarna het hy Suid-Afrika verlaat en verklaar dat die oorlog vir alle praktiese doeleindes verby was. Hy het Kitchener in sy plek as opperbevelvoerder aangestel, maar dié moes gou agterkom dat die oorlog nog lank nie verby was nie: Sowat 30 000 Boere was nog in die veld in die Vrystaat en Wes-Transvaal. Weens die wrede behandeling van Boerevroue en hul kinders, het 'n nuwe en bitterder fase van die konflik begin.[18]

DIE OORLOG WOED VOORT

Die Britte het geen raad geweet met die Boere se beweeglike tref-en-trap-taktiek nie en Kitchener het toe sy soek-en-vernietig-strategie bedink: Sy soldate het genadeloos wreed opgetree teen alle burgerlikes op die platteland wat

Smuts (sittend) en sy swaer "Tottie" Krige tydens die Anglo-Boereoorlog, 1901. Smuts Huis Museum

die Boere ondersteun. Dié skoonveetaktiek het as die verskroeideaardebeleid bekend geword. Die doel was om te verhoed dat die kommando's in die veld kos, skuiling en perde bekom. Daarby moes die oprigting van 'n netwerk blokhuise oor die hele platteland, aan mekaar verbind met doringdraad, as teenvoeter vir die Boere se guerrillataktiek dien. Hierdie maatreëls het die aard van die konflik drasties verander en die Boere moes noodgedwonge met 'n teenstrategie na vore kom.

Op 'n vergadering van Boereleiers van Transvaal en die Vrystaat gedurende Oktober 1900 by Cyferfontein in die Magaliesberge is 'n dubbelloopplan geformuleer: Die Boeremagte moes die myne aan die Rand aanval in die hoop dat dit die mynbase se steun aan die Britte sal ondermyn. Dit moes deur 'n inval in die Kaapkolonie gevolg word. Eersgenoemde het nooit gerealiseer nie, maar Smuts, wat altyd meer waarde aan die Kaap geheg het as sy kollegas, het gepleit dat hy toegelaat word om 'n Boerekommando daarheen te lei. Hy was vasbeslote om sy leierseienskappe in die veld te toon en het steeds die hoop vertroetel dat die mede-Afrikaners in die Kaap in opstand sou kom.[19] Terwyl hy gewag het op toestemming om die stryd na die Kaap te neem, het hy 'n paar praktiese lesse in guerrillaoorlogvoering van sy vriend en held Koos de la Rey gekry toe die twee 'n paar aanvalle op Britse kampe in die Rustenburg- en Potchefstroom-omgewing gelei het.[20]

Vroeg in 1901 het dit baie sleg met die Boere begin gaan. Kitchener se blokhuise het die kommando's se beweeglikheid aan bande gelê en die feit dat Boerevroue en -kinders in haglike omstandighede in konsentrasiekampe aangehou is, het die moreel ernstig aangetas. Die Britse bevelvoerder was vol vertroue dat die oorwinning nie ver kan wees nie, en hy het Botha na 'n vredesgesprek by Middelburg genooi, sonder om Milner, wat hy as onverdraagsaam en wraakgierig beskou het, eers te raadpleeg. Maar Milner se aandrang op onvoorwaardelike oorgawe het die onderhandelinge oor die kwessie van onafhanklikheid laat skipbreuk lei.

Oor die volgende paar maande het afsonderlike Boerekommando's van die Vrystaat onder leiding van generaals De Wet en Hertzog en kommandant PH Kritzinger 'n paar keer die Kaapkolonie ingeval, net om te vind dat daar nie sprake is van die steun van die Kaapse Afrikaners waarop hulle so gehoop het nie. Die Kaapse regering het in afwagting op hierdie invalle krygswet in die grootste deel van die kolonie afgekondig en lojaliste by die Britse oorlogspoging betrek. Boerekommando's is aangekeer en spesiale howe ingestel om koloniste wat die "rebelle" gehelp het te verhoor.[21]

Smuts het in Junie 1901 op 'n vergadering van senior Boereleiers naby Standerton 'n kragdadiger inval in die Kaapkolonie bepleit. Dit was immers die enigste gebied waar die Boereguerrillas vryelik kon beweeg, met dié dat daar nog nie sprake was van Kitchener se skoonveetaktiek nie. Smuts het voorgestel dat hy en Kritzinger hul kragte saamsnoer en die verskillende rondswerwende kommando's in die Kaapse berge verenig. Hy sou dan self 'n groep manskappe die Oos-Kaap en daarna die Wes-Kaap in lei om sodoende die weg te baan vir 'n grootskeepse inval uit Transvaal onder leiding van De la Rey. Soos sy medeleiers was Smuts hewig ontsteld oor die vernietiging van die Boereplase en woedend oor die toestande in die konsentrasiekampe. Hy het gejeuk om die vyand die stryd op eie bodem aan te sê.

Terwyl hy besig was om planne te maak om Johannesburg te herower, het hy uiteindelik die groen lig gekry om die Kaap te infiltreer met die doel om rebellie in die kolonie te stook en die druk op die Boererepublieke te verlig. Louis Botha sou 'n soortgelyke operasie in Natal aan die gang kry.

HOOFSTUK 5

Na die Kaapkolonie

OP KOMMANDO

Smuts het sy inval in die Kaapkolonie met hernude geesdrif aangepak. Op die ouderdom van 31 het hy die eerste keer in sy lewe die genot van intense fisieke aktiwiteit en van kameraadskap ervaar. Die eens tingerige jong man het stewiger geword, sterker. Weens sy voortdurende blootstelling aan die elemente het hy 'n gesonde gelaatskleur gekry. 'n Baard het hom baie ouer laat lyk as wat hy was. In sy saalsak het hy Immanuel Kant se *Kritiek van die suiwer rede* en 'n goed gebruikte eksemplaar van die Nuwe Testament in Grieks gehad.[1]

Op 1 Augustus 1901 het hy en nog 340 uitgesoekte vrywilligers in verflenterde klere, onder wie die jong Deneys Reitz, die Oranjerivier (tans die Gariep) oorgesteek na die Kolonie. Dit was op 'n afgeleë punt tussen Zastron en Aliwal-Noord, waar die grense van die Vrystaat, Basoetoland (nou Lesotho) en die Kaap bymekaarkom. Dit was die begin van 'n reis van 2 000 myl kruis en dwars deur die Kaap, 'n reis wat sowat 35 000 Britse agtervolgers besig sou hou.[2] Die kommando was hoogs gemotiveer, maar gekniehalter deur 'n tekort aan ammunisie, mediese voorraad en voer vir die perde.

Smuts se reputasie het hom vooruitgeloop en die Britte het die nuus oor sy ekspedisie met 'n mate van besorgdheid ontvang. Hulle het gevrees dat die Boerevegters onder dapper en versiende leierskap dalk oor die Kolonie kon versprei en 'n magneet word vir die baie Afrikaners met antikoloniale gevoelens. Die Britte het dus hul pogings verdubbel om die Vrystaat en Noord-Kaap skoon te maak van opstandelinge en Kitchener het generaal John French opdrag gegee om Smuts en sy manne aan te keer. Die infiltreerders moes daarna permanent aan die beweeg bly om die Britse patrollies te ontwyk en hulle het telkens net-net weggekom.[3]

In *Commando* (die boek is later ook in Afrikaans vertaal), Deneys Reitz se klassieke verslag van die Boere se kordaatstukke in die veld, beskryf Reitz hoe Smuts en sy manne die Kaap binnegegaan het: In enkelgelid het hulle drieuur een oggend die Oranjerivier op 'n gevaarlike plek oorgesteek om die Britse troepe wat al die oorgange bewaak het te ontwyk. Toe hulle eers in die Kolonie was, het hulle in 'n skermutseling betrokke geraak met gewapende berede Basotho's wat aan die kant van die Britte geveg het. Dit het die lewe van ses Boere en 30 perde geëis. Uiteindelik het die kommando die veiligheid van 'n Afrikanerplaas bereik, waar Reitz die eerste keer in 'n jaar brood, botter en koffie geproe het.[4]

Twee dae later het Smuts self naelskraap aan die dood ontkom. By Moordenaarspoort, 'n nou kloof in die berge naby Dordrecht, het hy en drie manskappe op 'n verkenningstog hulle in 'n Britse lokval vasgeloop. Smuts se perd is onder hom geskiet, maar hy het in 'n donga afgehardloop en ontsnap. Sy metgeselle was nie so gelukkig nie. Al drie is doodgeskiet.

Ses weke lank het die Smuts-kommando versigtig hul weg deur die berge van die Oos-Kaap gebaan, hulle dikwels in Britse troepe vasgeloop en manskappe en perde langs die pad verloor. Die lentereën het begin en die ysige weer en snerpende wind het die deurdrenkte Boere en hul perde geteister, terwyl die voortdurende teenwoordigheid van die Britse patrollies hulle geen rus gegun het nie. Een aand het French die uitgeputte kommando omsingel waar hulle in 'n laagte op 'n plato in die Stormberge naby Dordrecht gerus het. Hy het sy manne laat kamp opslaan, met die idee dat die Boere sou oorgee wanneer die dag breek.

Wonder bo wonder het 'n man met 'n boggelrug, ene Hans Kleynhans, later die nag uit 'n nabygeleë plaashuis daar aangekom en die 250 manskappe en meer as 500 perde in stilte langs 'n feitlik vertikale bergpaadjie af na veiligheid gelei. So naby was die Boere aan die Britse kamp dat hulle duidelik die Kakies se stemme kon hoor.

Kort ná hierdie noue ontkoming het die kommando op 'n stasie afgekom waar 'n leë goederetrein gestaan het. In 'n ou Kaapse koerant wat daar rondgelê het, was daar 'n berig wat (tot groot vermaak van die manskappe) beweer het dat Smuts die Kolonie binneval het met die "uitvaagsels van die Boereleërs".[5] In daardie stadium, teen die middel van September 1901, het Smuts en sy manne nie geweet dat Kitchener bepaal het dat dit 'n halsmisdaad is vir enige Boer om in klere wat van die Kakies buitgemaak is te veg nie. Nie lank daarna nie moes die Boere tot hul ontsteltenis hoor dat een van hulle wat in 'n Britse uniform gevang is, summier verhoor en tereggestel is.[6] Smuts het swaar daaraan gesluk dat die vyand 'n gevange soldaat kon skiet.

◆

Reitz vertel in grafiese besonderhede hoe die aaklige weer, eerder as die Britse agtervolgers, byna Smuts se kommando op die knieë gedwing het. Ná een verskriklike nag, het hy geskryf: "Ons gids het verdwaal; ons het enkeldiep deur die modder en water geploeter; ons arme verswakte perde het om elke draai gegly en gestruikel; die reën het op ons neergestort en die koue was verskriklik. Teen middernag het die ysreën begin val. Die goiingsak wat ek aangehad het, het solied aan my lyf vasgevries, soos 'n jas van ys, en ek glo as ons nie bly beweeg het nie, sou ons almal omgekom het. Ons het jare se oorlog deurgemaak, maar daardie nag het ons nader aan wanhoop gekom as wat ek wil onthou."[7] Veertien man en 'n groot aantal perde het in daardie "Nag van die Groot Reën" verkluim.

Die ellendige toestand van Smuts se manskappe en diere het onvermydelik tot 'n gemor oor sy leierskap gelei. Sy manne het oor sy strategie gewonder. Waarheen wou hy hulle lei? Waar was die steun van die Kaapse Afrikaners wat hy hulle beloof het? En selfs al sou hulle deur die Britse verdedigingslinies breek, hoe kon hulle in sulke toestande oorleef sonder kos, water, ammunisie en perde?[8] Twee dae later het hulle hul antwoord gekry.

Die gehawende kommando het sy weg deur die Elandsrivierpoort gebaan en hom in 'n mag van 200 troepe van die 17th Lancers vasgeloop. 'n Bloedige botsing het gevolg waarin die Boere, dodelik akkurate skuts wat hulle was, 29 troepe doodgeskiet en 49 gewond het, met net een uit hul eie geledere dood en ses gewond. Met nuwe gewere, vars voorrade, klere, saals en stewels wat hulle uit die Britse kamp gebuit het, het die moreel vinnig herstel. Soos Reitz skryf: "Ons het nuwe vertroue in ons leier en in onsself gekry, iets wat van die grootste belang is vir 'n groep mans in 'n vyandige land."[9]

Kolonel Douglas Haig, bevelvoerder van die Lancers en regstreeks aan French verantwoordelik vir die Elandsriviergebied, was net 14 kilometer daarvandaan by Tarkastad toe hy met ontsteltenis van sy regiment se verliese hoor. Volgens Thomas Pakenham het die guerrillaoorlog in die berge van die Oos-Kaap in die volgende vier weke 'n persoonlike tweegeveg geword tussen Haig en Smuts, twee intens professionele en genadelose drywers van mense wat goed teen mekaar opgeweeg het.[10] Die twee, asook French, sou mekaar weer gedurende die Eerste Wêreldoorlog teëkom, maar toe was hulle aan dieselfde kant.

'N GEVEGSMAG WORD GESMEE

Teen hierdie tyd moes Smuts teen wil en dank erken dat die poging om Afrikaners in die Kolonie vir die Boeresaak te wen nie besonder suksesvol was nie, veral omdat die Britte hul perde afgeneem het. Nog teleurstellender: daar was geen teken van versterkings uit die Vrystaat en Transvaal nie.[11] Smuts het dus die idee om 'n Afrikanerrepubliek in die Kaap te vestig laat vaar en toe die magte van die Boere se opperbevelvoerder in die Kolonie op homself geneem. Hy het begin om sy kommando's so te organiseer dat hulle die Britte kon bly lastig val en sodoende die druk op die twee Boererepublieke kon verlig.

Hy het die 17 kommando's, versprei oor die Kaapkolonie, in vier gevegsgroepe ingedeel onder kommandante wat regstreeks aan hom moes verslag doen.[12] 'n Eenheid onder AH Malan is ooswaarts gestuur; 'n tweede onder Manie Maritz is in die rigting van Duits-Suidwes-Afrika (vandag Namibië); die derde, onder Smuts se vertroueling Jaap van Deventer, moes suidwaarts en 'n vierde onder HW Lategan langs die Oranjerivier af. 'n Bevelstruktuur is vir elke kommando voorgeskryf en orde en dissipline moes met 'n ysterhand gehandhaaf word. Swak gedrag sou nie geduld word nie, net so min soos 'n geskarrel na buit, plundering en mishandeling van burgerlikes of gevangenes. Elke verdagte moes deur 'n militêre hof verhoor word.

As leier het Smuts sy manne se belange op die hart gedra. In die dag was hy altyd op die voorpunt van enige aksie, maar saans het hy hom in sy tent teruggetrek om sy Griekse Nuwe Testament en filosofieboeke te lees. As hy 'n kombers moes deel, was dit met sy swaer, Tottie Krige. Hy was soms terughoudend of "nukkerig en kortaf, soos sy gewoonte was wanneer hy ontevrede was",[13] in die woorde van Deneys Reitz. Maar sy manskappe het hom vertrou en die kameraadskap wat tussen hulle gegroei het, sou die politieke verskille wat jare later kop uitgesteek het oorleef.[14]

Smuts en sy kommando by Concordia, Namakwaland 1901. Parlement

In Oktober 1901 het Smuts se manskappe deur Haig se kordon gebreek en op 'n plundertog suidwaarts na Port Elizabeth afgesit. Hulle het die Britse patrollies ontwyk en voorrade van Afrikaner- en Engelssprekende boere langs die pad opgekommandeer. Reitz vertel van 'n voorval wat van Smuts se merkwaardige sterk gestel getuig het. Aan die voet van die Zuurberge, met Algoabaai in sig, het die honger kommando met mening weggeval aan 'n wilde vrug, iets amper soos 'n pynappel. Dit het verleidelik lekker gelyk, maar die Boere het nie geweet dis baie giftig nie.

In 'n ommesientjie het die helfte van die groep in ondraaglike pyn op die grond rondgekrul. Smuts self was in 'n koma.[15] Om sake te vererger, het 'n sterk vyandelike mag die kommando gewaar en langs die berghang afgestorm om aan te val. Dit het begin skemer word en die Boere kon die Britse soldate met geweervuur op 'n afstand hou. Hulle moes egter voor dagbreek wegkom – al het 'n luide gekreun dit duidelik gemaak dat baie van die manskappe nie 'n tree kon versit nie.

Die nag was koud en donker en van vuur maak vir hitte was daar vir die vasgekeerde Boere nie sprake nie. Die mans wat nie siek was nie, was rasend van die honger. Teen vroegoggend het die meeste van die groep herstel, maar nog so 20 was baie siek, Smuts inkluis. Hy het roerloos op die grond gelê en was net-net in staat om die situasie in oënskou te neem. Hy het opdrag gegee dat dié soos hy wat hulself nie kon help nie op hul perde se saals vasgebind word. Op dié manier het die hele groep weer eens die Engelse ontglip: hulle het deur 'n nou kloof deur die berge weggekom.

Smuts was geestelik net so taai. Deur dissipline af te dwing, soms genadeloos, het hy respek en selfs vrees by sy manne ingeboesem. By een veelbesproke geleentheid is hy meegedeel dat 'n Boereverraaier, Lambert Colyn, vir geld oorgeloop het na die Britte. Een nag het Colyn 'n afdeling Britse soldate na 'n Boerekamp gelei, waar hulle 17 Boere doodgemaak of gewond het voordat hulle die donker nag in verdwyn het. Binne 'n week het Smuts en sy manne die Britse kamp waar Colyn weggekruip het bestorm en hom gevange geneem. 'n Krygshof met Smuts as voorsitter het hom skuldig bevind en ter dood veroordeel. Hy het op sy knieë neergeval en om genade gepleit, maar Smuts het geweier om selfs net te luister. "Nee Colyn," het hy gesê, "vir jou kan daar geen genade wees nie. Jy het die Engelse se vuilwerk gedoen."[16] Die verraaier is weggeneem en doodgeskiet.

In Oktober 1901 het Smuts sy troepe in twee verdeel. Hy het Van Deventer met een helfte in die rigting van die Wes-Kaap gestuur en met die ander helfte het hy self oor die Klein-Karoo in die rigting van die Olifantsrivier en Namakwaland vertrek. Hy kon nou vryelik oor 'n wye en hoofsaaklik onbewoonde gebied swerf en het hom in boeke wat in die geplunderde Britse kampe vasgelê is en in sy filosofiestudie verdiep. Groot stukke van die Kolonie was nou onder sy beheer en hy het vrymoedig genoeg gevoel om 'n proklamasie uit te vaardig wat die inwoners van distrikte onder die Boere se beheer verbied om Britse wette te gehoorsaam of proviand aan die vyand te verskaf.[17]

Hy het ook 'n lang optimistiese brief aan De la Rey geskryf om verslag te doen oor die herskikking van die Boeremagte en die vordering in die Kolonie. Hy het wel toegegee dat dit nie so goed gaan met die werwing van Kaapse rebelle soos hy verwag het nie, maar as daar versterkings uit Transvaal kom, het hy geskryf, voorsien hy oorwinning binne 'n jaar. Berigte uit Duits-Suidwes-Afrika het hom laat glo die Britse regering is onder ernstige druk weens die haglike toestande in die konsentrasiekampe. "Miskien is dit God se wil dat ons mishandelde vroue en kinders hierdie oorlog tot 'n beslissende einde sal bring," het hy teenoor sy mentor gemymer.[18]

Om die sielkundige skroewe teen Brittanje aan te draai het Smuts vanuit die Kaap 'n tweede sterk propagandistiese pamflet die lig laat sien waarin hy van die Boere se vordering in die veld vertel en die Britte deeglik oor die kole gehaal het oor hul wreedheid en onmenslikheid. Ondersteuners van die Boere in Parys, Frankryk, het die dokument gepubliseer, en, net soos hy beplan het, het dit baie aandag in Brittanje getrek, waar Smuts nie net as 'n knap soldaat en strateeg beskou is nie, maar as 'n onversetlike vyand van nasie, volk en koningin.[19]

VREDESONDERHANDELINGE

Maar elders in Suid-Afrika was die Boereleiers – De Wet in die Vrystaat, De la Rey in Transvaal en Botha in Natal – feitlik teen die toue. Hulle is oorweldig deur die Britte se getalsoorwig, vasgekeer deur Kitchener se blokhuise en beperk tot gebiede wat deur die skoonveetaktiek verwoes is. Hele dorpies is verwoes, duisende plaashuise is tot op die grond afgebrand, vee is geslag en die aarde het woes en leeg gelê. Dit was net die bittereinders onder die Boere wat nog vasbeslote was om aan te hou veg.[20] Kitchener het die verdeeldheid in die Boeregeledere aangevoel en, synde versiende en gretiger as Milner om die oorlog te beëindig, het hy weer eens die Boereleiers na samesprekings genooi.

Intussen het Smuts pas Springbok en Concordia in Namakwaland verower en hy was op die punt om die koperproduserende dorp O'Kiep aan te val toe twee Britse offisiere sy kamp met 'n wa binnery, wit vlag omhoog. Hy moet as die ZAR se staatsadvokaat by die vredesonderhandelinge in Pretoria wees, het hulle hom ingelig. Sy veilige deurgang sal deur niemand anders nie as kolonel Douglas Haig gewaarborg word.

Smuts het die geveg aan Maritz oorgelaat en Reitz saam met hom na Port Nolloth geneem, van waar die twee per skip na Kaapstad en verder per trein na Pretoria is. Onderweg is Smuts met die allergrootste hoflikheid en militêre protokol behandel, maar hy was in geen bui om gesellig te verkeer met mense soos generaal French, wat hom by Matjiesfontein ingewag het, of enige ander Britse offisier nie.[21] Op Kroonstad het Kitchener hom ingewag, hom op die hart gedruk dat verdere Boereweerstand tevergeefs sou wees en by hom aangedring om die oorlog te help beëindig.

Op Standerton is Smuts na Louis Botha geneem. Reitz het agterna beskryf hoe ontsteld hy en Smuts was oor die toestand van die 300 afgevaardigdes van die Boerekommando's wat daar byeen was om afgevaardigdes na die vredesamesprekings by Vereeniging te kies. "Niks kon duideliker gewys het hoe die Boeresaak feitlik verlore was as hierdie verhongerde, verflenterde manne, geklee in velle of sakke, hul liggame oortrek met sere weens die tekort aan sout en kos nie. Hul voorkoms was 'n groot skok vir ons, wat uit die beter omstandighede van die Kaap gekom het,"[22] het Reitz geskryf.

Smuts was nie self 'n afgevaardigde by Vereeniging nie, maar op uitnodiging van Botha het hy en die Vrystaat se regsadviseur, JBM Hertzog, vrylik aan die beraadslagings voor die konferensie deelgeneem. Vroeëre besprekings tussen die Vrystaatse en Transvaalse leiers het diep meningsverskille oor die kwessie van onvoorwaardelike oorgawe aan die lig gebring. 'n Siek president Steyn het volgehou dat hy net vrede sal maak as die republieke hul onafhanklikheid kan behou.[23] Aan die ander kant het die Transvalers besef alles is verby; oorgawe het onvermydelik geword.

Milner het by Kitchener op 'n algehele oorwinning oor die Boere aangedring en wou niks van eise om onafhanklikheid weet nie. Op 15 Mei 1902 het die 60 Boere wat by Vereeniging byeen was (30 uit elke republiek) Botha, De la Rey, De Wet, Smuts en Hertzog aangewys om nog een keer Milner en Kitchener se arm te probeer draai. Op 19 Mei, nadat die oggendsessie in Pretoria in skaakmat geëindig het, het Kitchener Smuts eenkant toe geroep en vir hom gesê hy meen die Liberale Party sal hoogs waarskynlik binne twee jaar in Brittanje aan bewind kom en mag dalk simpatieker teenoor die republieke se eise om selfregering wees. Daardie middag het die steeds onversoenlike Milner aangedring dat die Boere oorgee en trou aan Brittanje sweer. Dan kan Milner en die Kaapse prokureur-generaal, sir Richard Solomon, vir Smuts en Hertzog ontmoet om die res van die verdrag op te stel vir bekragtiging deur die afgevaardigdes by Vereeniging.

'n Kernelement van die verdrag was die kwessie van naturellestemreg. Smuts het die klousule in die dokument wat die stemreg aan 'n beperkte aantal swart mense sou gee herskryf, sodat die besluit oor die stemreg vir swart mense tot ná die instelling van selfregering uitgestel sou word. Sodoende is die kwessie aan die twee republieke oorgelaat, eerder as aan die Britte. Dié verandering is deur Milner aanvaar en sou lotsbepalende langtermyngevolge vir die toekomstige Suid-Afrika hê.

Milner en Kitchener het daarop aangedring dat hulle die finale aanvaarding van die bepalings teen middernag op Saterdag 31 Mei ontvang. Smuts het reeds vroeër in 'n hartstogtelike toespraak sy eie mening teenoor sy medeleiers gelug oor hul plig teenoor die Boerevolk, eerder as teenoor die Boereleër: "Ons het die stryd aangepak en tot op hierdie oomblik volgehou omdat ons ons onafhanklikheid wou behou en bereid was om alles daarvoor op te offer, maar ons durf nie die Afrikanervolk vir daardie onafhanklikheid opoffer nie … Niemand sal my ooit oortuig dat hierdie ongeëwenaarde opoffering wat die Afrikanervolk op die altaar van onafhanklikheid gelê het, tevergeefs was nie … Die oorlog vir die vryheid van Suid-Afrika is nie net vir die Boere gevoer nie, maar vir al die mense van Suid-Afrika. Ons lê die resultaat van daardie stryd in God se hande. Miskien is dit sy wil om die mense van Suid-Afrika deur neerlaag en vernedering, ja, selfs deur die vallei van die doodskaduwee, na 'n beter toekoms en 'n skoner dag te lei."[24]

Ná 'n spanningsvolle en emosionele debat is daar gestem oor die vredesvoorstelle en dis met 54 stemme teen 6 aanvaar. Teen elfuur die aand is die Verdrag van Vereeniging in Kitchener se huis in Pretoria geteken. Dit het bekend geword as die Vrede van Vereeniging.

◆

Deur die onderhandelinge heen was Smuts diep bekommerd oor ontstellende nuus oor Isie se swak gesondheid. Op 26 Mei, twee dae ná sy 32ste verjaardag, het hy liefdevol uit Pretoria vir haar geskryf: "Ek weet jy ly verskriklik en dat geen gemoedsrus kan vergoed vir die vernietiging van die liggaam nie … Ek twyfel nie dat, wanneer hierdie donker besigheid verby is en ons vir mekaar teruggegee is, jy gou na liggaam en siel sal herstel nie. In elk geval, ek sal alles doen wat ek kan om op te maak vir die lang jare van skeiding … Sonder jou wil ek nie lewe nie, en saam met jou wag die lewe se edelste skat nog op my. Ek is voorbereid op al hierdie verliese, maar nie om jou te verloor nie … Aan jou is ek verskuldig wat ook al die edelste en beste in my lewe en werk is."[25]

Op 1 Junie, die dag ná die ondertekening van die vredesverdrag, het Smuts na die Kaapkolonie vertrek om sy laaste verpligtinge as generaal af te handel. Dit het die ontbinding van sy kommando behels. Hulle was nog by Soetwater, naby Calvinia, salig onbewus van die uitkoms van die onderhandelinge by Vereeniging. Hy het die onbenydenswaardige taak gehad om sy verstomde kollegas, wat so dikwels langs hom in 'n stryd tot die dood toe gewikkel was, in te lig dat dit die Boere was, en nie die Britte nie, wat oorgegee en om vrede gevra het. Sommige het geweier om die nuus te aanvaar en hom daarvan beskuldig dat hy die Boeresaak verloën het.

Nadat hy sy pa besoek het (dié het ná die dood van sy ma weer getrou) en by lede van die Krige-familie in die Wes-Kaap langs gery het, is Smuts vlugtig na Isie in Pietermaritzburg. Sy is in Junie deur 'n ginekoloog geopereer, maar was nog te swak om saam met hom die lang treinreis Pretoria toe aan te pak. Sy was eers middel Augustus sterk genoeg daarvoor. Soos Hancock skryf, enige ander vrou sou haar man gesoebat het om by haar te bly, maar vir Isie – en Smuts, nou 'n oudgeneraal, oudminister en gewese staatsadvokaat – was dit vanselfsprekend dat plig eerste kom.

HOOFSTUK 6

Nasleep

MILNER SE FRUSTRASIES

Die bitterheid wat die Anglo-Boereoorlog onder die Boere gelaat het, het dekades lank voortgeleef. In die twee voormalige republieke, nou Britse kolonies, was daar oral verwoesting. Smuts het met 'n beter reputasie uit die konflik getree. Sy klein mag het die duisende Britte wat die Kaapkolonie moes verdedig besig gehou en sy vernuf as soldaat en leier is in die hitte van die guerrillaveldtog geslyp. Maar die uiteinde van die oorlog het hom ontnugter en neerslagtig gelaat, met 'n groot renons in alles wat Brits is. Hy het veral 'n afkeer gehad van die hovaardige Milner, wat die oomblik toe die oorlog verby was, begin het om die meeste lewensfere in die nuwe kroonkolonies te verengels. En, ofskoon Smuts dit dalk nie sou erken nie, het hy nou ná die dood van Kruger self 'n groot behoefte gehad aan 'n nuwe leier, iemand soos die ou president, en Rhodes voor hom.[1]

Gelukkig was daar so 'n inspirasie byderhand: sy vriend en medestryder, die geliefde Boeregeneraal Louis Botha. Toe Botha ná die oorlog na Pretoria verhuis, het hy en Smuts nog nader aan mekaar gekom en hul eie weergawe van Rhodes se visie bespreek: 'n verenigde Suid-Afrikaanse nasie van wit Afrikaners en Engelssprekendes, onder die beskerming van die Britse sambreel.

Die twee mans was nou meer bewus van waar die mag in die internasionale politiek lê, en hul gevolgtrekking was dat Suid-Afrika net met die steun van buitelandse kapitaal ekonomies kan groei. Of hulle nou daarvan gehou het of nie, die Britse Ryk kon sowel handelsgeleenthede as langtermyn- fisieke sekuriteit bied. In Smuts se gemoed moes Suid-Afrika in die Britse Ryk bly, nie net om veiligheidsredes nie, maar ook ter wille van die land se missie as die "draer van die beskawing" op die vasteland van Afrika.[2]

Smuts en Botha het albei aangevoel dat die kolonies uiteindelik selfregering sal kry, en dalk gouer as wat almal verwag. As 'n doelbewuste taktiek het hulle dus besluit om nougeset by die bepalings van die Verdrag van Vereeniging te hou. Terselfdertyd het hulle besluit om die saak vir selfregering te bevorder deur nie 'n vinger te verroer om Milner en sy "Kindergarten" te help nie – daardie handjievol jong staatsamptenare met hul Oxford-opleiding wat deur die departement van koloniale sake vir praktiese ervaring na verre Suid-Afrika gestuur is. Die twee Boereleiers het hulp met die rekonstruksiepoging van die hand gewys en 'n setel in die Transvaalse wetgewende raad geweier. Dit was Botha wat Milner in die openbaar aangeval het, maar agter die skerms was dit Smuts wat die meeste van sy kollega se skerp uitsprake georkestreer het.

'n Afswaai in die Transvaalse ekonomie weens 'n ernstige droogte en 'n arbeidstekort by die myne was water op die meul van die veldtog teen Milner. Die oorlog het die swart pagterboere goed behandel. Hulle het albei kante van die oorlog van kos voorsien toe die Boereplase vernietig is. Gevolglik was baie swart mense onwillig om hul kommunale grond te verlaat om in die myne te gaan werk.[3] Maar mynbou was die grondslag van die ekonomie en dit was noodsaaklik vir die herstel van die bedryf dat die mynboubedrywighede na laegraadse riwwe uitgebrei word. Die mynbase was so traag soos altyd om swart werkers se lone te verhoog en Milner het die ekonomie probeer aanhelp deur goedkoop arbeid uit China in te voer, tot ergernis van die Liberale Party in Brittanje. Dit het Smuts ook woedend gemaak en hy het gevrees dat dit net die rasseprobleem wat op Afrika gewag het sal vererger.

In Brittanje het die Liberale die "Chinese slawerny" in Suid-Afrika 'n belangrike verkiesingskwessie in hul veldtog teen die Konserwatiewe Party gemaak. Die bohaai oor Chinese immigrasie het gehelp om Afrikanernasionalisme te laat herlewe en het groter gewig verleen aan die eise om selfregering vir Transvaal. Milner moes dus noodgedwonge beloof dat daar tussen wit arbeid aan die een kant en swart en Chinese arbeid aan die ander kant onderskei sal word.

Die omvang van Smuts se woede blyk uit 'n private brief wat hy in Februarie 1904 geskryf het aan Emily Hobhouse, die invloedryke vrou in Engeland wat 'n heldin van die Boere geword het weens haar veldtog om die toestande in Kitchener se konsentrasiekampe te verbeter. In die brief braak Smuts gal teen sowel Milner as die Uitlander-mynbase, "uitbuiters" wat die invoer van ingeboekte Chinese arbeid steun. Sonder om die skrywer se toestemming te vra, het Hobhouse die brief vir publikasie aan *The Times* in Londen gegee en dit het 'n klein sensasie veroorsaak. Daarna was Smuts 'n ruk lank benoud dat Milner hom weens sy anti-Britse vyandigheid sou deporteer.

EMILY HOBHOUSE

Piet Beukes, joernalis en skrywer, het Emily Hobhouse beskryf as die vrou wat Smuts wêreldberoemd gemaak het.[4] Die twee het in 1903 ontmoet toe Hobhouse Pretoria toe gekom het om hulp te soek vir die Vrystaatse Boere wat hul inkomste weens die verwoesting van plase in die oorlog verloor het. Smuts het haar besorgdheid diep waardeer en haar genooi om by hom en Isie te bly. Daarna het die twee gereeld gekorrespondeer. Smuts het Hobhouse beïndruk en sy het besluit om hom 'n bondgenoot te maak in die politieke veldtog wat sy in Brittanje op tou gesit het om die Boere te help. Toe sy Smuts se bogenoemde ongebreidelde brief ontvang, het sy heeltemal doelbewus besluit om dit aan die koerant te lek. Al was dit 'n verleentheid vir Smuts, het hy haar nooit oor die kole gehaal daaroor nie. Dit het hom net dieper in Hobhouse se hart laat kruip.

Sy was tien jaar ouer as Smuts, die dogter van 'n predikant in St. Ives, Cornwell, 'n man met goeie konneksies. Die tuig van haar streng kleindorpse opvoeding het begin skaaf, en nadat sy haar pa tot aan sy dood verpleeg het, het sy haar missie in die lewe begin soek. Sy het die eerste keer van die twee Boererepublieke gehoor toe die Anglo-Boereoorlog uitbreek en sy was woedend toe sy van die konsentrasiekampe vir die Boerevroue- en kinders hoor.

Haar aristokratiese oom, lord Arthur Hobhouse, het haar gehelp om laat in 1900 na Suid-Afrika te reis sodat sy die toestande in die kampe met haar eie oë kon sien. Al was sy glad nie vermoënd nie, is sy op eie stoom van die Kaap af Bloemfontein toe. Wat sy daar aangetref het, het haar hewig ontstel. Sy het dit haar taak gemaak om die onhigiëniese toestande in die meer as 30 kampe met sowat 63 000 vroue en kinders, van wie 23 000 daar sou sterf, te verlig en het 'n eenvrouveldtog begin om te eis dat die lewensomstandighede in die kampe verbeter word. As dit nie vir Emily Hobhouse was nie, het Beukes geskryf, sou baie meer gesterf het.[5]

By haar tuiskoms in Brittanje, het Hobhouse se invloedryke politieke vriende haar aan die nuwe Liberale leier, sir Henry Campbell-Bannerman, bekend gestel en sy het hom oortuig van die barbaarsheid van die metodes wat in Suid-Afrika toegepas word. Sy was so oortuigend dat 'n kommissie

Emily Hobhouse, 'n heldin vir die Boere. Gallo Images/Alamy/The Art Archive

van vroue gestuur is om ondersoek in te stel en verbeteringe in die kampe aan te beveel. Daarna het die sterftes beduidend afgeneem. Teen 1903 was sy iemand in die Britse politiek met wie rekening gehou moes word, en met behulp van Smuts se brief het sy 'n proses aan die gang gesit wat daartoe sou lei dat die Konserwatiewe regering deur die Liberale vervang is en dat selfregering aan die eertydse Boererepublieke toegestaan is.

Hobhouse het Smuts ook voorgestel aan die vrou wat naas Isie sy sielsgenoot en naaste vertroueling geword het. Margaret Clark was die dogter van 'n vooraanstaande Kwakergesin. Hulle was skoenmakers en baie vrygewig met hul steun vir verdienstelike sake. Haar oupa, John Bright, was 'n gerespekteerde Engelse radikaal en sy Kwakeroortuigings sou later 'n belangrike invloed op Smuts hê. In 1904 is Clark as Hobhouse se sekretaresse na Suid-Afrika om met die rehabilitasie van die Boeregesinne te help. Terwyl sy 'n student op Cambridge was, het sy al stories oor Jan Smuts se intellek gehoor.

Sy sou selfs meer as Hobhouse 'n invloed op sy lewe word.

HET VOLK

Teen die vroeë 1900's is Botha en Smuts oral as die leiers van die Afrikanerdom erken.[6] Onder leiding van Smuts, nou weer energiek en vasbeslote, het die twee met die stigting van 'n politieke party begin, Het Volk. Die doel was om 'n einde te maak aan die beperkings op die gebruik van Hollands, om die saak van selfregering te bevorder, die invoer van Chinese arbeid te beëindig en die verhouding tussen die twee wit "rasse" te verbeter – dit was al wat in daardie jare as "rasseverhoudinge" beskou is. In die Vrystaat het 'n party met soortgelyke doelstellings tot stand gekom, die Orangia-Unie, en in die Kaap het die Afrikanerbond sy aantrekkingskrag vergroot en sy naam na die Suid-Afrikaanse Party verander om ook nie-Afrikaners te lok.

In 1905 het Milner se ampstermyn as hoë kommissaris van die kroonkolonies tot Smuts se groot verligting tot 'n einde gekom. Die koningin se verteenwoordiger wou Transvaal deeglik verengels deur 'n nuwe onderwysbeleid in te stel en die immigrasie van groot getalle Britse setlaars aan te moedig voordat selfregering vir die kolonie met sy ryk goudvelde oorweeg kon word. Al wat hy egter reggekry het, was om Afrikanergevoelens weer hoog te laat loop. Hy is vervang deur die buigsamer en taktvoller lord Selborne, wie se opdrag was om te versoen eerder as om die Afrikanerbevolking te antagoniseer. Dit het hy met 'n mate van sukses gedoen.[7]

◆

Smuts se kapasiteit om te vergeef, indien nie te vergeet nie, blyk uit die merkwaardige brief wat hy in April 1905 aan Milner by dié se vertrek uit Suid-Afrika geskryf het: "Sal u my toelaat om u 'n 'bon voyage' toe te wens, noudat u Suid-Afrika vir altyd gaan verlaat? Ek vrees u het nie van ons gehou nie, maar ek koester die hoop dat, soos ons geheues versag en die edele eienskappe van ons onderskeie idees duideliker word, ons al hoe meer mekaar se bydraes tot die skepping van die gelukkiger Suid-Afrika wat sonder twyfel sal kom, sal waardeer en mekaar vriendeliker sal oordeel. Dit is in elk geval 'n troos om te dink dat dit wat edel is in ons werk tot iets groters sal groei as wat ons voorsien het en dat selfs ons foute uiteindelik bedek sal word, nie net in 'n genadige vergetelheid nie, maar ook in daardie onbewuste vergifnis wat 'n inherente eienskap van alle historiese lewe blyk te wees. Geskiedenis skryf die woord 'versoening' oor alle rusies ..."[8]

Die brief moet 'n totale verrassing vir Milner gewees het. Hy en Smuts, albei vasbeslote, eiesinnig en met 'n sterk wil, sou 'n veel hoër agting vir mekaar ontwikkel toe hulle jare later saam as lede van die Britse oorlogskabinet gedien het.

◆

In Smuts se agterkop was die wenk wat Kitchener hom in die oor gefluister het dat die Liberale Party dalk simpatieker as die Konserwatiewe Party teenoor die Boere se strewe sou wees. Dus het die Liberale skaars die bewind oorgeneem, of hy was namens Het Volk op pad Londen toe om te kyk hoe die wind oor selfregering vir Transvaal en die Vrystaat by Henry Campbell-Bannerman en sy kollegas waai. Saam met hom op die skip was Margaret Clark, wie se familie met Emily Hobhouse sou saamspan om vir hom 'n oudiënsie by die nuwe eerste minister te reël.

Smuts se ontmoeting met Campbell-Bannerman was een van die rigtinggewende ervarings van sy lewe. Soos Antony Lentin skryf: "Dit sal onmoontlik wees om die impak daarvan op sy lewe te oordryf, selfs al was sy eie weergawe daarvan in die jare daarna oordrewe."[9] Smuts het 'n versigtig bewoorde memorandum oor selfregering vir die nuwe Liberale Kabinet opgestel, waarvan die prominentste lede Herbert Asquith, David Lloyd George, Edward Grey en Winston Churchill was, maar dit was sy persoonlike gesprek met Campbell-Bannerman wat beslissend was. Hy het gevind die Britse premier was die "soort verstandige persoonlikheid, groothartig en eerlik, op wie mense staatmaak. Hy het my aan Botha herinner."

Later het Smuts geskryf: "Ek het 'n eenvoudige saak voor hom op die tafel gesit ... Wil julle vriende of vyande wees? Jy kan die Boere as vriende kry, en hulle het getoon wat die gehalte van hul vriendskap kan wees. Ek waarborg my en my kollegas se vriendskap as jy dit wil hê. Jy kan kies om vyande van hulle te maak, met nog 'n Ierland tot gevolg, maar as jy in vryheid glo, dis ook waarin hulle glo, dis hul godsdiens."[10]

Die versigtige Skot het nie dadelik op Smuts se pleidooi gereageer nie, maar sy twyfel oor die Boere se lojaliteit was nou besweer en die volgende oggend op die kabinetsvergadering het hy 'n toespraak gemaak wat Lloyd George hiperbolies "in tien minute die dramatiesste, die belangrikste toespraak van ons tyd"[11] genoem het. 'n Tot toe nog ongeesdriftige kabinet het daarop die eerste minister se voorstel vir selfregering aan die twee Boerekolonies gesteun. Soos Smuts met verwondering gesê het: "Hulle het ons land in elke opsig, behalwe in naam, teruggegee. Ná net vier jaar. Was daar ooit tevore so 'n wonderwerk van vertroue en welwillendheid? Net mense soos die Engelse kan dit doen. Hulle maak dalk foute, maar hulle is 'n groot volk."[12] Van toe af sou Smuts se eie politieke filosofie deurtrek wees van Campbell-Bannerman se groothartigheid en dit sou hom (en Botha) oortuig dat Suid-Afrika se toekoms in die Britse Ryk lê.

UITEINDELIK, SELFREGERING

Selfregering vir die twee Boererepublieke is kort daarna toegestaan. Die Britse regering het die West Ridgeway-kommissie aangestel om voorstelle te maak vir 'n grondwetlike skikking wat vir alle partye aanvaarbaar sou wees. Die kommissarisse het kiesafdelings begin afbaken, eerder as om die baie ingewikkelder kwessie van stemreg in Transvaal en die Vrystaat aan te pak. Dit is as min of meer vanselfsprekend aanvaar dat die stemreg tot wit mans beperk sou wees: Die Britte het hulle nog deur die Vrede van Vereeniging gebonde beskou om die besluit oor die stemreg vir swart mense uit te stel. Daar was egter nie sulke terughoudendheid oor die Indiër- en bruin burgers van die Kaapkolonie nie.

In Desember 1906 is 'n nuwe grondwet vir Transvaal geproklameer en kort daarna een vir die Vrystaat. Smuts het hom dadelik met oorgawe in die verkiesingsveldtog van twee en 'n half maande gewerp. Hy het 'n verklaring van beginsels en 'n program van aksie vir Het Volk opgestel en 'n reeks manifeste vir die party geskryf.[13] Hy en Botha het deur Transvaal gereis en onvermoeid versoening en welwillendheid tussen Afrikaners en Engelssprekendes bepleit. Die reaksie was bemoedigend, maar elke nou en dan het die twee hulle in sterk weerstand vasgeloop en hulle moes ook soms wal gooi teen die agterdogsaaiery van die pro-Britse Transvaalse pers. Isie kon nie haar antipatie teen die Britte oorkom nie en het tuis gebly sodat sy nie haar man in die openbaar en by politieke vergaderings in die verleentheid sou stel nie.

HOOFSTUK 7

Nasiebouer

DIE ARGITEK

Almal stem saam dat Jan Smuts die argitek en ontwerper van die Unie van Suid-Afrika was. "Die Boer het vir sy onafhanklikheid geveg, die Engelsman vir sy *empire*: almal het geveg vir wat hulle as die beste beskou het. Nou is 'n unie die beste ... Laat ons 'n unie kry ... nie van heerser en onderdrukte nie, maar van broers,"[1] het hy met die drif en optimisme nou eie aan hom verklaar. Ander politici, veral Louis Botha, John X Merriman, JBM Hertzog en 'n vorige Kaapse eerste minister, WP Schreiner, het 'n beduidende rol gespeel in die samesprekings oor eenwording, maar dit was Smuts se standpunte oor kardinale keuses soos tussen 'n unitêre en federale grondwet, politieke regte vir ander rasse en waar die hoofstede sou wees wat uiteindelik die toon aangegee het. Soos Hancock sê, meer as enige ander nasionale grondwet in die Statebond dra dié van die Unie van Suid-Afrika die stempel van een man se denke.

Maar eers moes daar selfregering kom. In Transvaal het Het Volk maklik die verkiesing van Februarie 1907 gewen, met 'n absolute meerderheid oor die ander partye. Smuts het wyslik die premierskap van die hand gewys ten gunste van die gewilder Botha en het die poste van koloniale sekretaris en minister van onderwys aanvaar. Die Liberale Party in Brittanje het dalk nie besef dat hulle 'n natuurkrag in die hart van gebeure in Suid-Afrika wakker gemaak het die dag toe hulle Smuts se versoek om selfregering toegestaan het nie, 'n krag wat gereed was om sy volle intellek en al sy energie in die skepping in 'n nuwe staat in te ploeg.

Met die verkiesing agter die rug, het Smuts homself met "kolossale ywer en oorredende takt"[2] gedryf om Milner se werk ongedaan te maak en hy was so teensinnig soos altyd om enigiets van sy werklas na minder bekwame onderhoriges te delegeer. Hy het lang ure in sy kantoor deurgebring en feitlik al die regeringsake op sy eie skouers geneem. 'n Spotprent in 'n Britse koerant het die Het Volk-kabinet uitgebeeld en Smuts se gesig op elke kabinetslid se lyf gesit. Die onderskrif het gelui: "Die beherende belang van generaal Smuts in die kabinet is so in die ooglopend dat 'n mens kan sê die hele regering is in sy hande gekonsentreer."[3]

Vir Het Volk was versoening en die bou van wedersydse vertroue tussen Afrikaners en Engelssprekendes nie net 'n kwessie van naasteliefde en idealisme nie.[4] Harmonie tussen die twee wit groepe is as 'n voorvereiste vir 'n verenigde Suid-Afrika beskou. In die feitlik eentalige Oranjerivierkolonie was Afrikaners in die oorweldigende meerderheid, maar in Transvaal was die wit bevolking om die helfte Engels- en Afrikaanssprekend en Het Volk het die Engelse stem nodig gehad om aan bewind te kom.

'n Hoë prys is egter vir versoening betaal. Anderkant die Oranjerivier het Steyn en Hertzog fundamenteel anders oor nasionaliteit gedink en hulle het oortuig geraak dat Botha en Smuts vinnig op pad was om aan die Britse kroon uit te verkoop. Kort voor lank sou dié uiteenlopende beskouings die Afrikanerdom skeur en 'n beslissende uitwerking op die volgende drie dekades van die Suid-Afrikaanse geskiedenis hê.[5]

Nadat hy eerste minister geword het, het Botha dit goed gedink om as gebaar van welwillendheid twee Engelssprekendes in sy kabinet aan te stel. Smuts, ewe gretig om te versoen, het 'n kontroversiële onderwysbeleid ingevoer waarvolgens 'n kind tot standerd vier in sy moedertaal onderrig sou word, maar daarna sou Engels die medium wees, met Hollands slegs 'n gewone skoolvak. Die Afrikaners het krete van ontsteltenis laat hoor en Smuts daarvan beskuldig dat hy sy eie mense verraai.

Soos 'n mede-Afrikaner, Piet Meiring, in 'n gebalanseerde evaluering van die man vir wie hy so 'n groot bewondering gehad het uitwys: Smuts se vorige stryd as minister van onderwys vir Afrikaans in ag genome, kon hy maklik Hollands eens en vir altyd verskans het.[6] Tog het hy dit nie gedoen nie en hy moes baie jare daarna met die gevolge saamleef. Waar afsonderlikheid en outonomie vir Hertzog fundamenteel was, was versoening en aanpassing vir Smuts belangriker. Meiring het gemeen dat Smuts voor Uniewording so daarop toegespits was om die verskille tussen die twee wit groepe uit die weg te ruim, dat hy nie behoorlik aandag gegee het aan wat so dierbaar vir die Afrikaners was nie.

Die hand agter Uniewording: Smuts saam met die Transvaalse premier, Louis Botha (links) en die Kaapse premier, John X Merriman (sittend), 1910.

BOTHA EN SMUTS

Smuts het niemand in die wêreld meer bewonder as sy medeleier, Louis Botha, nie. Hul persoonlikhede het in byna elke opsig verskil, maar die een se sterk punte het vir die ander een se tekortkominge vergoed. Botha het deur die oë van 'n veeboer na die wêreld gekyk, Smuts se lewensuitkyk was dié van 'n wetenskaplike. Hul verhouding was soos dié van Dawid en Jonatan.[7]

Botha was agt jaar ouer as Smuts, 'n groot, swaar geboude man, joviaal en eindeloos taktvol en geduldig, altyd beskikbaar vir die baie mense wat advies by hom kom soek het. Smuts, 'n skraal, kleiner geboude dinamo met eindelose energie, was baie meer gedrewe, dikwels onkommunikatief en ontoeganklik. Sy vyande het beweer hy is glad te slim en het hom Slim Jannie genoem – 'n bynaam wat vasgesteek het. Botha se magnetisme het hom beter in staat gestel as Smuts om skares te hanteer. Daarteenoor kon Smuts se serebrale benadering soms 'n gehoor vervreem. 'n Moderne vergelyking kan dalk die teenstelling tussen Nelson Mandela en Thabo Mbeki ná 1994 wees, waar die ouer man die gewilde openbare gesig van die ANC-leierskap was, terwyl Mbeki agter die skerms die retoriek in beleid omskep het.

In die parlement was Smuts baie dominanter as Botha. Ofskoon hy in sy moedertaal met familie en vriende gepraat het, is hy in Engels opgelei en was hy vlot tweetalig. Aan die ander kant het Botha in Afrikaans gedink en net Engels gepraat wanneer hy nie anders kon nie.[8] Dit het hom benadeel in 'n land waar die taal van die handel en nywerheid en die parlementêre politiek hoofsaaklik Engels was. Wanneer Botha ook al in die parlement gepraat het, het hy dus seker gemaak dat die ware stem van die regering, Smuts, byderhand is.

Smuts het vinnig besluit, en het dan soms oorhaastig die verkeerde rigting oor staatsake ingeslaan. Die rustiger Botha het verkies om op sy tyd te wik en weeg. "Waar Botha sjarmant was, was Smuts soms té ontsagwekkend."[9] Al moes Botha soms mense paai wanneer hulle aanstoot geneem het aan Smuts se "slimmigheid", het hy die hoogste agting vir die jonger man se intellektuele vermoëns gehad en het hy, afgesien van landbousake, die meeste beleidsformulering aan hom oorgelaat. Al was Smuts die vanselfsprekende kandidaat om die Transvaalse premier te word toe die kolonie selfregering kry, het hy wyslik ten gunste van Botha teruggestaan. Soos hy aan Merriman geskryf het: "Ek kon premier gewees het, maar het gereken dit sou 'n fout wees om voorrang bo Botha te kry, hy is regtig een van die beste manne wat Suid-Afrika opgelewer het. As hy kultuur gehad het, soos hy ridderlikheid en gesonde verstand het, sou hy sy gelyke in Suid-Afrika nie geken het nie."[10]

Smuts en Botha was dit hartroerend eens oor die kwessie van konsiliasie – of te wel versoening, die bou van wedersydse vertroue tussen Boer en Brit ná jare se bitterheid en konflik. Albei die leiers het geglo dis gebiedend noodsaaklik dat die twee wit groepe verenig en saamstaan, indien nodig onder 'n imperiale sambreel, as hulle in 'n oorweldigend swart omgewing wil oorleef. Wat praktiese sin vir die pragmatiese Botha gemaak het, was vir Smuts die rigtinggewende beginsel van sy lewe: dat losstaande dele in die groter geheel opgeneem moet word.

Die so verguisde Milner het verstaan wat Smuts en Botha nog moes leer toe Het Volk aan bewind kom: Transvaal se probleme was onlosmaaklik verbonde aan dié van die ander kolonies. Die noordelike kolonie was relatief welvarend, maar sy goedere het deur die hawens en oor die spoorlyne van die Kaap en Natal gekom en gegaan. Deurslaggewende kwessies soos die spoorstelsel, onderwysbeleid en stemkwalifikasies vir die swart en bruin mense en die Indiërs kon net doeltreffend gehanteer word deur 'n sentrale owerheid wat sy gesag aan politieke eenheid ontleen het.

Milner het probeer om die vier kolonies in 'n tydelike spoor- en tolunie nader aan mekaar te bring, maar die Liberale regering in Brittanje het min geesdrif daarvoor getoon. Wrywing tussen die kolonies oor tariefmure en vragtariewe het toegeneem en Smuts het vroeg in 1908 aangekondig dat Transvaal hom uit die tolunie onttrek, maar bereid is om oor 'n nuwe ooreenkoms te onderhandel. Daar moes op 'n konferensie wat binnekort in Pretoria gehou sou word daaroor besluit word. "Anders," het hy aan Merriman, in daardie stadium die Kaapse eerste minister, geskryf, "is ek bevrees dat ons verder van mekaar sal dryf en gevestigde regte ontwikkel wat vreemd gaan wees aan 'n unie."[11]

FEDERASIE OF UNIE

Smuts was nie die eerste een wat met die idee van politieke eenwording in Suider-Afrika gespeel het nie. Van tyd tot tyd het Jan Hofmeyr, Rhodes, Kruger, FS Malan en selfs Milner op nouer samewerking tussen die vier kolonies aangedring, maar dit was Smuts wat dit op homself geneem het om die ideaal in werklikheid te omskep. Dit was ironies dat sy besorgdheid oor die groeiende mag van buitelandse kapitaal hom tot aksie laat oorgaan het, want hy is later verguis omdat hy die mynmaatskappye ondersteun het. In 1906 het hy aan Merriman geskryf en gewaarsku dat "tensy die mag van die mynmagnate in Transvaal verbreek word deur die totstandkoming van 'n verenigde of federale Suid-Afrika, sal die gevaar bly bestaan dat hulle hier die oppermag sal kry en op dié manier ook in die res van Suid-Afrika, wat hulle stukkie vir stukkie sal inpalm."

In 'n ander brief aan Merriman het hy gewaarsku: "Glo my, so lank ons verdeeld en afsonderlik in Suid-Afrika bly, sal die geldmag die septer oor ons swaai ... laat ons voortgaan om die fondament vir 'n verenigde Suid-Afrikaanse volk te lê."[12]

Merriman was Britsgebore, maar 'n stoere anti-imperialis, en hy het geglo die vier Suid-Afrikaanse kolonies moet toegelaat word om hul eie sake te bestuur sonder inmenging deur Britse politici. Dit was ook Smuts en die Vrystaatse oudpresident Steyn se mening en albei het eenwording gesien as 'n manier om Britse invloed te verminder. Toe Merriman se Suid-Afrikaanse Party in 1908 met die steun van die Afrikanerbond in die Kaap aan bewind kom, het dit die derde koloniale regering geword wat ten gunste van eenwording was. Maar terwyl Smuts en Merriman Suid-Afrika as 'n selfregerende dominium binne die Britse Ryk gevisualiseer het, het Steyn gehoop dat eenwording die Afrikaners sou verenig en hul onafhanklikheid sou verhaas.[13]

Die Britse regering was ook ten gunste van 'n groter unie wat Suid-Rhodesië (vandag se Zimbabwe) sou insluit. Die hoë kommissaris, lord Selborne, het 'n memorandum opgestel waarin hy verklaar het dat ware stabiliteit onmoontlik sal wees so lank daar vyf afsonderlike regerings in Suid-Afrika is, elk met sy eie stelsels, elkeen potensieel vyandig teenoor die ander, en geen nasionale regering wat die geheel kan harmoniseer nie.

Dit was duidelik dat die tyd vir eenwording aangebreek het, al was daar nog belangrike verskille onder die voorstanders daarvan, veral oor die kwessie van kleur. Die Kaap het altyd bedenkinge gehad oor Transvaal se houding oor ander rasse. Ná Smuts se ontmoeting met Campbell-Bannerman, het Merriman hom op die vingers getik omdat hy nie 'n enkele woord oor die "naturellestemreg" in sy memorandum aan die Liberale regering gerep het nie. Die Kaapse leier het geglo die kolonies sal "op 'n vulkaan" sit as daar nie voorsiening gemaak word vir stemreg vir swart mense nie.[14]

◆

Merriman het twee opsies gesien: Die een was die Kaap se liberaler beleid waarvolgens die stemreg aan mense van kleur gegee word as hulle aan sekere voorgeskrewe onderwys- en ekonomiese standaarde voldoen; die ander was die beleid van die twee Boererepublieke en Natal om net aan wit mense stemreg te gee. Smuts het verklaar hy simpatiseer net so heelhartig soos Merriman met die "naturelle" wie se grond onteien is, maar hy verskil met hom oor die stemreg: "Dit behoort die beleid van alle partye te wees om reg te laat geskied aan die naturelle en om al die verstandige en omsigtige maatreëls te tref vir hul verbetering, maar ek glo nie in politiek vir hulle nie," het hy geskryf.[15]

Die dubbele standaarde was opsigtelik. Soos Bernard Friedman later pertinent sou vra, hoekom moes die "naturelle" uitgehou word uit die politiek wat Smuts so suksesvol benut het om vryheid vir die Boere te verwerf?[16] Maar Smuts het goed geweet dat 'n nierassige stemreg vir die meeste wit burgers van 'n toekomstige Suid-Afrika ondenkbaar was. Hy het volgehou dat die stemregkwessie eers ná die totstandkoming van die unie gehanteer moes word. "Die politieke status van die swart mense is ongetwyfeld 'n baie belangrike kwessie, maar veel belangriker vir my is die Unie van Suid-Afrika, wat as dit nie nou tot stand kom nie hangende sal bly totdat die volgende sondvloed Suid-Afrika tref."[17]

In Brittanje was die Liberale besorg oor die afwesigheid van swart stemreg en is 'n federale parlement as die verkieslikste opsie beskou, sodat elke kolonie die mag sal hê om oor die stemreg in sy gebied te besluit en dit te verander wanneer hy wil, maar Smuts het anders gedink. Die gevaar was, het hy volgehou, dat die (wit) mense wat enige grondwet vir 'n verenigde Suid-Afrika sou moes bekragtig, dit sou veto as dit stemreg aan die swart mense gee.

Ofskoon hy volgehou het dat goedaardige paternalisme nie 'n plaasvervanging vir politieke regte is nie, het Merriman verkies om nie toe te laat dat die stemregkwessie in die pad van eenwording staan nie. Hy het met Smuts saamgestem oor die voordele wat 'n unitêre stelsel bo 'n federasie sou inhou. Nadat hulle die grondwette van Australië en Kanada bestudeer het, het hulle saamgestem dat 'n grondwet unitêr en buigsaam moet wees, eerder as "federaal en onbuigsaam".[18] Smuts het sonder twyfel goed geweet dat hy primêr verantwoordelik sou wees vir die implementering van die grondwet en wou dus een sterk nasionale regering hê. In 'n brief aan sy liberale Britse vriend JA Hobson het hy geskryf: "Ons moenie in die verre toekoms teruggehou word omdat ons 'n ooreenkoms het wat nie verander kan word nie. Wat ons wil hê is 'n nasionale oppergesag om die nasionale wil van Suid-Afrika uit te voer. Die res is eintlik ondergeskik daaraan."[19]

In die Oranjerivierkolonie was daar ander kwellinge oor Smuts se planne. Nie-Afrikaners het maar sowat 10 persent van die Vrystaatse bevolking uitgemaak en die nuwe leier, JBM Hertzog, het geen rede gesien om met Engelssprekendes te versoen nie, soos Botha en Smuts ongeag hul oortuigings noodwendig moes doen.[20] Hertzog was soos Smuts 'n regsgeleerde, maar anders as Smuts wat verder in Engeland gaan studeer het, is hy Holland toe ná sy opleiding op Stellenbosch en hy was bo alles 'n Afrikanernasionalis, vasbeslote dat Hollands op gelyke voet met Engels geplaas moet word. Die twee mans "was soos water en vuur vir mekaar. Hulle was eners, en tog so verskillend dat hulle nooit kon saamstem nie."[21]

Hertzog was veral gekant teen Transvaal se onderwysbeleid wat die studie van Engels verpligtend gemaak het, terwyl Hollands bloot opsioneel was. Toe Botha in 1908 die Interkoloniale Konferensie in Londen bywoon, het dit Hertzog en Steyn se groeiende agterdog help versterk dat Botha en Smuts na die Britse kant oorgeloop het. Toe Botha boonop die Cullinan-diamant aan koning Eduard VII skenk, was hulle nog meer bekommerd oor wat unie soos Transvaal dit wou hê kon beteken.

In Natal, die ander Britse kolonie, het wit mense baie nader aan die swart mense gewoon as hul Kaapse eweknieë en hulle was bang om "verswelg" te word. Die amptelike beleid was baie soos die van die twee gewese Boererepublieke: net die paar Zoeloes wat 'n sertifikaat van die goewerneur gehad het kon stem. Die wit openbare mening was ten gunste van politieke eenwording, ofskoon nie noodwendig in die vorm wat Smuts in die vooruitsig gestel het nie. Die Natalse politici wou eerder 'n federale as unitêre grondwet gehad het, sodat hulle hul noue bande met Brittanje kon handhaaf.

Op 'n vergadering van die vier regerings op 3 Mei 1908 in Pretoria het Smuts eenparige steun gekry vir sy resolusie dat die "beste belang en permanente voorspoed" van Suid-Afrika net verseker kan word deur die vroeë eenwording van die vier provinsies onder die Britse kroon. Hy het verder voorgestel dat die kolonies afgevaardigdes na 'n nasionale konvensie aanwys wat so gou moontlik ná die volgende parlementsitting moet vergader. Ter voorbereiding van die konvensie het hy en Merriman 'n lang korrespondensie begin oor die prosedures en beginsels vir die opstel van die grondwet.

◆

Smuts het geweet hy sou nie by die konvensie sy sin in alles kry nie. Soos reeds genoem, was die Oranjerivierkolonie se afgevaardigdes (Steyn, Hertzog en De Wet) agterdogtig oor hom. Die waaksame Natallers was nie gretig om hul toekoms in die hande van Afrikaners te plaas nie. En die Afrikaners, het dit later geblyk, was ewe huiwerig om hul kragte met die Natalse Engelse saam te snoer. Smuts het dus voorsorg getref deur 'n ontwerpgrondwet wat 'n mate van beweegruimte aan die afgevaardigdes gegee het op te stel. Hy het dit aan die aangewese voorsitter van die konvensie en Kaapse hoofregter, sir Henry de Villiers, gestuur; asook aan oudpresident Steyn en ander leidende deelnemers.[22] Ter wille van die kolonies wat hul bedenkinge oor 'n unie gehad het, het hy 'n vorm van provinsiale regering aanbeveel, met beperkte magte en onderhewig aan die soewereiniteit van die nasionale parlement. Hierdie toegewing vind steeds weerklank in die vorm van swak federalisme in die huidige Suid-Afrika.

DIE NASIONALE KONVENSIE

Die Nasionale Konvensie het op 12 Oktober 1908 in Durban begin en oor die volgende agt maande het dit in Kaapstad en Bloemfontein vergader. Net die wit mense is verteenwoordig. Smuts het al die beplanning, voorbereidings en reëlings vir die verrigtinge op hom geneem en die ander 32 afgevaardigdes het hulle dit laat welgeval. Soos sy biograaf, FS Crafford, later geskryf het: "Die werk van die konvensie ... het uiteindelik nie op veel meer neergekom nie as 'n geleidelike versagting van Smuts se oorspronklike uitgangspunte om vooropgestelde idees, nukke en grille en soms vrese van sommige van die afgevaardigdes te bevredig."[23]

Grondliggende verskille moes nogtans oorbrug word voordat konsensus bereik kon word. Steyn en Hertzog, die leiers van die Vrystaatse kontingent, het hulle bly bemoei met die gelykheid van Engels en Hollands totdat die twee tale uiteindelik gelyke status gegee is. Natal se swak beredeneerde voorlegging oor 'n federasie het weinig impak op die samesprekings gehad en is nie ernstig oorweeg nie. Smuts sou Pretoria as hoofstad verkies het, maar ná 'n lang gekibbel het die afgevaardigdes aanvaar dat Pretoria die uitvoerende en Kaapstad die wetgewende hoofstad sou word, met Bloemfontein die setel van die appèlhof.

Oor die kwessie van 'n regeringstelsel het die afgevaardigdes vir die unitêre stelsel wat Smuts en Merriman voorgestel het gestem. Hulle het die feit heeltemal geïgnoreer dat, soos Hermann Giliomee opmerk, 'n heeltemal ander bedeling nodig was om 'n nasie "so divers, so verskeur en so kleurbewus soos Suid-Afrika"[24] te akkommodeer.

Wat die "naturelleprobleem" betref, is besluit dat elke kolonie sy eie reëling oor die stemreg moet behou. Toekomstige beleid sou aan die Unie van Suid-Afrika se parlement oorgelaat word. "Gee ons 'n nasionale parlement en 'n nasionale uitvoerende gesag en vertrou hulle om 'n oplossing te kry vir daardie vraagstukke wat ons in die verlede gehinder het,"[25] het Smuts gesê – onwyslik, agterna beskou. Vertroue, het hy oor en oor beklemtoon, moet die fondament wees waarop die nuwe unie gebou word.

Nie verbasend nie, was die swart en bruin mening die voorstelle vir wit eenwording vyandiggesind en protesvergaderings is oor die hele land gehou. In die Kaap het die African Political Union besluit 'n federasie is verkieslik bo 'n unie en dat die Kaapse stemreg die grondslag moet wees vir die nasionale stemreg. Die South African Native National Congress (SANNC), wat lede in al vier die provinsies gehad het, het in Bloemfontein vergader. Hulle het saamgestem dat eenwording "noodsaaklik, noodwendig en onvermydelik"[26] is, maar hulle het die kleurskeidslyn verwerp en besluit om 'n afvaardiging na Brittanje te stuur om beswaar aan te teken. Swart koerante het die kleurskeidslyn heftig gekritiseer en het asof met voorkennis gewaarsku oor 'n toekoms "vol bitter haat en selfs geweld".[27]

◆

Terwyl die Nasionale Konvensie aan die gang was, het Smuts die plaas Doornkloof in die Transvaalse grasveld en 16 kilometer van Pretoria af gekoop. Hy het in 1909 daarheen verhuis en dadelik tuis gevoel. Wanneer hy ook al na Doornkloof teruggekeer het, het hy later aan Margaret Gillett geskryf, "is al my wonde genees, al my pyne is weg en dit voel amper of ek nuut gebore is in hierdie atmosfeer van vrede, liefde en goedheid ... Geen vrede aan hierdie kant van die graf is soos Doornkloof se vrede nie."[28] Die plaas sou die res van sy dae sy tuiste wees.

NA LONDEN

Nadat die Nasionale Konvensie die ontwerpgrondwet vir die nuwe Unie van Suid-Afrika goedgekeur het, is dit vir bekragtiging na die vier provinsies verwys. Die Kaap, Transvaal en die Oranjerivierkolonie het dit goedgekeur, maar Natal het eers 'n referendum gehou, waarin 'n groot meerderheid ten gunste daarvan gestem het. 'n Afvaardiging onder leiding van Botha en Smuts het die ontwerpgrondwet na Londen geneem, waar dit baie goed ontvang is. Die besware van WP Schreiner, 'n eertydse Kaapse eerste minister wat hom vir swart stemreg beywer het, en sy ondersteuners het op dowe ore geval. Hulle het volgehou dat die Suid-Afrika Wet mettertyd 'n wet van skeiding sou word tussen die minderheid en meerderheid in Suid-Afrika. Niemand het hom gesteur aan hul argument dat dit Brittanje se plig as die koloniale owerheid is om almal se regte in die nuwe land te beskerm nie.

Die minister van kolonies, lord Sydney Crewe, se standpunt was dat Brittanje steeds eergebonde was aan die ooreenkoms tydens die Vrede van Vereeniging in 1902 dat enige besluit oor die stemreg uitgestel sal word tot "na die instelling van selfregering".[29] Sir Henry de Villiers se mening was dat "die saak van goeie betrekkinge tussen die rasse [Boere en Engelssprekendes] geen erger knou toegedien kan word as hierdie idee om die Britte so ver te kry om die feitlik eenparige wens van Suid-Afrika oor die kwessie van die naturellebeleid te verwerp nie".[30] Botha self het volgehou dat die stemregkwessie in Suid-Afrika opgelos moet word deur die Suid-Afrikaners wat nog altyd 'n "gees van geregtigheid en regverdigheid teenoor die naturellerasse geopenbaar het"[31] en op wie staatgemaak kan word om dit ook in die toekoms te doen.

Die debat oor die Suid-Afrika Wet is op 27 Julie 1909 in die Britse hoërhuis gevoer. As lede van die Britse adviserende raad het Botha, Merriman, De Villiers en die Natalse eerste minister, Frederick Moor, in die raadsaal gesit. In die openbare galery was onder meer Schreiner en Mohandas Gandhi – wie se veldtog vir Indiërregte toe al 'n doring in Smuts se vlees was. In die laerhuis het Herbert Asquith, Campbell-Bannerman se opvolger as eerste minister, wel toegegee dat daar voorbehoude was oor die gebrek aan beskerming vir swart en bruin mense, maar hy het volgehou dat die wit mense hierdie kwessies beter sou kon hanteer as hulle verenig, eerder as verdeeld was. Inmenging van buite sou in die slegste belang denkbaar van die swart mense self wees,[32] het hy verklaar. Die Suid-Afrika Wet is sonder wysiging deur albei huise van die parlement aanvaar en het op 9 September koninklike goedkeuring gekry.

Op 31 Mei 1910, kort ná Smuts se 40ste verjaardag, is sy moeisame handewerk bekroon met die totstandkoming van die Unie van Suid-Afrika. Hy het sy eie buitengewone prestasie onderspeel en, tipies van hom, die Unie beskryf as "nie 'n mens se werk nie; dit dra die afdruk van 'n Hoër Hand".[33]

HOOFSTUK 8

Rebellie

DIE EERSTE SPANNING

Die atmosfeer van vrede en welwillendheid waarin die Unie van Suid-Afrika in 1910 tot stand gekom het, was van korte duur. Soos Crafford geskryf het, vir die verslane Boere het "die helende hand van die tyd nog nie kans gehad om die hartseer en die bitterheid van die siel uit te wis nie".[1] Nou was Suid-Afrika se eerste nasionale verkiesing om die draai.

Omdat hy die meeste populêre steun gehad het, is Louis Botha, eerder as die hoopvolle John X Merriman, deur die goewerneur-generaal, Herbert Gladstone, gevra om 'n tussentydse kabinet saam te stel uit lede van die regerende party in elke provinsie. In September 1910 het hierdie koalisie van regerende partye, gelei deur Smuts en Botha, die algemene verkiesing maklik gewen. Botha moes sy setel in Pretoria aan sir Percy Fitzpatrick afstaan, grootliks as gevolg van Hertzog se aggressiewe taalbeleid in die Vrystaat. Dit was 'n bewys van hoe noodsaaklik dit vir die Afrikanerpartye was om met die Engelssprekendes te versoen. 'n Jaar later is die Suid-Afrikaanse Party gestig om die koalisie te vervang. Botha het eerste minister gebly; Smuts het nie minder nie as drie portefeuljes gekry (binnelandse sake, mynwese en verdediging) en justisie is teensinnig aan Hertzog afgestaan.

Maar Suid-Afrika is Suid-Afrika en dit het nie lank geduur voordat onderliggende spanning na die oppervlak gekom het nie. Soos altyd was Smuts midde-in die kontroversie. Daar was 'n hewige rusie oor 'n ex gratia-betaling aan uittredende lede van die Transvaalse parlement as waardering vir hul stemme ten gunste van eenwording. Veral Merriman en sy kollegas was gegrief oor die gebaar. Om die kritiek af te weer, het Smuts die Transvalers se geld tot die beskikking van die argitek sir Herbert Baker gestel om die Uniegebou op te rig.[2]

Om Boer en Brit se belange te probeer versoen, het Botha en Smuts agteroor geleun om nie die mynbedryf en die sakegemeenskap te antagoniseer nie. Die Engelstalige koerante was egter op hul agterpote oor Hertzog se taalbeleid, dus sou die bevordering van versoening beteken dat Hertzog se beleid eenkant toe geskuif en Afrikaanse taalregte beperk word. Dit het die ontoegeeflike Vrystater woedend gemaak. In 'n toespraak op Nylstroom het hy geargumenteer dat daar "twee strome" in Suid-Afrika is, elk met sy eie taal en kultuur, wat langs mekaar kan lewe sonder dat die een aan die ander voorskryf. Vir die pers was "Hertzogisme" sinoniem met "rassisme".[3]

Dit was nie soseer wát Hertzog gesê het wat nie-Afrikaners aanstoot gegee het nie as die kwaai, aggressiewe wyse waarop hy dit gesê het. Op 7 Desember 1912 by De Wildt het hy verklaar: "Ek is nie een van diegene wat altyd van versoening en lojaliteit praat nie; dis ydele woorde wat niemand bedrieg nie. Ek het nog altyd gesê ek weet nie wat hierdie versoening beteken nie."[4] Dit het gelyk of hy sy bes doen om die verdeeldheid tussen die twee taalgroepe te verdiep.

Botha en Hertzog kon mekaar nie verduur nie en teen hierdie tyd was Botha keelvol. Nadat 'n Natalse kabinetslid, sir George Leuchars, bedank het uit protes teen 'n toespraak van Hertzog waarin hy twee Engelssprekende LV's as "buitelandse avonturiers" bestempel het, het Botha self bedank. Toe die goewerneur-generaal hom nooi om 'n nuwe kabinet te vorm, het hy nóg Hertzog nóg Leuchars as ministers aangestel. Sake is in November 1913 op die spits gedryf op die SAP se kongres in Kaapstad. Hertzog het saam met sy ondersteuners en met Christiaan de Wet op die voorpunt uitgestap en hul eie Nasionale Party gestig. In die verkiesing van 1915 het die Nasionaliste 30 persent van al die uitgebragte stemme gekry; vyf jaar later was dit die grootste enkele party in land.

◆

Nou, sowat halfpad deur die verhaal van Smuts se lewe, moet eers besin word oor die vraag oor waar hy in verhouding tot die Afrikanerdom gestaan het. Soos Hancock opmerk, hy was nou nie meer so na aan die ou sentrums van Afrikanernasionalisme soos voorheen nie. Hy was nog 'n kerkganger, maar hy was ongemaklik met die konserwatisme van die NG Kerk.[5] Hy het gevoel Afrikaners moet vashou aan die taal waarin hulle hul voorvaders vereer, God dien en met hul families kommunikeer – soos hy self by die huis gemaak het – maar hy het Engels as die geskikter literêre en intellektuele medium beskou. Gevolglik het hy die band tussen taal en nasionaliteit onderskat en nagelaat om die groeiende veldtog vir Afrikaans as een van die twee amptelike tale in die plek van Hollands te steun. Dit was 'n politieke fout. Dit het Hertzog die gaping gegee om homself aan te bied as die ware kampvegter vir sy mense en om die mantel van Afrikanerleierskap waarop Botha en Smuts in gelyke mate aanspraak gemaak het vir homself toe te eien. Hertzog se gewildheid het getoon dat 'n eng gerigtheid op 'n enkele kwessie dikwels 'n voordeel in die politiek kan wees.

◆

Die nuwe SAP-regering se prioriteite ná die verkiesing was om die administrasie te sentraliseer en die staatsdiens te konsolideer. Smuts het sy hande veel meer as enigiemand anders vol gehad met sy drie portefeuljes.[6] Die betrekkinge met Brittanje is aan Botha oorgelaat, wat Suid-Afrika op die eerste Imperiale Konferensie in 1911 verteenwoordig het, terwyl Smuts homself besig gehou het deur die Indiërs se griewe te probeer oplos, 'n weermag op die been te bring en 'n gewelddadige mynstaking te onderdruk.

'N ONGEMAKLIKE TEENSTANDER

Van al die kwessies waarmee Smuts in hierdie stadium te doen gehad het, het nie een hom soveel ergernis besorg soos die Indiërvraagstuk nie. Dit het hom teen die passiewe weerstand of *satyagraha* van die immigrante-advokaat Mohandas Gandhi te staan gebring. Twee mense met buitengewone geesteskrag het teenoor mekaar stelling ingeneem.[7] Oral in die Britse Ryk is die stryd tussen Smuts en Gandhi fyn dopgehou. Dit was 'n voorafskaduwing van die komende ideologiese en konstitusionele stryd tussen imperiale Brittanje en Indië.[8]

Arbeiders uit Indië, meestal met 'n Hindoe-agtergrond, is in die 1860's na Natal gebring om in die suikerplantasies te werk. Dertig jaar later, ná nog 'n inname (hierdie keer van Moslem-handelaars) het die getal Indiërs versesvoudig en teen die einde van die 1900's was hulle meer as die wit bevolking

Mohandas K Gandhi en die personeel van sy regsfirma in Durban. INPRA

in Natal. Die immigrante se belange is verteenwoordig deur die Natal Indian Congress (NIC) wat Gandhi in 1894 gestig het. Teoreties was die NIC oop vir almal, maar eintlik is dit net deur 'n klein en relatief bevoorregte groep gesteun. Baie Indiërs, meestal handelaars, het Natal verlaat en hulle in Transvaal gevestig waar Kruger se vasbeslotenheid om hul bewegings te beperk hom in konflik met die imperiale regering gebring het. Milner was so streng oor immigrasie soos Kruger, maar Smuts, wat Kruger se minister van koloniale sake was, was selfs strenger. Hy het wetgewing deurgevoer wat bepaal het dat "Asiate" geregistreer moet word en passe moet dra. Die maatreël het besware uit die geledere van die NIC en die liberale mening in Brittanje ontlok en, veel luider, van die Indiese regering.

Gandhi het vroeg in 1900 uit Londen na Suid-Afrika gekom, nie om te bly nie, maar om vriende van sy broer in 'n hofsaak te verdedig. Dié gekultiveerde Indiesgebore advokaat wat in Brittanje opgelei is, het hom waar hy ook al in Suid-Afrika gekom het in geïnstitusionaliseerde rassisme vasgeloop. Op 'n reis van Natal na Transvaal het dit by hom opgekom wat sy ware missie in die lewe behoort te wees: om rassevooroordeel te konfronteer net waar hy dit teenkom. Dit was hier in Suid-Afrika dat hy die taktiek van *satyagraha* bedink het. Die woord beteken losweg "aandrang op die waarheid", maar die taktiek was wesenlik een van nie-gewelddadige weerstand. Min het daardie wit mense wat Gandhi verneder het geweet dat hulle hom tot 'n politieke aktivisme gedryf het wat gevolge vir Suid-Afrika, Indië, Brittanje en die wêreld sou hê.[9]

Die eerste keer dat Gandhi van aangesig tot aangesig met Smuts gekom het, was in Januarie 1908, nadat hy en nog 150 *satyagrahi's* in die tronk was omdat hulle geweier het om te registreer of Transvaal te verlaat. Die eerste ontmoeting tussen die twee mans was gemoedelik, ofskoon hulle by mekaar verbygepraat het oor waaroor hulle eintlik saamgestem het. Smuts het aangevoel dat die Indiër-advokaat en aktivis 'n geestelike dimensie baie soos sy eie het. Gandhi het begrip vir Smuts se kwellings oor immigrante gehad en het selfs erken dat wit mense legitieme besware gehad het oor Indiërs se agterlikheid wat "higiëne, burgerlike ordentlikheid en soortgelyke sake" betref. Hy het nietemin energiek beklemtoon dat sy landgenote se pogings om hul lewenstandaard te verbeter nie gekeer moet word nie.[10]

Smuts was as minister van binnelandse sake verantwoordelik vir wet en orde in die hele Suid-Afrika en het gesukkel om Gandhi se pasifistiese taktiek te verstaan en dit nog moeiliker gevind om 'n teenvoeter daarvoor te kry. Hy het alles probeer: oorreding, konsessies, dreigemente en, uiteindelik, tronkstraf met hardearbeid – sonder sukses. Uit desperaatheid het hy selfs twee godsdienstige boeke as geskenk aan Gandhi gestuur. Die wysgeer het geantwoord deur 'n paar sandale wat hy in die tronk gemaak het aan Smuts te stuur. Smuts het hulle elke somer gedra.

Ná uniewording het die stryd tussen die twee mans verhewig. Smuts kon nie gehoor gee aan Gandhi se pleidooi om gelyke regte vir Indiërs nie en het 'n nuwe wetsontwerp in die parlement ingedien om Asiatiese immigrasie te beperk. Soos hy vir Gandhi gesê het: "Julle is 'n ras wat eenvoudig en spaarsaam lewe en in baie opsigte intelligenter as ons is. Julle beskawing is duisende jare oud. Ons, soos jy sê, is nog 'n eksperiment. Wie weet of die hele verdomde spul nie gou tot niet sal gaan nie. Maar jy kan sien hoekom ons nie Asië hier wil hê nie."[11]

In 1913 het Gandhi 2 700 van sy ondersteuners na Transvaal gelei en hy is weer in die tronk gegooi. Teen hierdie tyd was Smuts gretig om 'n einde aan die Indiërkwessie te maak en het 'n kommissie aangestel. 'n Uitdagende Gandhi het geweier om dit te erken. Ná 'n briefwisseling het die twee mans tot 'n vergelyk gekom en die sogenaamde Smuts-Gandhi-ooreenkoms aangegaan wat in wetgewing vervat is. Albei kante moes noodgedwonge toegewings maak. Die regering het die spesiale belasting op Indiërs afgeskaf en Indiërhuwelike en "ander gevestigde regte" erken. Dit was genoeg vir Gandhi om sy veldtog te staak, al het die lastige vraagstuk van stemreg nog in die lug gehang. Hy het verklaar dat daar aan al sy eise voldoen is en is per skip via Brittanje terug na Indië. "Die heilige het ons land verlaat," het Smuts geskryf, "en ek hoop dit is vir ewig."[12]

'N NUWE UITDAGING: STAKINGS

As minister van verdediging was dit Smuts se taak om 'n nuwe militêre struktuur uit die magte van die twee voormalige Britse kolonies en die twee Boererepublieke te skep. "Ons wil 'n struktuur hê wat nóg Boer nóg Brits is, maar 'n Suid-Afrikaanse weermag," het hy die leërstafkollege in Bloemfontein meegedeel. Sy Verdedigingswet van 1912, wat twee jaar ná uniewording van krag geword het, het voorsiening gemaak vir 'n staande mag van beroepsoldate, 'n aktiewe burgermag van vrywilligers en verskeie kuswageenhede. Dit het ook voorsiening gemaak vir 'n nasionale reserwemag van wit mans tussen 17 en 60 jaar wat in geval van ernstige nood opgeroep kon word. Die nuwe Unie-Verdedigingsmag se hoofkwartier was in Pretoria en brigadiers-generaal Henry Lukin en Christiaan Beyers is onderskeidelik as hoofde van die staande mag en die burgermag aangestel. Hulle moes direk aan Smuts rapporteer.

Nie lank nie, of dit het duidelik geword hoekom 'n weermag noodsaaklik is. Smuts het reeds in 1907 met stakende mynwerkers swaarde gekruis en het daardie staking met mag beëindig. Hy was heeltemal bereid om dit weer te doen as dit nodig sou word. Middel 1913 het 'n nuwe vlaag stakings onder wit myn- en spoorwegwerkers aan die Witwatersrand opgevlam. Teen hierdie tyd het die vakbondwese ook na Suid-Afrika uitgebrei, aangespoor deur die "apostels van sindikalisme"[13] in die buiteland. In Suid-Afrika was hul slagspreuk "Werkers van die wêreld, verenig en veg vir 'n wit Suid-Afrika" en hul doel was om wit werkersbelange te beskerm teen die mededinging van groot getalle laagbesoldigde swart mense.

'n Staking by 'n myn in Benoni het uitgebrei tot 'n algemene staking van mynwerkers aan die Rand. Soos onrus na ander bedrywe versprei het, het massas armblankes en werkloses by die stakers aangesluit, winkels geplunder en die huise van stakingbrekers afgebrand. Die klein polisiemag kon dit nie hanteer nie en die weermag was nog nie operasioneel nie. Smuts moes noodgedwonge die imperiale troepe wat nog in die land was vra om te help. Hy het eers die mynbase se versoek dat hy ingryp geweier, maar hy het daarna 'n massavergadering van werkers op 4 Julie op Markplein in Johannesburg probeer keer – tevergeefs. Tydens die vergadering het gevegte uitgebreek tussen die troepe en die betogers, wat later die aand die stasie en die koerant *The Star* se kantoor aan die brand gesteek het. Die volgende dag is die Rand Club aangeval. In die gevegte tussen die polisie, die troepe en die betogers is 21 mense dood en 47 gewond – nie almal stakers nie.

Smuts het besluit om met Botha aan sy sy die krisis persoonlik te hanteer. Hy en die eerste minister het geen wapens by hulle gehad toe hulle die vyandige skare getrotseer en stadig deur die strate van Johannesburg na die Carlton-hotel gery het om met die swaar gewapende lede van die stakerskomitee te onderhandel nie. Smuts het aan die kortste ent getrek en het geen ander keuse gehad as om te onderneem om die stakers weer aan te stel, 'n geregtelike kommissie van ondersoek na die mynwerkers se griewe aan te wys en die vakbonde te erken nie. Toe hy daar wegry, het hy hom voorgeneem om nooit weer op die verkeerde voet gevang te word nie.[14]

Dit was maar net die begin van Smuts se stryd met die stakers. 'n Paar maande later, in Januarie 1914, het die aflegging van spoorwegwerkers weer tot 'n algemene staking gelei. Hierdie keer was die minister van verdediging gereed. Hy het die burgermag en die kommando's opgeroep, krygswet afgekondig en opdrag gegee dat die stakers "met die grootste erns"[15] behandel word. Hy het sy ou kameraad Koos de la Rey na die saal gestuur waar die leiers van die staking byeen was. Die opdrag was om die gebou die lug in te blaas indien nodig en die stakers het gou oorgegee.

Dit was nie genoeg vir 'n vasbeslote Smuts nie. Sonder om die parlement te raadpleeg of goedkeuring van die kabinet te kry, het hy nege Britse immigrante-vakbondleiers wat die hele staking aan die gang gesit het laat deporteer. Voordat die howe kans gekry het om tussenbeide te tree, is die mans met 'n spesiale trein na Durban gestuur en op 'n skip na Engeland gesit.[16] Arbeider-LV's, met kolonel Fred Creswell aan die spits, en hul ondersteuners was woedend, maar Smuts het sy optrede in 'n vyf uur lange toespraak in die parlement verdedig. Hy het geargumenteer dat hy sy toevlug tot "onwettige" deportasies geneem het omdat die revolusionêre sindikaliste oorlog teen die regering verklaar het en die parlement hom nooit die nodige gesag sou gegee het om te doen wat nodig was om wet en orde te handhaaf nie.

In die Britse laerhuis het sy argument op dowe ore geval en sy vriende van die Liberale Party het gevrees dat hy dalk 'n gevaarlike presedent geskep het. Ofskoon sommige van sy parlementêre teenstanders, onder wie Hertzog, die deportasies gesteun het, het dit baie SAP-lede gehinder dat Smuts sonder meer die wet kon ignoreer wanneer dit hom pas. Merriman het hom as 'n "genadelose filosoof"[17] beskryf. Creswell en die ander lede van die Arbeiderspary het nader aan Hertzog se Nasionale Party beweeg.

DIE TWEESPALT VERERGER

Intussen het oorlog in Europa uitgebreek en die verdeeldheid in Afrikanergeledere verdiep. Baie gewese Boerevegters het geglo die Unie moet heeltemal uit enige Europese konflik bly, maar Botha en Smuts het anders gedink. Vir albei was dit 'n saak van nasionale eer om Brittanje in 'n krisis te ondersteun. Brittanje het Suid-Afrika internasionaal beskerm en die land was nou as 'n getroue bondgenoot moreel verplig om tot die imperiale sekuriteit by te dra.[18] Die oomblik toe Brittanje oorlog teen Duitsland verklaar, het Botha aan die imperiale regering geskryf en verantwoordelikheid vir die verdediging van Suid-Afrika aanvaar. Dit het die Britse troepe wat nog in die land was vir diens elders beskikbaar gestel. Op sy beurt het Smuts planne bekendgemaak om 'n vrywilligermag van vier regimente op die been te bring in reaksie op Brittanje se versoek dat die Suid-Afrikaanse weermag Duits-Suidwes-Afrika inval.

Voordat die finale onderneming aan Brittanje gegee is, is die parlement vir 'n spesiale sitting byeengeroep om toestemming vir die inval te gee. Volgens Crafford het die debat ontaard in 'n "feitlik ongelooflike herlewing van rassehaat ... en die totale uitwissing van die gees van die Nasionale Konvensie".[19] Hertzog het die geleentheid aangegryp om onder Botha en Smuts in te klim oor hul pro-Britse simpatie en gepleit dat Suid-Afrika neutraal bly, 'n standpunt waarvoor daar geen steun by die SAP of by Creswell se Arbeidersparty was nie. Op 14 September is 'n mosie met 92 stemme teenoor 12 aanvaar dat die regering die nodige maatreëls sal tref om die Unie te beskerm en die integriteit en sekuriteit van die Britse Ryk te bewaar. Later daardie aand het die eerste troepeskepe na Duits-Suidwes-Afrika vertrek.[20] Intussen het die South African Native National Congress op sy konferensie in Bloemfontein 'n resolusie van steun aan die Britse Ryk aanvaar en beloof om hulle vir die duur van die vyandelikhede van kritiek teen die regering te weerhou.[21]

Maar Botha en Smuts het hulle heeltemal misreken met die interne weerstand teen hul planne. Baie Afrikaners het gemeen 'n Duitse inval in Suid-Afrika is onwaarskynlik en hulle was hewig gekant daarteen dat daar onnodig moeilikheid oorkant die grens in Suidwes-Afrika gesoek word. Honderde van hul volksgenote het immers daar gewoon.[22]

Die dag ná die parlement gestem het, het Christiaan Beyers uit protes teen die regering se planne as kommandant-generaal uit die weermag bedank. Daardie aand het hy en Koos de la Rey na 'n vergadering in Wes-Transvaal waar planne vir 'n rebellie gemaak sou word gery. Buite Johannesburg het hulle deur 'n padblokkade van die polisie, op soek na die berugte Foster-bende, gejaag. Die polisie het na die motorbande geskiet en 'n opslagkoeël het De la Rey noodlottig gewond. Afrikanergemoedere het hoog geloop. Hulle het Botha en Smuts verantwoordelik gehou vir De la Rey se dood. Vir Smuts was die dood van sy ou vriend en kameraad hartverskeurend. "Ons was feitlik broers, voor die oorlog, tydens die oorlog en ná die oorlog,"[23] het hy in 'n huldeblyk gesê. By De la Rey se begrafnis, wat Botha sonder begeleiding bygewoon het, het die twee ministers hulle in bittere vyandigheid vasgeloop.

Die oomblik toe die begrafnis verby is, het Beyers, Christiaan de Wet en ander Afrikanerleiers weerstand begin mobiliseer teen die regering se plan om Duits-Suidwes-Afrika in te val. Op 9 Oktober het generaal Manie Maritz, in bevel van die Suid-Afrikaanse troepe op die grens, saam met die meeste van sy manskappe na die Duitse kant oorgeloop. Elders het groot getalle gewese lede van die Boerekommando's geweier om in die nuwe weermag te dien en na Beyers en De Wet gestroom om aan die Rebellie deel te neem.

Die regering het krygswet afgekondig in 'n poging om sy gesag af te dwing en bloedvergieting te keer, maar gewapende konflik het onvermydelik geword toe die rebelle met die regering se werwing inmeng en treine voorkeer. Hancock skryf dat Botha in hierdie krisis sy volle potensiaal as politieke en militêre leier en as 'n man bereik het. Botha het aangekondig dat hy net vrywilligers vir die inval in Suidwes-Afrika sal gebruik, dat hy die opperbevel van die Unie-verdedigingsmag sal oorneem en self na die slagveld sal gaan. Hy en Smuts het groot moeite gedoen om die Engelssprekendes uit die konflik tussen die Afrikaners te hou en 'n mag van bykans 40 000 lojaliste versamel om die opstand van sowat 11 500 rebelle te beëindig. In November 1915 het die gevegte in alle erns begin.

Die interne konflik het om meer as net steun aan Brittanje in die oorlog gegaan. Drie jaar se droogte het gebiede in die Vrystaat, Transvaal en die Noord-Kaap verwoes en baie "armblanke" Afrikaners is na die Rebellie gelok deur die belofte van 'n Boererepubliek en 'n beter lewe vir almal.[24] Christiaan de Wet se jongste seun het in botsings tussen troepe van die Unie-verdedigingsmag en die rebelle omgekom en Beyers het verdrink toe hy onder geweervuur oor die Vaalrivier probeer swem het.

Teen Desember het die verdedigingsmag met sy veel groter getalle die oorhand gekry en De Wet en die ander rebelleleiers gedwing om oor te gee. Tot 190 rebelle en 132 regeringsoldate het omgekom. Met die vyandelikhede agter die rug, moes die regering besluit wat om met die opstandelinge te doen. Spesiale howe is in die lewe geroep, maar Botha het wyslik 'n "gees van vergewe en vergeet" gevra. Sommige rebelle is gevangenisstraf opgelê, maar teen die einde van 1916 is almal vrygelaat.

Almal behalwe een. Kaptein Jopie Fourie het in sy weermaguniform na die rebelle oorgeloop sonder om uit die mag te bedank. Hy het sy kommando in 'n skermutseling teen die weermag gelei en 12 soldate is doodgeskiet. Hy is van hoogverraad aangekla, deur 'n krygshof verhoor en ter dood veroordeel. 'n Afvaardiging van NG kerkmanne, onder wie DF Malan, het op die laaste oomblik 'n petisie, geteken deur honderde Afrikaners, na Smuts se huis in Doornkloof geneem, maar hulle het hom nie te siene gekry nie. Vroeg die volgende oggend het 'n vuurpeleton die vonnis voltrek. Fourie het dadelik 'n Afrikaner-martelaar geword, 'n simbool van dapperheid en weerstand ter wille van sy mense. Soos Meiring skryf, die eggo's van daardie skote sou Smuts tot aan die einde van sy dae agtervolg.[25] Hy het daarna nie getwyfel dat 'n beduidende getal van sy landgenote hom die rug toegekeer het nie.

Een man het wel Smuts se rol in die beëindiging van die Rebellie waardeer: eerste minister Botha het groot lof vir sy minister van verdediging gehad: "Niemand kan die groot werk wat generaal Smuts gedoen het genoeg waardeer nie. Dit was dwarsdeur hierdie ongelukkige tydperk groter as enigiemand anders s'n. Hy was dag en nag op sy pos. Sy briljante intellek, kalm oordeel, sy onverskrokkenheid was 'n bate van onskatbare waarde vir die Unie in die uur van ons beproewing."[26] Smuts weer, het verklaar dat Suid-Afrika Botha veel meer verskuldig is. Min weet, het hy gesê, waardeur Botha alles tydens die Rebellie is. "Hy het vriendskappe van 'n leeftyd verloor, vriendskappe wat hy dalk meer as enigiets in die lewe waardeer het ... niemand anders in Suid-Afrika sou dit kon verduur het nie."[27]

HOOFSTUK 9

Aan Brittanje se kant

DUITS-SUIDWES-AFRIKA

Een van die Duitse keiser se bykomende mikpunte met die oorlog van 1914 was om Duitsland se beheer oor Afrika suid van die Sahara uit te brei en die ander Europese belange daar uit te daag. "Mittel-Afrika" (Sentraal-Afrika) was die term vir 'n geo-strategiese streek wat van Duits-Suidwes-Afrika oor Kameroen en Togoland in Wes-Afrika tot Duits-Oos-Afrika (Tanganjika, Ruanda-Urundi (die latere twee buurlande Rwanda en Burundi) en ander kleiner stukke grondgebied) gestrek het. As België in die oorlog verslaan kon word, kon die Belgiese Kongo bygevoeg word by 'n strook kolonies wat ryk aan hulpbronne was en wat tot Duitsland se ekonomiese selfstandigheid kon bydra.

Die groot, droë onderbevolkte gebied van Suidwes-Afrika met sy lang kuslyn was sedert 1884 in Duitse hande nadat Bismarck dit geanneksseer het. Die strategiese waarde daarvan het in die hawens van Lüderitzbucht en Swakopmund gelê, waarvandaan duikbote verwoesting langs die Atlantiese seeroetes kon aanrig; en in 'n radiofasiliteit wat die hoofstad, Windhoek, met Berlyn verbind het. Die Duitsers het 'n spoornetwerk van 2 000 kilometer in die gebied gebou en 8 000 Duitse soldate daar gestasioneer om wat weinig meer as 'n buitepos in 'n afgeleë deel van Afrika was te verdedig.

Smuts het gemengde gevoelens gehad oor oorlog teen Duitsland. Sedert sy studentedae het hy die Duitse denke en kultuur bewonder. Hy het nietemin verstaan dat Duitsland se inpalming van koloniale besittings uiteindelik Suid-Afrikaanse belange sou bedreig en, anders as baie van sy mede-Afrikaners, het hy presies geweet hoekom die Duitse keiser gekeer moet word. In sy agterkop was ook die hoop dat die Duitse kolonie later deel van 'n groter Suid-Afrika kon uitmaak. Sy Kwakervriende soos Emily Hobhouse in Engeland het by hom aangedring om sy land uit die konflik te hou, maar hy het verkies om hul goedbedoelde advies te verwerp. Soos hy aan Arthur Gillett geskryf het: "Ek en Botha is nie mense wat Engeland in hierdie donker uur sal verlaat nie. Baie Boere kan nie die verlede vergeet nie en veroordeel ons optrede met bitterheid. Maar ek dink ons doen ons plig."[1]

Suid-Afrika se inval in Suidwes-Afrika was die eerste deur die nuwe Unie-verdedigingsmag. Dit het in September 1914 begin, maar is vir drie maande gestaak sodat die soldate eers die Rebellie tuis kon bedwing. Die mag onder Botha was merkwaardig. Soos Gerald L'Ange in *Urgent Imperial Service* opmerk, was dit nie net omdat elke man 'n vrywilliger was of omdat die gevegsmag deur die eerste minister self aan die oorlogsfront, dikwels op 'n groot wit perd, gelei is nie. Wat eintlik merkwaardig was, was dat byna die helfte van die mans onder sy bevel net 12 jaar tevore met weinig meer as hul perde en gewere die mag van Victoriaanse Brittanje uitgedaag en die magtigste leër in die wêreld in toom gehou het.[2]

Sommige van hierdie mans, sê L'Ange, was daar uit lojaliteit jeens Botha en sommige omdat hulle eergebonde teenoor Brittanje gevoel het, maar baie het eenvoudig van oorlog gehou. Toe Botha generaal Coen Brits vra om aan te sluit, het hy geantwoord: "My manne is gereed. Teen wie veg ons, die Engelse of die Duitsers?"[3]

Ofskoon Botha 'n veel groter mag as dié van die vyand in Suidwes-Afrika aangevoer het, het die Duitsers se goed geplaasde spoorstelsel dit vir hulle moontlik gemaak om troepe vinnig oor die hele land te vervoer. Totdat die spoorlyne beveilig is, moes die Suid-Afrikaners lang afstande in versengende hitte oor woestynsand marsjeer. Maar die Suid-Afrikaanse leër het die mobiliteit, sosiale samehorigheid en inisiatief van die Boerekommando's gekombineer met die meer ortodokse en gedissiplineerde benadering van die grootliks Engelssprekende infanterie-regimente. Dit was 'n kragtige mengsel vir 'n gevegsmag.

Botha het in Februarie 1915 in Swakopmund aangekom en persoonlik die bevel van die noordelike operasie oorgeneem. Drie maande later het hy Smuts gevra om die bevel in die suide te neem. Botha het sy troepe in vier eenhede verdeel, die vyand met 'n reeks waaghalsige stuwings omvleuel en gou die Duitse kolonie in twee gedeel.[4] Teen Mei is Windhoek verower en 4 000 Duitse troepe is gedwing om oor te gee in toestande wat die nuwe Unie-verdedigingsmag se staal getoets het. "As dit nie vir die duisende skape

Botha en Smuts tydens die veldtog in Suidwes-Afrika.

was wat in die veld rondgedwaal het nie," het 'n soldaat in die Natal Carbineers geskryf, "sou ons van honger omgekom het ... sommige dae het ons 'n halwe beskuitjie gekry en ander dae niks nie, nie eens sout nie ... niemand skeer nie, ons het geen seep nie; ons klere is vol droë dierebloed."[5]

In die suide het Smuts 'n drieledige aanval op oorblywende vry Duitse magte geloods en hulle tot teen Botha se linies in die noorde gedruk. Soos in sy kommandodae het Smuts sy eie verkenning gedoen en sy manskappe genadeloos in die hitte oor die sand gedryf. Daar was 'n akute tekort aan water omdat die Duitsers die putte vergiftig en land- en fopmyne rondom installasies geplant het in 'n poging om hul agtervolgers te keer. Een van Smuts se kolonnes het byna 1 000 kilometer te perd deur die woestyn gery om die vyand by Keetmanshoop te verras. Binne ses maande was die veldtog in Suidwes-Afrika verby; op 9 Julie 1915 het die Duitsers formeel oorgegee. Botha en Smuts se taktiek was merkwaardig doeltreffend. Ofskoon 530 Suid-Afrikaners dood of gewond is, was dit minder as die helfte van die getal slagoffers in die Rebellie. Op 12 Julie het Smuts trots verklaar dat die verowering van Duits-Suidwes-Afrika die "eerste prestasie van 'n verenigde Suid-Afrikaanse nasie [is] waarin albei die rasse hul beste en sterkste eienskappe gekombineer het".[6]

Hy het rede gehad om te spog: geen ander dominium-leër het in so 'n kort tyd soveel op eie stoom verrig nie.[7] Soos die historikus Bill Nasson tong in die kies opmerk, die kleine Nieu-Seeland het wel die nabygeleë Duits-Samoa verower, maar dit het nie veel meer beteken "as die uitbreiding van die All Blacks se poel potensiële rugbyspelers ná die oorlog" nie. 'n Duitse waarnemer het suur opgemerk "die eerste Britse oorwinning in die oorlog was dié deur 'n Boeregeneraal".[8]

Die nuus van die Duitse oorgawe in Suidwes-Afrika het juigende massas na die strate van Suid-Afrikaanse stede gebring en het die Geallieerde magte in die loopgrawe van Europa laat moed skep. In 'n kabelgram aan Botha het Kitchener sy "opregte bewondering vir die meesterlike uitvoering van die veldtog"[9] uitgespreek. Die geesdrif in dele van die Suid-Afrikaanse en Britse pers was wild oordrewe. *The Argus* in Kaapstad het byvoorbeeld die verowering van Windhoek beskryf as "die grootste slag wat die Duitse ambisie vir wêreldoorheersing nog ooit toegedien is". Selfs die normaalweg bedeesde Londense *Times* het beweer die oorwinning, wat eintlik maar net 'n koloniale byvertoning was, "sal sy stempel op die wêreldgeskiedenis afdruk".[10]

DIE VERKIESING VAN 1915

By hul terugkeer is Botha en Smuts deur die een deel van die bevolking as oorwinnaars en helde vereer en deur die res as uitverkopers aan die Britse Ryk uitgekryt. Die eerste vyfjaartermyn van die Unie-parlement het kort daarna verstryk en die twee kryger-politici moes hulle weer eens in 'n verkiesingsveldtog begewe. In die stedelike gebiede is hulle toegejuig, maar hulle het hulle op die platteland in vyandigheid vasgeloop. Die spanning het toegeneem nadat die Britse passasierskip *Lusitania* deur 'n Duitse duikboot gesink is met 'n verlies van 1 198 burgerlike lewens. Dit het anti-Duitse betogings in sommige stede tot gevolg gehad.[11] Smuts se oproerige teenstanders het hul veragting vir hom op sy openbare vergaderings getoon deur hom beledigings toe te slinger, hom fisiek aan te val en die vergaderings op te breek. In Newlands in Johannesburg, waar hy hom nie gesteur het aan waarskuwings dat hy persoonlik bedreig word nie, het 'n woedende skare hom platgeslaan en op sy motor geskiet toe dit wegry.

Die verkiesing self was 'n bitter affêre. Nasionale koerante, veral *Die Burger*, het Smuts dag ná dag uitgeskel en Hertzog-ondersteuners het gereeld die regering daarvan beskuldig dat hulle De la Rey, Beyers en Jopie Fourie met opset vermoor het. Selfs Fourie se weduwee is betrek om die haat teen Smuts aan te blaas.[12] NG gemeentes het geskeur en families het getwis; in Stellenbosch het die universiteit sy rug op sy befaamde oudstudent gedraai.[13]

Die verkiesingsuitslae was 'n groot teleurstelling vir die SAP, wat die hele Vrystaat en die helfte van die plattelandse kiesafdelings in die land verloor het. Die regerende party het wel 54 setels gewen, maar die Nasionaliste het meer as 30 persent van die stemme gekry en hul parlementêre verteenwoordiging van vyf na 26 opgestoot. Die Arbeidersparty, wat deur baie immigrantewerkers die rug toegekeer is ná die *Lusitania*-tragedie, het groot getalle stemme aan die pro-Britse Unioniste afgestaan, sodat dié party 40 setels gewen het. Die stroom propaganda teen die regering het duidelik die kol getref; Botha en Smuts het die steun van baie van hul mede-Afrikaners verloor en het die Unioniste nodig gehad om aan bewind te bly.

Die spanning van die veldtog het sy spore op Smuts afgedruk: "Daar is niks waarvan ek meer sal hou as om uit hierdie hel te kom waarin ek ingedwaal en die afgelope twee jaar geleef het nie … Maar die regering kan julle nie in die steek laat nie … Ons moet die gees van rebellie en wantroue vernietig. Boer en Brit moet saamstaan om 'n groot nasie te skep. Julle kan my woord neem dat ek tot met my laaste asemteug vir die welsyn van Suid-Afrika sal werk,"[14] het hy in 'n toespraak gesê.

Heel filosofies het hy hom versoen met die haat wat hy ontketen het en aanvaar dat dit die prys was wat hy moes betaal omdat hy sy patriotiese plig gedoen het. Soos altyd was hy oortuig dat hy in goedertrou en korrek opgetree het. Hy is ook grootliks opgebeur deur die nuus dat hy verkies is tot genoot van sy ou kollege in Cambridge, Christ's College.

Kort daarna het hy 'n uitnodiging van Brittanje van die hand gewys om die bevel oor te neem van die leër wat in Oos-Afrika teen die Duitsers geveg het en waarvoor die Unie kort daarna 20 000 vrywilligers afgestaan het. Toe die Britte hom in 1916 'n tweede keer nader, dié keer om die opperbevel van die imperiale magte in Oos-Afrika oor te neem, het hy tog wel ingestem, al was dit met "ernstige bedenkinge". Hy het aan Merriman gesê een beweegrede was dat 'n oorwinning oor die Duitsers dalk Suid-Afrika in staat kon stel om sy grondgebied uit te brei. Dit het nietemin beteken dat hy weer lank weg van Isie en sy gesin sou wees.

DIE VELDTOG IN OOS-AFRIKA

Soos Kenneth Ingham opmerk, was dit 'n vreemde besluit van die Britte om Smuts te nooi om die opperbevel in Oos-Afrika oor te neem.[15] Hy was wel 'n generaal in die Suid-Afrikaanse weermag, maar hy het nog nooit die bevel oor 'n groot aantal troepe gevoer nie en sy skrapse ervaring van militêre beplanning het teen hom getel. Die rede vir die versoek was dat dit nie goed gegaan het met die Britse veldtog in Oos-Afrika nie, veral omdat hulle met 'n briljante teenstander te doen gehad het: Paul Emil von Lettow-Vorbeck, die rateltaai Duitse bevelvoerder en 'n kenner van guerrillaoorlogvoering. Vanaf sy basisse in die berge op die noordelike grens tussen Brits- en Duits-Oos-Afrika het Von Lettow-Vorbeck telkens die Britte se gebied binnegedring en hul lewenslyn, die spoorweg tussen Mombasa en Nairobi, bedreig. Wat nodig is, het die Britte besluit, is 'n goeie dosis onortodokse Boeretaktiek.

In Januarie 1915 was die imperiale magte aan die westelike front vasgevang en die Britse regering het in beginsel besluit om meer soldate na die Afrika-gebiede wat in Duitse hande was oor te plaas, want dié gebiede kon

'n Tipiese aanval op Jan Smuts in *Die Burger*: die spotprenttekenaar DC Boonzaaier beskuldig Smuts daarvan dat hy aan die belange van mynkapitaal en die Britse Ryk uitverkoop het.
Museum Africa, Johannesburg

uiteindelik noodsaaklike bates word "wanneer die vredesbepalings bespreek word".[16] Brittanje se reeds groot leermag in Oos-Afrika was 'n Babelse versameling van manskappe uit alle dele van die wêreld, insluitend Brittanje, die Goudkus, Uganda, Nigerië, Indië, die Wes-Indiese eilande, Rhodesië en Suid-Afrika. Hul getalle het tussen 55 000 en 114 000 man gewissel, veel meer as wat die vyand kon bymekaarskraap.

Die uitgestrektheid van die Duits-Oos-Afrikaanse gebied, twee keer so groot soos Duitsland self, was hoegenaamd nie bevorderlik vir militêre operasies nie. Volgens die historikus Ross Anderson het dit gewissel van tropiese woude en moerasse tot beboste bergreekse en golwende, verdroogde struikeveld.[17] Die soldate moes dikwels in enkelgelid lang afstande oor smal, ongeteerde paaie beweeg. Kommunikasie was primitief: daar was min paaie en die enigste twee spoorlyne was nie met mekaar verbind nie. Die riviere was breed en daar was nie brûe nie.

Die klimaat was net so onbarmhartig. In die droë seisoen was die hitte ondraaglik, met stof wat oor die laagtes gehang het, en in die ses maande wat die reënseisoen geduur het, was 'n groot deel van die gebied onbegaanbaar. Slange en wilde diere was 'n voortdurende gevaar, om van die sandvlooie, muskiete en tsetsevlieë nie te praat nie. Laasgenoemde het duisende trekdiere laat vrek. Vir Smuts se magte was dit net so veel 'n stryd teen die genadelose omgewing as teen die Duitse leër.[18]

Von Lettow-Vorbeck het geweet hy kan nie die oorlog in Oos-Afrika wen nie, maar deur groot getalle imperiale troepe daar besig te hou, kon hy hulle van die slagvelde van Europa af weghou, daar waar hy geglo het die oorlog beslis sou word. Sy eie leër, aangevoer deur Duitse offisiere, het uit sowat 14 000 man bestaan, die meeste van hulle askari's – plaaslik gebore en beter bestand teen die meeste tropiese siektes.[19]

Smuts het op 19 Februarie 1916 by Mombasa geland en sy basis by Nairobi in Brits-Oos-Afrika ingerig. Hy het alle sosiale uitnodigings van die hand gewys en dadelik op 'n verkenningstog deur die digte bosse vertrek. Oorkant die grens in Tanganjika het die Duitse frontlinie vanaf die berg Kilimanjaro langs die Pare-bergreeks tot by die see gestrek. Die weg na Duits-Oos-Afrika was deur 'n enkele poort in die berge naby die dorp Taveta, wat swaar deur Von Lettow-Vorbeck se manne bewaak is.[20]

Soos altyd was Smuts haastig. Sommige van sy ontmoedigde troepe het gemor omdat 'n amateur hulle nou sou aanvoer, maar hy het sonder meer 'n frontaanval op die vyand se voorwaartse stellings gedoen. Dis gesteun deur bewegings aan weerskante: Die een was oor Kilimanjaro se voetheuwels en is aangevoer deur brigadier-generaal Jaap van Deventer; die ander was in die suide, onder leiding van brigadier-generaal JM Stewart. Die imperiale magte is binne 12 dae deur die strategiese Taveta-poort en pas daarna het hulle die vrugbaarste gebied in Duits-Oos-Afrika, die Moshi-Arusha-streek, in besit geneem. Dadelik daarna is generaal Stewart vervang, want hy het nagelaat om die terugvallende Von Lettow-Vorbeck vinnig af te sny.[21] Toe het die lentereëns met mening uitgesak en was daar van opvolgoperasies nie sprake nie.

Binne 'n maand ná sy aankoms het Smuts daarin geslaag om die militêre situasie in Oos-Afrika te transformeer.[22] Twee-derdes van die gebied, insluitend die belangrike spoorlyn tussen die Tanganjika-meer en Dar es Salaam, was nou veilig in Britse hande en die Duitsers was suid van die spoorlyn vasgekeer. Die soldate se omstandighede was nietemin haglik. Die tropiese hitte was uitmergelend en voorrade en medisyne kon weens die vloedreëns nie gou by hulle uitkom nie. Brûe en paaie was weggespoel en groot gebiede het in moerasse verander. Die meeste van die Suid-Afrikaanse soldate en Smuts self het malaria gekry en die perde en muile het by die duisende gevrek. Met dié dat die vyand op die verdediging was, het Smuts die Suid-Afrikaanse troepe gerepatrieer en hulle met askari's van die King's African Rifles vervang.

Ironies, merk Ingham tereg op, het Smuts hom nou in omstandighede soortgelyk aan dié van lord Roberts in die Boereoorlog bevind. Hy het 'n getalleoorwig teenoor Von Lettow-Vorbeck gehad, maar kon nie sy troepe beslissend teen 'n ontwykende vyand gebruik nie. Dit was veel makliker om vyandelike gebied te beset en sporadiese skermutselings te wen as om die vyand tot oorgawe te dwing.[23]

◆

In Suid-Afrika het die groeiende lys slagoffers aan die front tot beskuldigings in sommige koerante gelei dat Smuts sy manne te hard dryf. Tog het hy hulle nooit gevra om te doen wat hy nie self sou doen nie; hy het dieselfde kos geëet, saam met hulle honger en dors gely, sonder slaap klaargekom en soos hulle pille en kinien teen malaria gedrink.[24] Die romanskrywer en digter Francis Brett Young, destyds 'n mediese offisier, het geskryf "die persoonlikheid van een man het die gang van die hele oorlog in Oos-Afrika oorheers".[25]

Nie dat al sy offisiere so waarderend was oor hul leier se "strengheid en spartaanse uithouvermoë" nie.²⁶ Volgens Bill Nasson het hulle wanneer hulle sy Buick hoor aankom uit hul tente gestorm en na die Kaapse Korps se menasie afgesit "waar daar bottels was om na te gryp".²⁷ Soos destyds op kommando het Smuts saans sy eie geselskap verkies, boeke gelees wat sy ou vriend HJ Wolstenholme uit Cambridge vir hom gestuur het en sy gedagtes oor holisme ontwikkel. Hy het nie juis daarin geslaag om sy skeptiese korrespondent van die geldigheid van sy holistiese teorie te oortuig nie. "Dink asseblief hieroor," het hy een keer geskryf, "en moenie net neus optrek oor wat ek sê nie. Daar steek iets in."²⁸

Teen die einde van die jaar is Smuts se leër aangevul deur Nigeriese versterkings en kon hulle nog 'n doelgerigte poging aanwend om die Duitse magte uit die woud suid van die groot Rufiji-rivier te dryf, maar weer eens het die ontwykende Von Lettow-Vorbeck met die hulp van die gietende reën daarin geslaag om die agtervolgers te ontwyk en weg te kom.²⁹

Teen hierdie tyd, Januarie 1917, het Smuts gedoen wat die Britse regering van hom gevra het. Die landskap en die plantegroei van Oos-Afrika het hom gefassineer, dit was vir hom die mooiste wat hy nog gesien het,³⁰ al was dit 'n bitter moeilike oorlogsterrein. Hy het gehoop om in sy pos te bly en aan Isie geskryf dat hy 'n paar maande later tuis sal wees, maar uit die bloute het 'n telegram van Louis Botha aangekom wat hom gevra het om Suid-Afrika by die komende Imperiale Konferensie in Londen te verteenwoordig want hy (Botha) kon nie die land in so 'n onrustige tyd verlaat nie.

Soos Roberts destyds in die Boereoorlog, het Smuts nou verklaar dat die stryd teen Von Lettow-Vorbeck effektief gewonne was, wat beslis nie die geval was nie.³¹ Hy het die bevel aan sy hoogs bekwame adjudant, Jaap van Deventer, oorhandig en huis toe gegaan vir 'n "wittebroodsweek" met Isie en hul gesin. 'n Malaria-aanval het hom egter platgetrek en hy was die meeste van die tyd in die bed.

◆

Soos Winston Churchill het Smuts geglo 'n mens maak geskiedenis deur dit self te skryf. Hy het vir 'n artillerieoffisier se boek 'n lang en gedetailleerde voorwoord geskryf, 'n gesaghebbende verslag van die veldtog in Oos-Afrika wat sy eie reputasie as 'n bevelvoerder gebou het. Dit was ook vol verwysings na die dapperheid en volharding van sy manne en hy het die militêre vernuf van Von Lettow-Vorbeck geprys. Hulle sou ná die oorlog van aangesig tot aangesig ontmoet.

Militêre historici het nog altyd oor Smuts se vertoning in Oos-Afrika verskil. Generaal John French het gemeen sy veldtogplan het "onmiskenbaar die gees van 'n groot strateeg en taktikus" geopenbaar, maar kolonel Richard Meinertzhagen,[32] 'n Britse intelligensieoffisier wat van Smuts gehou en hom as mens hoog aangeslaan het, het nie veel van sy strategie en waaghalsige taktiek gedink nie. Soos die bitsige Brit in sy dagboek aangeteken het: "[Smuts] is 'n swak taktikus en strateeg en 'n middelmatige generaal, maar in baie opsigte 'n merkwaardige soldaat."[33] Die historikus Ross Anderson het geskryf: "As die maat waaraan militêre sukses gemeet word oorwinning op die slagveld is, is dit moeilik om Smuts 'n sukses te noem. Terwyl hy 'n groot stuk grondgebied verower het, het hy nooit die vyand se bestaan ernstig bedreig nie. Dié het die teater verlaat sonder skade aan hul moreel en gevegsvermoë. Aan die debietkant: hy moes die grootste deel van sy leër afvoer en dié wat agtergebly het, was in geen toestand om vorentoe te beur nie."[34]

Tuis in Suid-Afrika het Smuts se Nasionale Party-teenstanders, wat teen die werwing van troepe en die verskaffing van oorlogstuig vir die veldtog in Oos-Afrika was, die "verwoestende" menslike en finansiële koste betreur. Die koerante wat Hertzog gesteun het, het Smuts 'n volksverraaier genoem wat dit gewaag het om homself met die Voortrekkers te vergelyk, 'n *empire*-bouer, die "reïnkarnasie van Rhodes". In die oë van die Hertzogiete was Suid-Afrika dalk amptelik in 'n oorlog met Duitsland gewikkel, maar die eintlike vyand was "Britse oorheersing".[35] Botha, het hulle weer en weer gesê, het na die ander kant oorgeloop.

Smuts het teruggekap deur voor sy vertrek na Londen Suid-Afrika se suksesse in Oos-Afrika op te hemel. "Deur ons eie pogings en ons opofferings het ons 'n sê gekry in die uiteindelike bestemming van hierdie subkontinent ... Ek vertrou ... dat Suid-Afrika, eerder as om 'n klein, vasgedrukte, niksbeduidende landjie te wees wat sy eie derms uitryg, meer vryheid en 'n beter lewe sal hê en die groot land sal word soos dit vir hom bestem is," het hy verklaar.[36]

HOOFSTUK 10

"In diens van die mensdom"

'N EKSTATIESE ONTVANGS

Smuts was heeltemal onvoorbereid op die ontvangs wat in Londen op hom gewag het. As gevolg van die Duitsers se duikbootbedrywighede was kos skaars in Brittanje en die mense se moreel was laag ná die slagting in die Franse loopgrawe, veral aan die Somme. In Rusland was die Bolsjewistiese Revolusie aan die gang. Wat Brittanje nou nodig gehad het, was 'n held en dit het hulle in die eertydse Boereleier en vyand, Jan Smuts, gekry: "die vernietiger van die Duitse mag in Afrika" wat nou aan die kant van die Britse Ryk geveg het. In die pers en op openbare verhoë is hiperbolies na Smuts verwys as "die opvallendste figuur in Groot-Brittanje ... 'n merkwaardige kombinasie van talente wat nie dikwels in een mens verenig is nie, tensy daardie mens 'n lid is van die klein uitgesoekte groepie van wie die Caesars, die Cromwells en die Napoleons uitmuntende voorbeelde is".[1] Winston Churchill het Smuts begroet as 'n "nuwe en geheel en al buitengewone man vanaf die buitenste grense van die Ryk".[2] Tog, te midde van al die oordrywing was daar opregte bewondering vir die besoeker en waardering vir sy prestasies. Eerbewyse en uitnodigings om toesprake te hou het ingestroom.

Die geesdrif waarmee Smuts in Brittanje ontvang is (in so 'n skrille kontras met die kil atmosfeer tuis) asook die toekennings, loftuitinge en eerbewyse waarmee hy oorval is, het hom oortuig dat hy eintlik in die internasionale arena hoort. Hy het nou meer roem en prestige geniet as enige Afrikaner voor hom en dis net menslik dat hy baie trots was oor wat hy en sy jong land bereik het. Hy het altyd 'n idealistiese geloof in homself gehad en nou het hy selfs vergesigte gesien van hoe hy die lyding van die oorlog kon verkort. Hy is nou "in aktiewe diens van die mensdom",[3] het hy aan Isie geskryf. Hy het "gretig en verbasend vinnig"[4] gereageer op die versoeke om advies en menings oor 'n wye verskeidenheid onderwerpe wat van alle kante ingestroom het.

In sy hart was hy nietemin nog 'n eenvoudige Boer en hy was vasbeslote om nie toe te laat dat al die verering na sy kop gaan nie. Al kon hy die Londense sosiale wêreld aan sy voete gehad het, het hy verkies om oor naweke uit Londen na die Liberale en Kwakerhuise van die Gilletts, Hobhouses, Hobsons en Clarks weg te glip en tussen vriende te ontspan. Al kon hy homself nie so ver kry om so pasifisties soos hulle te wees nie, het hy hul afkeer van enige soort oorlog begryp en daarmee gesimpatiseer.

In September 1917 skryf hy vir Isie uit die Windsor-kasteel, waar hy koning George V se gas was, dat hy eensaam en alleen in Engeland voel en veel liewer by die huis sou wou gewees het "in my geliefde Suid-Afrika".[5] Toe die koning hom 'n lid van die geheime raad maak en hom 'n jaar later op 'n ererol plaas, het hy teenoor Margaret Clark erken dat dit hom verleë maak: "Hierdie goed gaan teen my Boeregrein in."[6] Sy verlange huis toe is vererger deur nuus oor Louis Botha se swak gesondheid. Hy wou by Isie en die kinders wees en het aan haar geskryf: "Wanneer hierdie oorlog verby is, hoop ek ons sal vir altyd saam wees en dat ek sal vergoed vir al die skeiding wat ons deel was in die bitter jare agter ons ... "[7]

◆

As 'n nuweling in die politiek van die groot moondhede, was Smuts se selfversekerdheid werklik merkwaardig. Die Imperiale Konferensie wat hy moes gaan bywoon was in werklikheid twee vergaderings in een. Die konferensie self het sake van gemeenskaplike belang vir die dominiums (Kanada, Australië, Nieu-Seeland en Suid-Afrika) bespreek. Die imperiale oorlogskabinet is gelei deur die Britse eerste minister as voorsitter en is bygewoon deur die dominiumleiers. Dié kabinet moes die oorlogspoging koördineer.[8]

Tot die ongemak van sommige dominiumverteenwoordigers was die Britte nie net oor oorlogsake besorg nie, maar ook oor die uitbreiding van hul invloed oor die Britse Ryk. Smuts se gewese bête noire, Alfred Milner, was nou 'n kabinetslid, en sy herrese "Kindergarten" was vasbeslote om 'n federale imperium onder 'n sentrale parlement en uitvoerende gesag te skep om die Britse Ryk bymekaar te hou.

Smuts het goed geweet wat sy vyande by die huis van so 'n voorstel sou sê

Die Britse imperiale oorlogskabinet, 1917, in die tuin van Downingstraat 10. Smuts sit heel regs, in die voorste ry wat lord Alfred Milner, lord George Curzon, Bonar Law en Lloyd George insluit. INPRA

en het wal gegooi, vas oortuig dat 'n federasie rampspoedig sou wees. Hy het 'n alternatiewe resolusie ter tafel gelê waarvolgens die dominiums as outonome nasies in 'n imperiale statebond erken sou word en beheer oor hul eie sake sou behou. 'n Spesiale konferensie ná die oorlog kon alle grondwetlike kwessies hanteer. Hy het die verteenwoordigers se steun gewen. Van hier af, skryf prof.Okkie Geyser, het die grondwetlike pad reguit na die Statuut van Westminster van 1931 gelei – 'n mylpaal in die dominiums se emansipasie van Brittanje.[9]

Die visionêre Smuts, met sy oë gerig op die naoorlogse wêreld, wou Britse imperialisme hervorm eerder as om struikelblokke in die pad te lê. Hy het aanvaar dat die Ryk se wortels altyd Brits sal wees, maar hy het volgehou dat dit gebou moet word op "beginsels wat op die hoogste strewes van die mensdom aanspraak maak, die beginsels van vryheid en gelykheid".[10] Toe hy genooi is om 'n gesamentlike sitting van albei huise van die parlement op 15 Mei toe te spreek, het hy aangevoer dat die Britse Ryk "nie 'n staat [is] nie, maar 'n gemeenskap van nasies … nie 'n stilstaande stelsel nie, maar 'n dinamiese en evolusionêre een wat altyd vorentoe na nuwe bestemmings beweeg".[11]

"As ons nie 'n ryk is nie," het hy voortgegaan, "waarom ons so noem? Laat ons liewer van 'n statebond praat … die fundamentele feit … dat 'n Britse statebond van nasies nie vir standaardisasie of denasionalisasie staan nie, maar vir die voller, ryker en meer gevarieerde lewe van al die nasies waaruit dit bestaan." Met tipiese geesdrif het hy voorspel 'n diverse maar verenigde statebond sal "baie groter wees as enige ryk wat nog ooit bestaan het".[12]

Tydens die konferensie het die imperiale oorlogskabinet die eerste keer vergader. In Maart 1917 het David Lloyd George, wat die vorige jaar eerste minister geword het, Smuts genooi om 'n lid van die Britse kabinet te word. Die eerste minister het hom as "een van die briljantste generaals in hierdie oorlog"[13] beskryf. Dit was hier waar Smuts se intelligensie en versiendheid werklik uitgestaan het. Hy het selde gepraat, maar wanneer hy dit wel gedoen het, is daar met aandag en ontsag na hom geluister. Kollegas, politieke leiers, generaals en admiraals het hom gou oor 'n groot verskeidenheid sake begin raadpleeg. In Junie, op voorstel van Milner nogal, het Lloyd George Smuts ook genooi om die sewende lid van sy oorlogskabinet te word. Die stap is met ongeloof en 'n mate van vyandigheid in Brittanje ontvang. (Sien hoofstuk 25 "Raadgewer van konings en staatslui" vir meer oor hierdie onderwerp). In Londen, in die hart van gebeure, het Smuts sy ware nering gevind. Daar kon hy sy intelligensie nie net vir praktiese sake benut het nie, maar ook vir meer verhewe kwessies soos die toekoms van die mensdom.

Toe die dominiumleiers ná die konferensie gereed maak om huis toe gaan, wou Lloyd George Smuts nie laat gaan nie. Soos hy later geskryf het: "So diep was die indruk wat generaal Smuts in hierdie tyd op sy kollegas, nee, op die hele nasie gemaak het, dat ons hom nie kon laat gaan toe die konferensie verby was nie. Ons het aangedring dat hy hier bly om ons in die hart van ons oorlogspoging te help."[14]

AAN DIE FRONT

Een van Brittanje se hardnekkigste probleme was die situasie in Ierland, waar nasionalistiese woede vererger is deur die Paasrebellie in 1916. Lloyd George het Smuts as 'n onpartydige buitestander beskou en dus as die ideale persoon om 'n Ierse konvensie te lei. HJ Wolstenholme en ander vriende van Smuts het by hom aangedring om die uitdaging te aanvaar, maar nadat hy nog advies ingewin het, het hy wyslik besluit om ag te slaan op waarskuwings dat dit niks anders as 'n gifbeker vir hom sou wees nie. Die kans om diep betrokke te raak in Ierland se sake sou later weer opduik.[15]

Smuts se eerste taak namens Lloyd George was om Frankryk en die Westelike Front te besoek om die oorlog se vordering met die Belgiese koning, die Franse president en die Geallieerde generaals te bespreek. By sy terugkeer het hy 'n lang memorandum aan die oorlogskabinet voorgelê waarin hy voorgestel het dat Brittanje se strategie in Frankryk buigsamer moes wees. Hy het sy ou teenstander uit die dae van die Boereoorlog, generaal Douglas Haig, se voorstel vir 'n offensief in Vlaandere gesteun. Daaroor sou hy later spyt wees, want Haig se taktiek het tot die bloedbad van Ypres en Passchendaele gelei.

Smuts het ook aan die oorlogskabinet voorgestel dat die veldtog om die Turke (een van Duitsland se baie steunpilare in Europa) uit die oorlog te dryf van Salonika na Palestina verskuif moet word. Sodoende kan die Britse magte vanuit Afrika en Australië van voorrade voorsien word en hoef hulle nie die gevaarlike Middellandse See trotseer nie. Lloyd George het hom net daar genooi om die Palestynse bevel oor te neem, oor 'n gebied wat van Egipte tot die Kaukasus strek. Die idee om die Heilige Land uit die hande van die "heidene" te red, het Smuts geval en hy het Louis Botha oor die aanstelling geraadpleeg. Die Suid-Afrikaanse eerste minister het Smuts in die Boereoorlog as 'n goeie guerrillaleier beskou, maar nie as 'n groot generaal nie. Hy het gevoel dat Smuts die geïmpliseerde eer moet aanvaar, maar dat hy dan as minister sonder portefeulje, pleks van minister van verdediging, in die Suid-Afrikaanse kabinet moet bly, eerder as om deur die Britte betaal te word.

Smuts het hom toe bedink. Die Britte se *War Office* was daarteen gekant en hy het tereg aangevoel dat hy sonder behoorlike steun in een van die oorlog se dooie kolle vasgevang kon raak. 'n Teleurgestelde Lloyd George het daarna generaal Edmund Allenby gestuur om die bevel in Palestina oor te neem. Aan die einde van Mei 1917 het Smuts weer huis toe probeer gaan, maar die Britse regering wou niks daarvan hoor nie. As 'n politikus van 'n dominium en sonder 'n setel in die Britse parlement, was Smuts se posisie 'n "grondwetlike en politieke anomalie".[16] Was hy 'n Britse of Suid-Afrikaanse openbare verteenwoordiger, of nie een van die twee nie? Midde-in 'n nasionale noodtoestand het dit nie juis gelyk of enigiemand in Londen bekommerd is oor die politieke of grondwetlike fynskrif nie.

Lloyd George was maar alte goed bewus van die anomalie en het Smuts probeer oorreed om 'n lid van die Britse laerhuis te word, maar nadat hy Louis Botha geraadpleeg het, het hy dit van die hand gewys.[17] Hy het goed geweet watter reperkussies dit tuis kon hê. So het Suid-Afrika se minister van verdediging dan aangebly as 'n lid van die Britse kabinet. Hy is as 't ware vir 'n onbepaalde tyd deur sy land en sy regering uitgeleen. Smuts het tot die gevolgtrekking gekom dat dit in Suid-Afrika se beste belang was dat hy in Brittanje bly, want hy en Botha het reeds besluit dat hulle op Duits-Suidwes-Afrika sal aanspraak maak wanneer die vrede aanbreek. Hy het ook uitgesien na die dag wanneer selfs Hertzog en kie sou moes erken dat hy (en Botha) allesbehalwe Brittanje se lakeie was en dat hulle die land langs die regte pad na nasionale soewereiniteit gelei het.[18]

NUTSMAN VAN DIE RYK

Dit was nou duidelik dat die Britse regering van plan was om Smuts in verskillende hoedanighede te ontplooi. In Julie 1917 het 'n eskader Duitse vliegtuie Londen onverwags aangeval. In Crafford se woorde: "Die openbare verontwaardiging is net oortref deur die openbare angs."[19] Die oorlogskabinet het die eerste minister en Smuts afgevaardig om ondersoek in te stel na Brittanje se verdediging teen lugaanvalle en iets te doen aan die verlammende gebrek aan koördinasie tussen die jong lugmag en die vloot. Lloyd George was te besig om self baie komiteewerk te doen en het die taak aan Smuts oorgelaat. Hy het dadelik aan die gang gekom en binne drie maande het hy bruikbare planne vir Londen en ander strategiese stede se verdediging teen lugaanvalle gereed gehad. Hy het hom nie gesteur aan die generaals en admiraals wat gereken het hy maak inbreuk op hul terrein nie en voorgestel dat hul wapens in een enkele gevegsmag onder 'n nuwe ministerie saamgevoeg word. Soos Lloyd George later in sy memoires geskryf het, het Smuts meer as enigiemand anders die reg om die vader van die Britse lugmag genoem te word.[20]

Met Duitse lugaanvalle aan die toeneem en die Britse leër vasgeval in Vlaandere se modder, het Smuts begin aandag gee aan die moontlikheid van 'n lugoffensief om verdediging in aanval te omskep. Dit het beteken dat die Britse nywerheid gedwing moet word om vliegtuie te vervaardig. Die komitee vir lugoperasies, met Smuts as voorsitter, is dus vergroot en in die komitee vir oorlogsprioriteite omskep. Die opdrag was om al die land se nywerheidsbronne vir die oorlogspoging in te span. Teen dié tyd was Smuts se administratiewe las baie swaar, maar hy was in sy element. G'n wonder dat die Britse pers hom die Nutsman van die Ryk gedoop het nie, 'n bynaam wat sy teenstanders in Suid-Afrika uitbundig aangegryp het. "Eerlike makelaar van die Ryk" sou dalk 'n akkurater benaming gewees het.

Dit was min of meer in hierdie tyd dat Smuts prof. Chaim Weizmann leer ken het. Hy was 'n chemikus aan die Universiteit van Manchester wat 'n nuwe en eenvoudige manier ontdek het vir die vervaardiging van asetoon, wat in die produksie van plofstowwe gebruik word. Weizmann het nie 'n persoonlike beloning van die Britte verwag nie, maar het gehoop dat Palestina as tuisland vir sy mede-Jode aangewys sou word. Sedert die Anglo-Boereoorlog het Smuts 'n spesiale toegeneentheid vir die Jode gekoester. Hy het gemeen hulle is baie soos die Afrikaners – godvresend, hardwerkend en sonder 'n tuisland wat hulle hul eie kon noem. Hy het 'n vrye Palestina as lid van die Britse Ryk gevisualiseer. So pragmaties soos altyd, en terwyl dit in 1917 sleg gegaan het met die Geallieerdes, het hy verstaan hoe belangrik dit was om welvarende en invloedryke Jode in veral Amerika vir die Geallieerdes se saak te wen. Hy het dus Lloyd George en sy minister van buitelandse sake, Arthur Balfour, aangemoedig om wat bekend geword het as die Balfour-verklaring uit te reik. Dit was 'n formele maar dubbelsinnig bewoorde belofte dat Brittanje in geval van oorwinning 'n nasionale tuisland vir die Jode in Palestina tot stand sou bring. Hy het aangeteken dat die onderneming gegee is "om in die donkerste uur van die oorlog Joodse simpatie vir die Geallieerde saak te wen".[21]

◆

Laat in 1917 was die Russiese Revolusie besig om tot 'n uitbarsting te kom, sosialisme was aan die opmars en Marxistiese slagspreuke het oor Europa weerklink. In Brittanje het 'n reeks nywerheidstakings die oorlogspoging gekniehalter. Die situasie was veral ernstig in die steenkoolvelde van Suid-Wallis, waar 'n mynstaking die voorsiening van steenkool aan die Britse vloot bedreig het. Die oorlogskabinet het besluit om hardhandig 'n einde daaraan te maak. Nadat Smuts gehelp het om 'n polisiestaking in Londen en 'n staking van werkers in die ammunisiefabrieke in Coventry by te lê, is hy gevra om 'n laaste versoeningspoging aan te wend. Tuis het hy altyd kragdadig op enige werkersopstand neergekom, maar in Wallis was 'n vreedsamer taktiek nodig.

By sy aankoms op Tonypandy, die dorp in die kern van die staking, het 'n skare vyandige mynwerkers hom ingewag. Hulle het hulle vergaap aan die wit man uit Afrika, met die hoë stem en die snaakse aksent. Smuts het 'n opmerking onthou van Lloyd George, self 'n Wallieser, dat sy landgenote wonderlike sangers is, en nou het hy dié kennis benut: "Menere, ek kom van ver af, soos julle weet. Ek is nie van hierdie land nie. Ek het 'n lang pad gekom om my deel in hierdie oorlog te doen ... ek het in my land gehoor dat die Walliese mense van die beste sangers in die wêreld is en voordat ek begin, vra ek dat julle eers vir my van jul mense se liedere sing."[22]

Dadelik het 'n man in die skare "Land of My Fathers" in Wallies begin sing en gou het die res van die stakers met oorgawe en innigheid ingeval. Toe die klanke wegsterf, het Smuts weer gepraat: "Wel menere, dis nie vir my nodig om vanaand veel meer te sê nie. Julle weet wat aan die Westelike Front gebeur het. Julle weet dat jul kollegas in hulle tienduisende hul lewe waag. Julle weet dat die front net so veel hier is as op enige ander plek ... ek is seker julle gaan die land van jul vaders waaroor julle vanaand hier gesing het, verdedig." Nadat hy nog vergaderings in die steenkoolvelde in dieselfde trant toegespreek het, was die staking verby.

Terug in Londen het 'n kabinetskollega, lord George Curzon, hom 'n "listige kêrel"[23] genoem. In Suid-Afrika sou mense die kop instemmend geknik en wrang gesê het: "Dis Slim Jannie daardie!"

'n Meer onmiddellike probleem vir Smuts en sy Britse kabinetskollegas was die kritieke situasie aan die Italiaanse front, waar Duitse en Oostenrykse magte die Italiaanse leër by Caporetto 'n swaar neerlaag toegedien het. Smuts se raad aan Lloyd George was om verskeie Britse infanterie-eenhede en swaar artillerie na Italië te stuur om die Geallieerde verdediging te versterk. Die twee mans is inderhaas na 'n konferensie by Rapallo, waar Smuts se voorstel goedgekeur en planne gemaak is vir 'n opperraad van oorlog, saamgestel uit al die Geallieerde leërs.

Kort voor die einde van die jaar, 'n heel onvanpaste tyd, gegewe die omvang van die ramp by Caporetto, het Lloyd George besluit om positief te reageer toe Oostenryk vertroulik voelers oor vrede uitsteek. Hy het Smuts onder 'n skuilnaam na Genève gestuur om 'n Oostenrykse gesant, graaf Albert von Mensdorff, te ontmoet. Smuts wou die Oostenrykers oorreed om eensydig vrede te sluit, maar Von Mensdorff het dit verwerp. Smuts het die Oostenryker gewaarsku dat Brittanje nie vrede sal sluit voordat Duitsland verslaan is nie.

Al het hul tweedaagse samesprekings op niks uitgeloop nie, het Smuts nogtans die kans benut om Von Mensdorff in te lig oor die Geallieerdes se planne vir 'n bond van vrye volke, baie soos die Britse Ryk, waarin die Habsburgse ryk ingesluit sou kon word sodra hy sy bande met Duitsland verbreek het. Op sy beurt het Von Mensdorff 'n verklaring oor die Britse oorlogsdoelwitte gevra wat dit duidelik sou maak dat dit nie Britse beleid was om die land se vyande te vernietig nie. Hiertoe het die oorlogskabinet ingestem en dit aan Smuts en twee kollegas oorgelaat om die dokumente op te stel.

DIE EINDE VAN DIE OORLOG

Aan die begin van 1918 het Lloyd George Brittanje (en die dominiums) se oorlogsdoelwitte in 'n toespraak in Londen se Caxton-saal uiteengesit. Nie verbasend nie, het Smuts die toespraak van harte gesteun. Hy het immers die meeste daarvan self geskryf. Die eerste minister het dit duidelik gestel dat Brittanje beperkte oorlogsdoelwitte gehad het wat gebaseer was op 'n strewe na geregtigheid vir die lydendes, eerder as 'n begeerte dat Europa verwoes word. (Hieroor sou hy later sy standpunt verhard.) Sy toespraak is dae later gevolg deur president Woodrow Wilson van die VSA se beroemde verklaring van "Veertien Punte" wat die weg voorberei het vir sy (en Smuts se) ideaal van 'n naoorlogse volkebond om internasionale geskille te besleg en die saak van vrede te bevorder.

Middel Januarie is Smuts gevra om weer eens na Frankryk te gaan om oor die toestand aan die Westelike Front te rapporteer. Teen dié tyd was Lloyd George diep agterdogtig oor die inligting wat sy generaals hom gevoer het. Hy het Smuts gevra om 'n plaasvervanger vir Haig aan te beveel, maar Smuts het bevind dat daar niemand beter as dié eertydse vyand van hom is nie. Die eerste minister het toe dadelik sy aandag na Palestina verskuif, waar hy vermoed het die oorlogskantoor ondermyn sy en generaal Allenby se plan om die Turke te verslaan en sodoende een van Duitsland se steunpilare uit te skakel. Smuts is inderhaas na Palestina gestuur, en van daar af na Egipte, van waar hy en Allenby planne vir 'n Geallieerde intog in Sirië gesmee het.

Skaars was Smuts terug in Engeland, of die Duitsers begin met hul omvattende aanslag op die Vyfde Leër se linies in Frankryk. Alles was op die spel. As die Duitsers deur die linies kon breek, sou die pad na die hawens van die Engelse kanaal oop lê. As die aanval misluk, sou dit die einde van die Duitse keiser se hoop op oorwinning wees. Met 'n neerlaag wat hulle in die gesig staar, het die Geallieerdes ooreengekom om Frankryk se maarskalk Ferdinand Foch as opperbevelvoerder aan te stel. Weens die erns van die situasie het Smuts 'n uitnodiging van die hand gewys om Amerika toe te gaan en te probeer om president Wilson tot groter aksie aan die Westelike Front aan te por. Amerika het reeds 'n jaar tevore oorlog teen Duitsland verklaar, maar het nog nie 'n skoot geskiet nie.

Smuts se ongeduld met die Amerikaanse dadeloosheid en sy geringskatting van Amerika se generaal John J Pershing het tot sy merkwaardige voorstel aan Lloyd George gelei dat hy (Smuts) die opperbevel oor die Amerikaanse magte in Frankryk oorneem. Hy het voorgestel dat hy, met sy militêre ervaring, die Amerikaanse offensief (wat reeds baie laat was) ter ondersteuning van die Geallieerde magte lei terwyl die reëlings vir die agterhoede aan Pershing oorgelaat word. Lloyd George het wyslik teen die voorstel besluit en nie 'n woord daaroor teenoor iemand anders gerep nie. Dit sou immers 'n klap in die gesig van die Amerikaners gewees het. Smuts se voorstel het eers in 1954 algemene kennis geword. Die eerste minister het versoek dat Smuts liewer op 'n geheime sending na Rusland gaan, maar dit het die vurig anti-Bolsjewistiese Smuts van die hand gewys. Hy kon nie sien hoe die revolusionêre Rusland tot die Geallieerdes se saak kon bydra nie.

'n Geallieerde oorwinning was nou 'n sterk moontlikheid en Smuts het sy idees oor 'n naoorlogse skikking op 17 Mei uiteengesit in 'n toespraak in Glasgow waar hy ereburgerskap van die stad aanvaar het. Hier het sy menings en dié van Lloyd George begin uiteenloop. Smuts was bekommerd dat wat met enkele uitsonderings wesenlik 'n Europese konflik was, nou in 'n volskaalse wêreldoorlog oor alle oseane heen en tussen al die kontinente kon ontwikkel. Hy het die Geallieerdes gewaarsku teen 'n uitgerekte stryd totdat hulle Duitsland die "uitklophou" toegedien het.[24] Hy het daarop gewys dat die Geallieerde leërs 'n verdedigende oorlog met beperkte doelwitte voer, terwyl Duitsland se oorlog aanvallend en met onbeperkte doelwitte is. Dus, het hy geargumenteer, sou dit onnodig wees om na Berlyn te marsjeer en die Duitsers tot oorgawe te dwing as dié land se doelwitte reeds verydel is. Dit het egter al in Parys duidelik geword dat die oorlogskabinet en Lloyd George vasbeslote was om die Duitsers 'n les te leer en dat hulle, onder die invloed van 'n luide "hang the Kaiser"-drukgroep tuis, anders as Smuts gedink het.

93

In Julie 1918 het Amerika met groot getalle soldate tot die oorlog toegetree en die Geallieerde magte onder maarskalk Foch in staat gestel om generaal Erich Ludendorff se laaste desperate aanslag op die Geallieerde front af te weer. Dit het selfs vir die Duitse keiser duidelik geword dat die oorlog nie meer gewen kan word nie, en op 8 Augustus het 'n gedemoraliseerde Duitsland om vrede gevra. Die sentrale magte het dadelik ingeplof: Oostenryk, Turkye en Bulgarye het oorgegee; revolusies het in Hongarye en Duitsland uitgebreek; die keiser het na ballingskap in Holland gevlug. Op 11 November 1918 is 'n wapenstilstandsverdrag gebaseer op president Wilson se "Veertien Punte" in Foch se treinwa in 'n Franse bos onderteken.

◆

As Smuts gedink het die wapenstilstand sou sy las verlig, het hy hom misgis. Die oorlogskabinet het hom opdrag gegee om die demobilisering en die normalisering van die staatsdepartemente in Whitehall te lei. Lloyd George het hom ook gevra om Brittanje se voorlegging by die Vredeskonferensie van Parys op te stel. Hy het ook hard gewerk aan 'n memorandum oor die te stigte volkebond; hy het 'n saak vir die dominiums se verteenwoordiging by die Vredeskonferensie uitgemaak en het Suid-Afrika se gebiedsaanspraak op Duits-Suidwes-Afrika uiteengesit. Die druk op sy tyd het genadeloos gebly.

Baie in Brittanje (onder wie Winston Churchill) sowel as nasies soos Frankryk, het beswaar gemaak teen Smuts se voorstel dat die dominiums elkeen in eie reg verteenwoordig moet word en 'n stem by die Vredeskonferensie van Parys moet hê. Smuts het egter uiteindelik sy sin gekry. Wat Suid-Afrika spesifiek betref, het hy gemeen lidmaatskap van 'n Britse statebond sou Suid-Afrika se internasionale status bevorder en 'n waarborg wees teen die isolasionistiese weg wat Hertzog en sy bondgenote tuis ingeslaan het. Soos hy deur die hele oorlog gemaak het, het hy nou dieper die toekoms in gekyk en die stigting van 'n volkebond, gebaseer op die beginsel van 'n statebond, as die primêre doelwit van die komende konferensie beskou.

Op 16 Desember 1918 het Smuts sy gedagtes oor die toekoms van die wêreld in 'n intellektueel briljante lesing voor die imperiale oorlogskabinet uiteengesit. Hy het drie konsepte byeengebring – imperialisme, statebond en 'n volkebond. Sodoende het hy president Wilson se pogings gesteun om wal te gooi teen die isolasionistiese neigings wat so diep in Amerika se politiek wortel geskiet het. In 21 stellings het hy 'n grondwetlike bloudruk vir die voorgestelde volkebond uiteengesit. Kort voor die vredeskonferensie het hy sy lesing as 'n pamflet gepubliseer: "The League of Nations – A Practical Suggestion".

Wilson was een van vele wat betower was daardeur en het die woorde aangegryp dat "Europa gelikwideer word, met die volkebond die erfgenaam van hierdie groot boedel" en dit oor en oor herhaal. Hy het sy eie voorstelle herskryf om Smuts s'n in berekening te bring. Die pamflet, wat Lloyd George beskryf het as "die vernuftigste staatsdokument wat hy gedurende die oorlog gesien het",[25] het wye openbare steun gekry en is privaat onder afgevaardigdes by die Vredeskonferensie van Parys versprei. 'n Vooraanstaande historikus en kenner van die Volkebond het geskryf: "Hier, in taal wat Milton of Burke waardig was, was hoë idealisme, skerp politieke insig, 'n diepgaande insig in die verwagtings en gevoelens van die soldate en burgerlikes op voetsoolvlak, [en] helder en praktiese administratiewe beplanning."[26]

In sy onlangse studie oor die stigting van die Verenigde Nasies, merk Mark Mazower op dat Smuts teen hierdie tyd een van die leidende internasionale teoretici geword en 'n belangrike rol gespeel het, nie net in die totstandkoming van die Volkebond nie, maar ook as tussenganger in ooreenkomste tussen Whitehall in Londen en Washington. Smuts se voorstel vir 'n vredestydse internasionale organisasie was die radikaalste voorstel wat van die Britse beleidmakers af gekom het en het internasionalisme veel verder gevoer as wat Lloyd George en sy kabinet eintlik wou gehad het. Die genialiteit daarvan was in die skakeling met die vraagstukke van Atlantisisme (die idee van samewerking tussen Europa, die Verenigde State en Kanada) en imperiale samehorigheid waaraan die Britte soveel waarde geheg het.

Die oorlog was nou verby en in Desember 1918 het Smuts sy verantwoordelikhede in Brittanje neergelê en uit die oorlogskabinet bedank. Louis Botha sou in Londen by hom aansluit en hom na die Vredeskonferensie van Parys vergesel. Teen dié tyd was Botha se gesondheid swak en hy was siek en sat van die stryd in Suid-Afrika. Hertzog en sy volgelinge het in 'n voortdurende aftakelende veldtog die ontberings wat die oorlog vir die mense van Suid-Afrika meegebring het uitgebuit om hul eis om 'n republiek te versterk. Vir sowel Botha as Smuts was die beledigings wat hul landgenote teen hulle geslinger het pynlik, maar plig het voor enige ander oorweging gekom.

HOOSTUK 11

Die vrede word verloor

PARYS OORDEEL

Smuts is in 'n pessimistiese gemoedstemming na die Vredeskonferensie van Parys. Die Geallieerdes het die oorlog gewen, maar hy het getwyfel of hulle die soort vrede sou kry wat hy, Woodrow Wilson en ander vir Europa en die wêreld begeer het. Hy was nie meer 'n lid van die Britse regering nie en met sy eie eerste minister by die konferensie was hy nou Suid-Afrika se junior verteenwoordiger. Al was sy aansien steeds hoog, het hy gefrustreerd gevoel omdat hy nie meer in die hart van die gebeure was nie.

'n Komitee van tien het die Vredeskonferensie gelei, maar in werklikheid het die Groot Vier (Brittanje, Frankryk, Italië en die VSA) die toon aangegee. Smuts het nie in een van die hoofkomitees gedien nie, maar is verkies tot die kommissie oor die volkebond, wat 'n grondwet vir die voorgestelde organisasie moes opstel. Wilson was die voorsitter van die kommissie. Die idealistiese Amerikaanse president moes in die loop van die konferensie terugstaan vir Frankryk se Georges Clemenceau, Lloyd George en ander wat bowenal behep was daarmee om reparasies uit die Duitsers te wurg en in geen gemoedstemming was om enigeen van Wilson se "utopiese skemas" te aanvaar nie. Die konferensie het wel besluit dat 'n volkebond as 'n "integrale deel van die vredesverdrag"[1] gestig moet word en het die ontwerphandves daarvoor, hoofsaaklik Smuts se werk, aanvaar. 'n Reeks gebeure het egter verdere samesprekings oor 'n volkebond uitgestel: Daar was 'n sluipmoordpoging op Clemenceau, en Wilson, Lloyd George asook Smuts, wat tydens 'n kort besoek aan Londen siek geword het, moes Parys op 'n kritieke tydstip verlaat. Botha en Smuts se pleidooie dat die groothartigheid wat ná die Anglo-Boereoorlog aan die eertydse Boererepublieke betoon is, ook na die verslane Duitsland uitgebrei moet word, het weinig aanklank gevind by Brittanje en Frankryk se verkose politici. Ná jare van verlies en opoffering was hulle, heel begryplik, gerig op straf en wraak. Smuts het herhaaldelik aan Lloyd George geskryf en gewaarsku oor die gevare wat die vernietiging van die Duitse ekonomie vir Europa sou inhou, maar die Britse eerste minister was nie meer in 'n ontvanklike gemoedstemming nie.

Die vraag oor wat met Duitsland se voormalige kolonies, insluitend Suidwes-Afrika, gedoen moet word, is in Artikel 22 van die ontwerphandves vir die volkebond gehanteer. Alhoewel Wilson die essensie van Smuts se voorstel vir 'n mandaatstelsel aanvaar het, het hy veel verder gegaan as wat die Suid-Afrikaners verwag of wou gehad het. Met die konsep van mandate het Smuts nie net die nuwe state wat uit die puin van die eertydse Oostenryks-Hongaarse Ryk gevorm is in gedagte gehad nie, maar ook Duitsland se oorsese besittings. Laasgenoemde, het hy gemeen, behoort aan die dominiums geannekseer te word, maar die anti-imperialistiese Wilson het nie saamgestem nie. As die verantwoordelikheid vir die koloniale mandate nie in die te stigte volkebond gevestig word nie, het die Amerikaanse president volgehou, sal die stelsel van mandate eenvoudig 'n manier wees vir die Geallieerdes om die oorlogsbuit te verdeel.[2]

Smuts se formule het die gebiede wat deur die Volkebond toegeken moes word in A-, B- en C-mandate ingedeel, volgens hul gereedheid vir onafhanklikheid. Suidwes-Afrika was in die C-kategorie en is aan Suid-Afrika toegeken ingevolge bepalings wat in werklikheid op anneksasie neergekom het.[3] Nogtans was Wilson se anti-imperialistiese standpunt en aandrang op die beginsel van "nasionale selfbeskikking" as die sine qua non vir enige nuwe wêrelddorde 'n terugslag vir Botha en Smuts. Hul groot visie van 'n Groter Suid-Afrika onder wit heerskappy wat oor die Zambezi tot by die Kongo sou strek en die Britse kolonie van Basoetoland en die protektorate van Betsjoeanaland en Swaziland, asook Portugees-Oos-Afrika sou insluit, het in die Paryse newels begin vervaag.

VERWOESTING IN EUROPA

'n Nukkerige Smuts is oorreed om nog een sending namens Lloyd George en die Vredeskonferensie te onderneem. Hongarye het die slagoffer van 'n Bolsjewistiese diktatorskap onder leiding van Bela Kun geword en die

Smuts en John Maynard Keynes in gesprek. Museum Africa, Johannesburg

buurland Roemenië het probeer om teen die bepalings van die wapenstilstandsverdrag oor die grens te beweeg. Smuts is na Boedapest gestuur onder die voorwendsel dat hy die gebiedsgeskil moet besleg, maar eintlik moes hy uitvind of Kun die Russe, veral Lenin, kon oorreed om na Parys te kom. Op sy treinreis deur Sentraal-Europa was hy ontsteld oor die armoede en verval wat hy aanskou het. In Wene het hy pogings van die Britse militêre attaché om hom in oordaad te onthaal van die hand gewys en hy was eweneens nie beïndruk deur Kun se aanbod van 'n verwelkomingsbanket te midde van sy land se armoede nie. Weens sy afkeer van die Bolsjewisme het Smuts in Boedapest geweier om 'n voet van die trein af te sit en Kun vier keer gedwing om na hom te kom. Toe die Hongaarse diktator aanhou kibbel oor die definisie van die militêre grensgebied, het Smuts 'n ultimatum aan hom gestel en opdrag gegee dat sy trein stiptelik op die vasgestelde tyd vertrek. Kun en sy kollegas het op die stasieperron gestaan en met stomme verbasing die trein agternagestaar.⁴ Die ongeduldige Smuts het reeds tot die gevolgtrekking gekom dat Kun bloedmin invloed op sy base in Moskou het.

Van Boedapest is hy op Lloyd George se versoek na Praag vir samesprekings met president Thomas Masaryk van Tsjeggo-Slowakye en toe na Wene om handelskwessies met die Oostenrykse minister van finansies, Josef Schumpeter, te bespreek. Hy is terug na die Vredeskonferensie van Parys, diep geraak deur die hartverskeurende tonele wat hy langs die pad aanskou het en oortuig dat Oostenryk-Hongarye 'n enkele ekonomiese eenheid moet bly en deur 'n substansiële internasionale lening terug op sy voete geplaas moet word. Min in Parys het egter geluister.

◆

Die Vredeskonferensie het afvaardigings van etniese groepe en stamme uit baie lande gelok, almal vasbeslote om hul eise onder die aandag van die wêreldleiers te bring. Uit Suid-Afrika het 'n afvaardiging van Afrikanernasionaliste onder leiding van generaal JBM Hertzog gekom om 'n saak vir 'n republiek uit te maak. Hul reis het nie glad verloop nie. Toe hulle in Kaapstad aan boord van 'n Union Castle-passasierskip wou gaan, het die bemanning geweier om die vaartuig met hulle aan boord te beman. Die Britse vloot het aangebied om 'n oorlogskip tot Hertzog se beskikking te stel, maar hy het die aanbod van die hand gewys en hy en sy afvaardiging is toe met 'n Hollandse skip oor New York na Europa.

Hertzog het goed geweet sy sending het weinig kans op sukses, maar tuis sou dit hom sonder twyfel stemme besorg. Lloyd George het die afvaardiging hoflik ontvang, maar het verduidelik dat Botha en Smuts Suid-Afrika se amptelike afgevaardigdes is en dat Hertzog en sy afvaardiging geen locus standi het nie. Ofskoon die Nasionale Party-leier onverrigtersake huis toe is, het hy in sy doel geslaag om propaganda teen Smuts en Botha te maak en hulle uit te beeld as leiers wat meer besorg is oor die sake van die Britse Ryk as die welsyn van gewone Suid-Afrikaners.

◆

Teen die einde van Mei 1919 het Smuts besef dat sy hoop dat die Geallieerdes die Duitsers met "meegevoel en beheerstheid" sou behandel waarskynlik nie verwesenlik sou word nie, veral nadat Wilson ingegee en Clemenceau se voorstelle vir die militêre oorname van Duitsland aanvaar het. Hy is gou vasgevang in die lastigste kwessie by die konferensie – die bedrag wat Duitsland vir reparasies moes betaal.

Soos Margaret MacMillan verduidelik, die kwessie van Duitse reparasies was "terselfdertyd baie eenvoudig en baie gekompliseerd".[5] Eenvoudig want, in Lloyd George se woorde, iemand moes vir die skade betaal en as dit nie Duitsland kon wees nie, sou dit uit die Britse belastingbetaler se sak moes kom. Gekompliseerd, omdat niemand in Parys kon saamstem oor die bedrag en oor wat Duitsland in werklikheid kon bekostig om te betaal nie.

Brittanje se slimste ekonoom en die tesourie se hoofadviseur, John Maynard Keynes, het net soos Smuts geglo dat 'n verlammende las op Duitsland bloot die ekonomiese ontbering wat die oorlog veroorsaak het sal vererger. Smuts kon nie verstaan hoe die Britse regering kon glo dat die vernietiging van sy belangrikste uitvoermark sy eie nywerheid terug op die voete sou help nie. Nog een van sy memorandums aan Lloyd George, gevolg deur vurige briewe aan sowel die eerste minister as Wilson, het geen reaksie ontlok nie. Sy brief aan Lloyd George het met dié vooruitskouende woorde geëindig: "Hierdie verdrag adem 'n giftige gees van wraak, wat die aangesig nie net van 'n hoekie van Europa nie, maar van die hele Europa nog kan skroei."[6]

Nie dat die geslepe Britse eerste minister daarbo verhewe was om Wilson se groot respek vir Smuts tot Brittanje se voordeel uit te buit nie. Toe 'n geskil opduik oor of Duitse reparasies staatspensioene vir Britse soldate en hul afhanklikes moet insluit, het Lloyd George Smuts net voor sy vertrek na Boedapest om 'n vinnige mening gevra. Smuts het gemeen dat Duitsland inderdaad al die Britse oorlogspensioene en skeidingstoelaes moes betaal, en die eerste minister het sy regsargument gebruik om Wilson te oorreed om die Britse eise van "laat Duitsland betaal"[7] te steun. Keynes was ontsteld en Smuts is wyd gekritiseer omdat hy homself klaarblyklik weerspreek het, nie die minste nie in Suid-Afrika, waar Hertzog en sy ondersteuners elke geleentheid om hom swart te smeer aangegryp het.

◆

Tydens hierdie besprekings was dit Smuts wat die woord "appeasement" – paaibeleid – internasionaal in sirkulasie gebring het[8], lank voordat dit in die Tweede Wêreldoorlog 'n negatiewe konnotasie gekry het. Hy het aan Lloyd George geskryf dat as Duitsland gepaai word, dit kan help om die land in 'n skans teen die Bolsjewistiese bedreiging in Oos-Europa te omskep. Met *appeasement* het hy 'n houding van vrygewigheid en groothartigheid van die sterkes teenoor die swakkes bedoel, soos die Britte teenoor die Boere betoon het. Ná die Tweede Wêreldoorlog het *appeasement* egter die betekenis gekry van die prysgee van beginsels en die kruiperige oorgawe van die swakkes aan die sterkes.

◆

Smuts het vele voorbehoude oor die ontwerpvredesverdrag gehad toe dit uiteindelik ná 'n gekibbel onder die Geallieerdes die lig gesien het. Hy het dit as 'n oorlogs- eerder as vredesverdrag beskou en het gewroeg oor of hy 'n dokument waarvan hy so ten diepste verskil het kon onderteken. Hy was egter ook bekommerd oor die implikasies in Suid-Afrika as hy nie teken nie en het besluit om opnuut te probeer om die verdrag gewysig te kry. In 'n brief aan Wilson het hy versiende gewaarsku dat die "vrede wel 'n selfs groter ramp vir die wêreld kan word as wat die oorlog was".[9] Tot sy groot teleurstelling het die Amerikaanse president hom nie eens verwerdig om te antwoord nie.

Nie een van die Geallieerde leiers het Smuts se kommer gedeel of selfs gelyk of hulle omgee oor wat kan gebeur as Duitsland weier om 'n verdrag wat die land as hopeloos onregverdig beskou te onderteken nie. Smuts het gevrees dat die Britse vlootblokkade wat later in die oorlog ingestel en toe weens die besware van die Franse deur Lloyd George opgehef is, dalk weer ingestel sou moes word. Dit sou nog meer swaarkry en hongersnood vir miljoene Europeërs beteken. Sy hoop het vlugtig opgevlam toe Lloyd George die oorlogskabinet, die eerste ministers van die dominiums en ander leiers van die Vredeskonferensie byeenroep om Duitsland se teenvoorstelle vir die verdrag te bespreek. Nadat Smuts 'n sterk pleidooi gelewer het dat die bepalings gewysig word, het die vergadering besluit om dit aan Lloyd George oor te laat om enige wysigings wat hy goeddink aan te bring.

Smuts was woedend toe die Britse eerste minister weier om enige van die verdrag se bepalings te verander. Die gespanne verhouding tussen die twee blyk duidelik uit hul briefwisseling in Junie 1919.

Lloyd George het geskryf: "Die Duitsers het herhaaldelik die teruggawe van hul kolonies versoek. Is jy bereid dat Duits-Suidwes-Afrika en Duits-Oos-Afrika aan Duitsland teruggegee word as 'n toegewing wat hulle tot vrede sal oorreed?"[10] Smuts het hierop geantwoord: "Moet asseblief nie die indruk kry dat ek ten koste van ander vrygewig wil wees, solank die Unie net Suidwes-Afrika kry nie. In hierdie groot besigheid is Suid-Afrika soos stof aan die weegskaal in vergelyking met die las wat nou oor die beskaafde wêreld hang."[11]

Smuts was nou 'n minderheid van een.[12] Die ander dominiumpremiers het met van sy besware saamgestem, maar wou Lloyd George nie teëgaan nie. Selfs Botha, 'n eenvoudiger, minder moralistiese en meer pragmatiese politikus wat Smuts se bedenkinge oor die verdrag gedeel het, het tot versigtigheid gemaan. Die twee van hulle, het hy gesê, was in Parys om na Suid-Afrika se sake om te sien; Europa moet toegelaat word om sy eie sake te reël.[13]

As Smuts gehoop het dat Duitsland dalk sal weier om die vredesbepalings te aanvaar, was hy verkeerd. Maarskalk Foch het 'n ultimatum uitgevaardig dat die oorlog hervat sal word as die verdrag nie dadelik geteken word nie. Op 23 Julie het die Duitsers ingestem om die bepalings van die verdrag onvoorwaardelik te aanvaar. Smuts het eers aangekondig dat hy sal weier om wat hy as 'n "doodsvonnis oor Europa"[14] beskou te teken, maar Botha het hom oorreed om van plan te verander. Botha het gemeen dat sy posisie as eerste minister onhoudbaar sal wees as hy teken, maar sy adjunk nie. Botha en Smuts het Lloyd George oor hul dilemma geraadpleeg en hy het Smuts geadviseer om die verdrag onder protes te teken en sy kritiek agterna bekend te maak.

Op 28 Junie het die verteenwoordigers van al die nasies by die Vredeskonferensie van Parys in Versailles se Spieëlsaal byeengekom en wat daarna as die Verdrag van Versailles bekend sou staan onderteken. Smuts was daar, Wilson nie. Die volgende dag het 'n verklaring van Smuts in die Britse koerante verskyn waarin hy sy oortuiging uitspreek dat die verdrag bloot die einde van die oorlog beteken; ware vrede sal nie aanbreek nie, "tensy die oorwinnaars werklik 'n helpende hand kan uitsteek na die oorwonne en gebroke volke [van Europa]".[15]

'N BITTERSOET TUISKOMS

Dadelik ná die verdrag onderteken is, het 'n baie siek Botha na Suid-Afrika vertrek. Smuts is vir nog twee weke terug Londen toe voordat hy ook per skip huis toe is. By sy aankoms in Kaapstad is hy deur Botha ingewag en die twee het die treinreis van 1 000 myl na die noorde aangepak. Hertzog en sy ondersteuners mag dalk nie alte bly gewees het om hulle te sien nie, maar langs die pad is die twee as oorwinnaars en helde verwelkom.[16] Smuts was twee en 'n half jaar lank weg van sy vrou en gesin en sy jongste kinders het hom beswaarlik geken, maar sy langverwagte rus by die huis sou skaars vier dae duur voordat hy 'n partykongres moes bywoon.

Ná die kongres sou hy en Botha saam Natal besoek, maar die eerste minister was te siek en Smuts is alleen vort. Toe hy die nuus kry dat Botha sterwend is, het hy hom op 27 Augustus terug Pretoria toe gehaas, maar vroeg die volgende oggend het hy op pad die berig gekry dat Botha om middernag dood is. In 'n brief aan 'n vriend in Engeland nadat hy die nuus gekry het, het 'n emosionele Smuts sy ou kollega as "Suid-Afrika se grootste seun, en onder die manne my beste vriend"[17] beskryf. In 'n aangrypende huldeblyk op 30 Augustus 1919 langs Botha se graf het Smuts gesê dat sy vriend "in die diepste sin" nie dood is nie. "Die graankorrel groei nie tensy dit eers in die aarde val nie. Vanuit sy graf praat Louis Botha welsprekender as ooit met sy mense."[18]

Teen dié tyd het die goewerneur-generaal Smuts reeds gevra om Suid-Afrika se nuwe eerste minister te word.

HOOFSTUK 12

'n Teensinnige eerste minister

BY DIE DIEP KANT IN
Dit was 'n teensinnige Smuts wat op 49 jaar eerste minister van die Unie van Suid-Afrika geword het. Hy was nou wêreldberoemd en het weemoedig gepeins dat hy sy rug op Brittanje moes draai, waar hy bewondering en waardering geniet het, om terug te keer na 'n land "waar my medeburgers dikwels my idees verpes en my groter verwagtings verag".[1] Maar soos sy seun Jannie opmerk, daar was nooit 'n kwessie dat hy nie sou terugkeer om die taak wat hy begin het af te handel nie.[2] Hy het goed geweet dat hy nie so gewild soos Botha was nie en dat hy 'n heel ander temperament gehad het, maar weens sy ervaring op die internasionale verhoog het hy vertroue in sy eie vermoëns gehad, 'n vertroue wat, in Kenneth Ingham se woorde, "geleidelik 'n beskermende mantel van intellektuele korrektheid om hou sou vou".[3]

Met dié dat Botha so gou ná sy terugkeer uit Parys dood is, het Smuts geen tyd gehad om ná drie jaar weg uit Suid-Afrika te akklimatiseer nie. Hy was uit voeling met politieke neigings en die openbare mening. Hy was ook bekommerd oor die uitwerking van sy lang afwesigheid op Isie en op sy jong kinders wat hul pa skaars geken het. Soos hy in 'n brief aan Margaret Gillett gekla het: "Die openbare lewe was vir my nog net een lang opoffering van my gesinslewe. Isie moet dit alles sekerlik voel en sy lyk baie maer en uitgeput ... Nou is ek die eerste minister en alles sal erger as ooit wees."[4]

Op sy eerste SAP-koukusvergadering het Smuts sy kollegas gewaarsku dat hy, anders as sy voorganger, "nóg takt nóg geduld het en dat hulle hom moet vat soos hy is".[5] Soos Crafford droogweg opmerk, hulle het nie 'n keuse gehad nie. Van toe af sou die party en die kabinet met 'n ysterhand bestuur word.[6] Naas die premierskap en die verdedigingsportefeulje het hy ook die ministerie van naturellesake oorgeneem, al het hy nege jaar lank nie 'n enkele woord oor "naturellebeleid" in die parlement gesê nie.[7]

Gou is die outokratiese Smuts as meer as net die hoof van die regering beskou: hy wás die regering. Hy is verantwoordelik gehou vir die land se nypende ekonomiese situasie ná die Eerste Wêreldoorlog en was 'n teiken vir vyandige aanvalle van dié wat 'n oog op sy pos gehad het.[8] Sy skielike bevordering tot die premierskap het 'n "byna fanatiese herlewing van strydlustigheid"[9] onder sy politieke teenstanders tot gevolg gehad. Die skuld vir net mooi alles is op hom gepak. In sy eerste toespraak as premier het hy 'n beroep op sy mede-Afrikaners gedoen om op die hede en die toekoms te konsentreer, eerder as om voortdurend op die verlede te hamer. Sy pleidooi het op dowe ore geval.

Vroeg in Maart 1920 is 'n algemene verkiesing gehou. Die vernaamste kwessies was die land se bande met Brittanje, die hoë lewenskoste, die Indiërvraagstuk en die landsadministrasie tydens die oorlog. Dit was duidelik dat die kiesers 'n boodskap aan die regering wou stuur en die verkiesingsuitslae was 'n nare skok vir die SAP. Die Nasionaliste het 44 setels gewen, die SAP 41, die Unionistiese Party 25 en die herrese Arbeidersparty 21. Om aan bewind te bly het Smuts die steun van sir Thomas Smart se Unioniste (die party van die gehate Rhodes, Jameson, Fitzpatrick en die mynmagnate) nodig gehad om hom 'n meerderheid van vier stemme te gee.

Die SAP-regering het ten spyte van sy klein meerderheid tog daarin geslaag om wetgewing oor 'n wye verskeidenheid ekonomiese, nywerheids-, landbou- en maatskaplike sake deur te voer. Die belangrikste was die Wet op Naturellesake van 1920 wat uitvoering gegee het aan die aanbevelings van verskeie kommissies. Onder meer het dit voorsiening gemaak vir 'n Kommissie van Naturellesake, bestaande uit drie wit lede wat die belange van swart mense sou verteenwoordig. Dit het ook Rhodes se Glen Grey Wet na die hele land uitgebrei sodat swart mense oral tot plaaslike rade in hul eie gebiede verkies kon word. Smuts het homself wysgemaak dat "naturelle" se eie inheemse kultuur bevorder sal word as hulle hul eie instellings kry en dat hulle sodoende nie "in 'n Europese vorm gegiet sal word nie".[10] Nie vir die eerste keer nie, is swart mense nie geraadpleeg nie en hulle is aangeraai om te aanvaar wat goed vir hulle sou wees.

Smuts moes nou sy beleid aanpas om die pro-Britse Unioniste tevrede te stel en dit het hom ongewilder as ooit by die Hertzogiete gemaak. Bowendien

Eerste minister van Suid-Afrika. Suid-Afrikaanse Biblioteek

het dit pogings ondermyn om die breuk in die eertydse Boeregeledere te herstel en hereniging te bewerkstellig. Soos altyd was die kwessie van afskeiding die groot struikelblok. Smuts se saak is ook nie gehelp deur 'n verklaring van die Britse minister van buitelandse sake, van alle mense, dat Brittanje nie die dominiums sal keer indien hulle van die Britse Ryk sou wou afskei nie.

Die Afrikaners het drie herenigingskongresse gehou in Paarl, Robertson en Bloemfontein, maar Smuts het geweier om dit by te woon. Hy het vermoed hulle het eintlik Suid-Afrika se onttrekking uit die Britse Ryk in die oog gehad. Hy het dus eerder in Oktober 1920 'n partykongres in Bloemfontein byeengeroep waar hy voorgestel het dat die SAP en die Unioniste in een party saamsmelt. "Noudat die Nasionale Party vasbeslote is om die vure van afskeiding aan te blaas en om die Europese rasse uitmekaar te dryf, het die gematigde elemente van ons bevolking geen ander keuse nie as om nader aan mekaar te beweeg sodat ons daardie beleid kan beveg,"[11] het hy verklaar. Die Unioniste was reeds ontsteld oor die opwelling van republikanisme onder die Afrikanernasionaliste en bekommerd oor hul eie krimpende getalle by die stembus. Hulle was dus gereed om Smuts se aanbod van twee kabinetsposte, later verhoog tot drie, te aanvaar en om in 'n vergrote SAP geabsorbeer te word.

Aangespoor deur sy welslae met die samesmelting van die twee partye, het Smuts dadelik vroeg in 1921 nog 'n algemene verkiesing uitgeroep. Sy tydsberekening was goed, want die klimaat in die land het beduidend verander. Die Arbeidersparty, wat baie kommuniste in sy geledere gehad het, het steun verloor as gevolg van die Bolsjewiste se gruweldade in Rusland. Smuts het 'n skrikbeeld voorgehou van die internasionale isolasie wat afskeiding van die Britse Ryk sou beteken. Die SAP se nuutgevonde selfversekerdheid het gehelp dat hy 79 setels wen, teenoor die Nasionaliste se 45 en die Arbeiders se nege. Die regering het nou 'n parlementêre meerderheid van 24 gehad.

Die verkiesing in Suid-Afrika is oral in die Britse Ryk met groot belangstelling dopgehou en in daardie geledere is Smuts se klinkende oorwinning geesdriftig verwelkom as 'n oorwinning van imperialisme oor eng nasionalisme. In Brittanje het lord Curzon dit as 'n "triomf vir die hele Ryk"[12] bestempel. In werklikheid was dit 'n skynoorwinning. Die SAP is deur sy eertydse Unionistiese teenstanders aan bewind gehou en op die platteland het die Nasionaliste nog veld gewen. Smuts het boonop 'n toespraak op Kimberley gehou wat niks gedoen het om sake te verbeter nie: hy het openlik erken dat Rhodes se gees nog lewend was in sy idee van Suid-Afrika se plek in die wêreld. Sy kritici was gou om sy bitter uitlatings destyds tydens die Anglo-Boereoorlog in *'n Eeu van ongeregtigheid* in sy gesig terug te gooi.

MERKWAARDIG KORTSIGTIG

Die Smuts-regering mag dalk versiende gewees het oor dominium-outonomie, maar dit was stiksienig oor die impak van sy rassebeleid op die internasionale mening.[13] In 1922 het die gebruik van soldate en vliegtuie om 'n opstand van 500 Bondelswarts ('n groep bruin mense van Khoi-Khoi-afkoms in die nuwe mandaatgebied, Suidwes-Afrika) te onderdruk, konsternasie in die Volkebond veroorsaak. Vroeër reeds het 'n polisie-eenheid tydens die Bulhoek-rebellie in die Oos-Kaap 63 lede van 'n swart godsdienstige sekte doodgeskiet en nog 100 gewond. As minister van naturellesake is Smuts daarvan beskuldig dat hy veel meer besorg was oor Europa se sake as Suid-Afrika s'n. Sommige wat die vingers gewys het, was wit politici wat minder bekommerd was oor die lewensverlies by Bulhoek as om politieke munt te slaan uit die tragedie. Nietemin, soos Kenneth Ingham opmerk, was Smuts se besluit om na die Imperiale Konferensie in Londen te vertrek en die Bulhoek-krisis aan amptenare oor te laat, "tekenend van sy persoonlikheid en 'n aanduiding van sy houding teenoor swart mense".[14]

Hy het uitgesien na die konferensie as 'n geleentheid om die naoorlogse grondwetlike betrekkinge tussen die lidlande van die Britse Ryk te omskryf. Die Hertzogiete, wat steeds aangedring het op hul reg tot selfbeskikking, het 'n lawaai opgeskop oor wat hulle die Smuts-Milner-sameswering teen Suid-Afrikaanse onafhanklikheid[15] genoem het. Tog het Smuts nooit minder as sy Nasionale teenstanders aangedring op Suid-Afrika se reg om oor sy eie lot te beskik nie – hy het net van hulle verskil oor wat daardie lot moes wees. Hy het geglo dat sy ekonomies klein en geografies afgeleë land die invloed wat hy wel kon hê ten beste as 'n volle lid van die Volkebond sou kon uitoefen deur sy eie belange "met dié van die Britse Ryk en die wêreld in geheel te koördineer".[16]

Mark Mazower skryf met fyn insig dat Smuts, in sy pogings om 'n nuwe nasionale bewussyn tuis te skep, internasionalisme bevorder het omdat hy self in sy hart 'n nasionalis was. Nasionalisme was 'n groot krag in die wêreld, skryf Mazower, en in Smuts se oë 'n goeie krag in Afrika-verband omdat dit wit mense bymekaar gebring en hul beskawende missie op die "donker kontinent" bevorder het.[17]

Vreemd genoeg het die Suid-Afrikaanse eerste minister se uitgesproke standpunte oor die Ryk nie net sy kritici tuis ontstel nie, maar om ander redes ook sommige van die grootkoppe in Whitehall. Dié het geglo dat Londen uit een mond oor buitelandse beleid moet praat en dus Smuts se onafhanklike streep as 'n bedreiging vir imperiale eenheid beskou. Indien selfregering buitelandse beleid sou insluit, het hulle beweer, en die koning kry botsende advies van die onderskeie dominiums, kan die Ryk onder die spanning van dié verskille inplof.[18] Die Britse ministers wat Smuts goed geken het, het nie sy argument so ernstig opgeneem nie en die Suid-Afrikaanse leier se reputasie het buitengewoon goed gebly. Skaars het hy in Engeland voet aan wal gesit, of hy was op pad na die Windsor-kasteel, waar die koning hom oor die krisis in Ierland wou raadpleeg. Soos altyd het hy 'n manier gesoek om te versoen en het George V geadviseer om die opening van die nuwe parlement in Ulster te gebruik om 'n versoenende boodskap aan die rebelse Suide te gee.

Ná die vergadering het Smuts op versoek van die koning 'n toespraak geskryf waarin die monarg sy begeerte uitspreek dat die ideale van vryheid en samewerking waarop die Britse Ryk gebaseer is na die hele Ierland uitgebrei word.[19] Smuts het 'n afskrif van die voorlopige toespraak aan Lloyd George gestuur met die aanbeveling dat dominiumstatus vir Ierland aanvaar word. Dit het Lloyd George se aggressiewe houding teenoor die Iere versag tot een van versoening en onderhandeling en hy het Smuts gevra om te help uitreik na die republikeinsgesinde leierskap. Lloyd George wou graag 'n konferensie in Londen hou waarheen die Sinn Féin-leier, Éamon de Valera, en die Noord-Ierse premier, sir James Craig, uitgenooi sou word. Hy het Smuts, "as buitestander en 'n Boer", in die geheim na Dublin gestuur om Sinn Féin se griewe met De Valera en sy kollegas te bespreek en hulle te oorreed om die konferensie by te woon. Smuts het dit duidelik gemaak dat hy net sou gaan as De Valera hom formeel uitnooi.

◆

By sy aankoms in Dublin as private burger onder die skuilnaam "Mr. Smith" is Smuts na die Sinn Féin-leiers geneem. Hy het hulle verseker dat hy nie 'n boodskapper van die Britse regering is nie.[20] Dit was 'n waarlik ongewone situasie: 'n sterk antirepublikeinse Suid-Afrikaanse eerste minister wat probeer om 'n republikeinsgesinde Ier te oortuig dat dit nodig is om 'n konferensie van hul aartsvyand, Brittanje, by te woon. Smuts het moedig probeer om De Valera van die voordele van dominiumstatus te oortuig terwyl hy gerieflikerwys niks gesê het oor republikeinsgesinde Afrikaners se heftige weerstand teen hom nie. Hy het die voordele van lidmaatskap van 'n "susterskap van gelyke nasies bo 'n klein senuweeagtige republiek wat van die welwillendheid en hulp van ander afhanklik is"[21] in gloeiende taal gesket.

Dit was kenmerkend van Smuts om De Valera en sy kollegas se kommer op dieselfde manier van die tafel te vee as wat hy tuis met die Hertzogiete se menings gedoen het.[22] Voordat hy uit Dublin vertrek het, het Smuts De Valera om 'n onmiddellike skietstaking met die Britse leër gevra en by hom aangedring om die konferensie in Londen by te woon. Verbasend genoeg het die Sinn Féin-leier tot albei versoeke ingestem.

Drie dae later het De Valera en sy kollegas, steeds skepties, die uitnodiging om Londen toe te gaan aanvaar. Smuts het glad nie aan die konferensie deelgeneem nie. Dit het op 10 Julie begin en twee weke later op 'n dooiepunt geëindig. Brittanje het Ierland dominiumstatus aangebied op voorwaarde dat die ses noordelike distrikte nie gedwing word om hulle by 'n verenigde Ierland aan te sluit nie, maar die Sinn Féiners het die insluiting van die noordelike distrikte as voorwaarde vir hul aanvaarding van 'n dominium gestel. "Ek het albei perde tot by die water gebring," het Smuts later geskryf, "maar dis hul saak of hulle gaan drink of nie."[23] Kort ná die konferensie het dit bekend geword dat die skietstilstand wat hy met De Valera onderhandel het 'n bloedige slagting voorkom het. 'n Groep skerpskutters was reeds byeen en gereed om op 'n gegewe tydstip alle Britse burgers in uniform in Dublin dood te skiet.

◆

Die belangrikste rede hoekom Smuts die Imperiale Konferensie van 1921 bygewoon het, was die kwessie van die dominiums se status. As dit nie duidelik vasgestel word nie, het hy geskryf, "kan ons separatistiese bewegings nie net in Suid-Afrika nie, maar ook in die [ander] dominiums verwag".[24] Soos sy gewoonte was, het hy sy gedagtes in 'n lang en versigtig bewoorde memorandum uiteengesit. Hy het die imperiale regering versoek om 'n reeks resolusies op te stel wat die betrekkinge tussen die lande van die Britse Ryk sal opklaar en wat 'n jaar later op 'n konstitusionele konferensie bekragtig moet word. Hy het ook voorgestel dat die term "ryk" (*empire*) vervang word met "Statebond van Nasies" en het 'n verklaring van regte vir die lidlande bepleit.

Tot sy verbasing en ergernis het hy homself in 'n minderheid onder die dominiumleiers bevind – en het hy bowendien in sy eie strik beland. Hy het vroeër op die beginsel van eenparigheid oor dominiumsake aangedring en nou was daar geen eenparigheid oor sy voorstel nie. Hy het hom veral vasgeloop in die Australiese eerste minister, WM Hughes, wat vurig gekant was teen enige verdere grondwetskrywery en sake wou los net soos hulle was. Die uitgesproke Hughes het sy kollegas oorreed om Smuts se oproep om 'n konstitusionele konferensie en verklaring van regte te verwerp. Terug in Australië het Hughes sy land se mense breëbors meegedeel dat hy die "konstitusionele manne met hul beiteltjies netjies in hul eie blikkie toegesoldeer het".[25]

Smuts het op 5 Augustus huis toe vertrek, in die bek geruk deur die verwerping van sy idees, maar tog hoopvol dat 'n Anglo-Ierse skikking ten minste moontlik was. In 'n lang brief aan De Valera het hy by die Sinn Féin-leier aangedring om te doen wat hy en Botha gedoen het. "Ek is oortuig dat Ierland dieselfde pad as Suid-Afrika loop en bestem is om net so suksesvol te wees,"[26] het hy geskryf. Die vurige De Valera was nie oortuig dat die situasies van die twee lande vergelykbaar was nie, maar sy kollega, Michael Collins, het 'n oper gemoed gehad. Op 6 Desember het Ierland en Brittanje 'n historiese ooreenkoms geteken wat voorsiening gemaak het vir 'n vrye Ierse staat as 'n selfregerende dominium binne die "Britse Statebond van Nasies". Dit was die eerste keer dat dié term wat Smuts bedink het amptelik gebruik is. Eerder as die uitkoms waarop Smuts so vurig gehoop het, het die Anglo-Ierse ooreenkoms egter die kiem van bittere stryd in hom omgedra.

DIE MYNWERKERS ONTGELD DIT

As Smuts se kragdadige hantering van die Bulhoek-rebellie liberale tuis en oorsee se wenkbroue laat lig het, het sy behandeling van die mynwerkers hom nog meer steun gekos. Ná die Eerste Wêreldoorlog was Suid-Afrika in 'n haglike toestand: die ekonomie was aan die agteruitgaan, inflasie het pryse met tot 50 persent laat styg en werkers in die nywerheid en op die spoorweë is afgelê. Die plofpunt was egter die myne, waar Afrikaners die gevaarlikste take oorgeneem het nadat die immigrantemynwerkers huis toe is. Die mynwerkerstaking in 1920 is gewelddadig beëindig en 11 swart mynwerkers het omgekom terwyl 120 beseer is, die voorspel tot 'n nog groter konflik.

Laat in 1921, te midde van die groeiende ekonomiese krisis, het die Kamer van Mynwese planne aangekondig om die kleurslagboom (werkreservering op grond van ras) in halfgeskoolde poste af te skaf. Sodoende sou kostes verlaag en die myne winsgewender gemaak kon word. Dit kon egter ook lei tot die moontlike verlies van wit poste en die verlaging van lone omdat swart mynwerkers ingevoer word, en die Mynwerkersunie, waarvan baie lede Hertzogiete was, het besluit om te staak. Die Arbeidersparty en die Nasionale Party het kort voor lank gemene saak met die mynwerkers gemaak en die dispuut het gedegenereer tot 'n stryd tussen die Nywerheidsfederasie en die Kamer van Mynwese, oftewel tussen arbeid en kapitaal.

Smuts het alte goed besef dat die land se ekonomiese voorspoed van die winsgewendheid van die goudmyne afhang. Soos in 1913 het hy eers geweier om in te gryp. Hy was nie die minister van mynwese nie, maar as die een wat in die verlede die mynbeleid opgestel het, het hy tog wel gou by onderhandelings betrokke geraak. Die mynwerkers het, reg of verkeerd, geglo dat die Kamer van Mynwese wit werkers in sy visier het en dat die mynbase die regering vooruit van hul planne in kennis gestel. Smuts het gepoog om die mynwerkers te oorreed om hul staking te beëindig, maar misluk. Hy het toe gewaarsku dat 'n staking rampspoedig vir die land sal wees en die mynwerkers niks in die sak sal bring nie. Nóg die Kamer van Mynwese nóg die mynwerkers was bereid om 'n kompromis aan te gaan en die nywerheidsgeskil het in 'n politieke konflik ontaard. Vir die stakers het dit gelyk of die regering die mynbase se kant kies. Daarom, het hulle gemeen, moes die regering omvergewerp en 'n republiek uitgeroep word. Terwyl humeure hoog vlam, het Smuts 'n verklaring in die parlement gedoen waaroor hy later spyt sou wees. Op 'n vraag van 'n Arbeider-LV oor die voorwaardes waarop die stakers terug werk toe moet gaan, het Smuts geantwoord: "Op die Kamer se voorwaardes."[27]

Oproer het oral aan die Rand losgebars. Die stakers was nou in kommando's georganiseer en het by myne wag gestaan om instaanwerkers met geweld te dreig. Op 28 Februarie is drie mynwerkers in Boksburg in botsings met die polisie doodgeskiet. Teen hierdie tyd het 'n radikale groep van vyf, die Raad van Aksie, beheer oor die stakers geneem. Dit het aanspraak daarop gemaak dat dit alle werkers verteenwoordig, maar 'n kommunistiese faksie het verkies om onder die vaandel "Werkers van die wêreld, veg en verenig vir 'n wit Suid-Afrika" te betoog. Nadat 'n algemene staking afgekondig is, het duisende deur die Randse strate gestroom en moord en verwoesting gesaai so ver hulle gegaan het. Die kommando's het veral swart mense geteiken.

Nou het Smuts genoeg gehad. Op 10 Maart het hy die aktiewe burgermag gemobiliseer en krygswet afgekondig. Hy het in die geheim met 'n spesiale trein uit Kaapstad na Johannesburg vertrek, maar 80 myl van sy bestemming af moes die trein stilhou want die spoorlyn is opgeblaas. Smuts is haastig per motor verder, maar dié se bande is deur die stakers stukkend geskiet. Siek aan maaggriep het Smuts uiteindelik teen middernag by die Johannesburgse Drilsaal aangekom om self die situasie te takseer.

Die volgende dag het hy en 20 000 lede van die veiligheidsmag teruggeslaan. Stakers is "sistematies en genadeloos"[28] uit hul vestings in die Randse dorpe en voorstede gedryf – Benoni, Boksburg, Brixton en Langlaagte. Binne drie dae is die wit vlag gehys en was die opstand verby. Die lewensverlies was hoog: 43 lede van die leër, 21 polisiemanne en 81 burgerlikes het omgekom en 650 burgerlikes is beseer. Smuts het die land van anargie gered, maar soos hy droewig aan Alice Clark geskryf het: "Ek kan nou ook aanspraak maak op die titels slagter en laksman."[29]

◆

Die eerste minister is ontmoedig terug na Groote Schuur. Die opstand het 'n hoë tol aan lewe en eiendom geëis en hy moes self 'n politieke prys betaal vir die oorwinning oor die werkers: die Arbeidersparty is in die arms van die Nasionaliste gedryf. Sy eerste taak terug in die parlement was om terugwerkend vrywaring vir die regering te vra vir die afkondiging van krygswet. Dit het Hertzog die geleentheid gegee om hom uit te kryt as 'n partydige politikus wie se loopbaan deurdrenk is met bloed. In tien jaar, het die leier van die opposisie gekla, het Smuts nie minder nie as drie keer krygswet afgekondig, net om elke keer eers agterna vrywaring te vra.

Afgemat na liggaam en gees en bewus daarvan dat die kiesers begin keelvol raak vir die SAP-regering, het Smuts in 1922 probeer om Rhodesië as 'n vyfde provinsie by die Unie in te lyf. Hy was so ekspansionisties soos altyd en nou het hy nie net gehoop om die mineraalryke gebied te bekom nie, maar ook om die geledere van die SAP met Engelssprekende Rhodesiërs aan te vul. Wit Rhodesiërs, afgestoot deur die Nasionaliste se republikeinse sentimente en Suid-Afrika se amptelike beleid van tweetaligheid, het met 'n klein meerderheid van 2 785 stemme teen inlywing in Suid-Afrika gestem. Smuts het geweier om te aanvaar dat dit die Rhodesiërs se finale woord was en het voorspel dat hulle uiteindelik voor die onvermydelike sou swig en wel nog deel van die Unie sou word.

♦

'n Jaar later het Smuts weer 'n ruk lank sy rug op die groeiende probleme tuis gedraai en is hy Londen toe vir wat sy laaste Imperiale Konferensie sou wees. Hy was steeds besorg oor die toekoms van Europa en was vas van plan om sy stem te laat hoor oor Frankryk se "onwettige" besetting van die Ruhrgebied nadat Duitsland sy reparasiebetalings gestaak het. In 'n toespraak op 23 Oktober voor die South African Luncheon Club het hy weer eens na sy Boereverlede verwys om simpatie vir die Duitsers te probeer wek: "Verslaan, gebroke, geheel en al uitgeput moes my klein volkie ook voor die wil van die veroweraar buig ... maar dit was nie 'n onmoontlike vrede nie. Die Boere is nie as morele uitgeworpenes behandel nie,"[30] het hy gesê. Die toespraak was 'n sensasie in Brittanje en die res van die wêreld, maar die Franse kon nie verduur dat enigiemand hulle voorsê oor hoe om goeie Europeërs te wees nie en was glad nie beïndruk nie. Tog het hul regering klaarblyklik aandag gegee, want teen die tyd dat Smuts se skip op sy terugreis Tafelberg in sig gehad het, het die Franse ingestem om alternatiewe vir die reparasievoorwaardes te oorweeg.

Smuts se bywoning van nog 'n imperiale byeenkoms het die Arbeiders en Nasionaliste net meer vasbeslote gemaak om 'n pakt te vorm om 'n einde aan Smuts se bewind te maak. In 'n poging om kiesers wat vertroue in die SAP verloor het te lok, het Hertzog Smuts se voorbeeld gevolg en beloof dat sy regering nie sal probeer om die "bestaande konstitusionele verhouding tussen Suid-Afrika en die Britse kroon"[31] te verbreek nie. Smuts kon aanvoel wat aan die kom was. Teen middel 1924 was hy geestelik uitgeput en het hy erg met rumatiek gesukkel. Aan Margaret Gillett het hy geskryf: "Die pas is verskriklik ... ek weet nie hoe ek daardeur gaan kom nie ... Die geswoeg in die politiek is regtig meer as wat 'n mens kan verduur. Dis moeilike dae, almal skel op die regering en ek weet nie van iemand wat beter as ons kan vaar nie."[32]

Toe die SAP teen alle verwagtings in 'n tussenverkiesing in die tot toe nog veilige kiesafdeling Wakkerstroom verloor, het Smuts op die ingewing van die oomblik besluit om sake op die spits te dryf. Sonder om sy kabinet of sy party te raadpleeg het hy bedank en 'n algemene verkiesing uitgeroep. In sy party het dit gekook van woede oor sy eiegeregtigheid. Op reis deur die stede en die platteland om stemme te werf moes hy noodgedwonge voel hoe diep die weersin in hom was. Sy landgenote het genoeg gehad van sy hoogdrawende toesprake oor wêreldsake en ter verdediging van die Britse Ryk. Hertzog, wat "die taal van kos, klere en 'n dak oor jou kop"[33] gepraat het, het met die steun van sy Pakt-bondgenoot, die Arbeidersparty, nou die kiesers agter hom gehad. Dit was tyd vir verandering.

In 'n verkiesing gekenmerk deur bitter persoonlike aanvalle op Smuts, het die SAP sleg verloor: die party het 17 setels aan die Nasionaliste afgestaan en sewe aan die Arbeiders, om 'n parlementêre meerderheid van 27 aan die Pakt te gee. Een van die setels wat die Arbeiders gewen het, was die eerste minister se eie kiesafdeling in Pretoria-Wes. Smuts het 'n taktiese fout gemaak toe hy die verkiesing uitgeroep het: As hy net gewag het, kon hy voordeel getrek het uit die ekonomiese opswaai wat die volgende jaar sou begin.[34] Maar so ongeduldig soos altyd het hy geglo hy is deur sy teenstanders se "kwaal van politieke engheid" verslaan.[35] Op die ouderdom van 54 was hy nou 'n profeet wat nie in sy eie vaderland, selfs in sy eie agterplaas in Transvaal, geëer is nie.

Stomgeslaan deur die omvang van sy verwerping het hy vir 'n kort rukkie lank oorweeg om heeltemal uit die politiek te tree. Hy het dié idee egter gou laat vaar, want hy het geglo die onervare Pakt-regering is nie in staat om die land te regeer nie. Hy het ook gevrees dat die SAP "in hierdie ontstellende omstandighede ... in die verpletterende neerlaag kan verbrokkel en dat onherstelbare skade aan Suid-Afrika gedoen sal word".[36] Hy het die aanbod van 'n veilige setel, Standerton, aanvaar en is as leier van die opposisie terug parlement toe. Hy was net meer as vyf jaar lank eerste minister en sou verstom gewees het as hy toe moes weet dat Hertzog dié amp vir die volgende 14 jaar sou beklee.

HOOFSTUK 13

'n Toonbeeld van selfbeheersing

OP DIE AGTERSITPLEK

Die jare van 1924 tot 1933 was dalk frustrerend, maar terselfdertyd van die vervullendste en produktiefste van Smuts se lewe. Bevry van die las van sy hoë amp, het hy nou tyd gehad om te lees, te dink en te skryf. Hy het in sy studeerkamer in Doornkloof gewerk en dit het hom agt maande geneem om die manuskrip vir *Holism and Evolution*, wat hy baie jare vroeër begin het, te voltooi. Die boek is in 1926 gelyktydig in Londen en New York gepubliseer. Dit het 'n gemengde ontvangs gekry. Die filosoof Gilbert Murray het gesê dit is die interessantste filosofiese werk wat hy in baie jare gelees het. Winston Churchill het aan Smuts geskryf dat hy "met ontsag in die boek geloer het", 'n suggestie dat hy geen begeerte gehad het om dit te lees nie.[1] Die gesiene wetenskaplike JBS Haldane het vol lof die konsep holisme in sy Gifford-lesings van 1927-28 oor "The Sciences and Philosophy" bespreek. Albert Einstein het die boek kort ná sy verskyning gelees en geskryf dat twee denkbeelde in die volgende millennium rigtinggewend vir die menslike denke gaan wees: sy eie relatiwiteitsteorie en Smuts se teorie van holisme.[2] Ander was minder beïndruk: Lancelot Hogben, die voorsitter van die departement dierkunde aan die Universiteit van Kaapstad, byvoorbeeld, was snydend in sy verwerping van 'n teorie waarin hy beweer het "alle bygelowe saamgebondel is".[3] Die digter Roy Campbell het Smuts rymend gespot:

> Statesmen-philosophers with earnest souls
> Whose lofty theories embrace the Poles
> Yet only prove their minds are full of Holes.[4]

Smuts was huiwerig om die boek as óf 'n filosofiese óf 'n wetenskaplike werk te beskryf. Dit het eerder 'n oorkoepelende teorie uiteengesit om die fisiese en metafisiese te koppel en die sin van die groot kompleksiteit van die wêreld om ons te beskryf. Soos hy beskeie verduidelik het: "Ek het eenvoudig 'n denkraamwerk probeer uitkerf om my doen en late te stut."[5] Die fundamentele aard van die heelal, het hy geargumenteer, is gebaseer op 'n patroon waar die geheel altyd groter is as die som van sy dele, met die menslike persoonlikheid as die hoogste "geheel".[6] Op hierdie grondliggend optimistiese en hoopvolle beskouing van die menslike toestand het hy sy eie persoonlike filosofie en politieke loopbaan gegrond. Omdat hy met opset nie die goddelike by die bespreking betrek het nie en verkies het om sy diepste godsdienstige oortuigings vir homself te hou, is hy in sommige teologiese en politieke kringe van ateïsme beskuldig. Sy verhouding met die NG predikant Johan Reyneke in sy laaste jare weerspreek hierdie bewerings; hy het tot aan die einde van sy lewe in 'n goddelike gees geglo.

Polities het dit Smuts 'n ruk geneem om gewoond te raak aan sy rol as leier van die opposisie in die parlement. Hy was nietemin vasbeslote om die blink kant bo te hou en geen teken van pyn of ongemak te toon nie. Hy het die sittings nougeset bygewoon en uitdrukkingloos in sy voorbank gesit en luister hoe die nuwe regering hom die sondebok vir die meeste van die land se probleme maak. By een geleentheid het hy Hertzog laat begaan toe dié hom meer as 'n uur lank in 'n opswepende toespraak aangeval en meer as 20 verskillende skelname toegevoeg het, die meeste van hulle lasterlik.[7]

Nadat die getier verby was (en met sowel mev. Hertzog as sy eie vrou in die openbare galery) het hy na die eerste minister se sitplek oorgestap, langs hom ingeskuif en "vriendelik gesels". Vriend en vyand het sy selfbeheer en kalmte merkwaardig gevind.

As SAP-leier moes hy ook sy verslane party se organisatoriese struktuur en moreel herbou en sy reaksies op die Pakt-regering se beleid verfyn. Die SAP het positief gereageer op DF Malan, nou die minister van binnelandse sake, se voorstel in 1925 dat Suid-Afrika sy eie nasionale vlag kry, maar het vasgeskop toe Malan daarop aandring dat die Union Jack heeltemal uit die nuwe vlag weggelaat word. Die bitter rusie het voortgeduur totdat 'n gesamentlike sitting van die parlement in 1927 nie tot 'n vergelyk kon kom nie en die goewerneurgeneraal ingeroep is om te bemiddel. 'n Kompromis is bereik: Die vlae van die ou Transvaal en die Oranje-Vrystaat sou saam met die Union Jack op

As leier van die opposisie. Nadat Smuts bevry is van die juk van sy hoë amp, het hy baie tyd gehad om te lees, te dink en te skryf – en lang staptogte te onderneem.

Van Riebeeck se driekleur van oranje, wit en blou pryk.[8] Dié vlag het tot met die aanvaarding van die huidige vlag in 1994 aan Suid-Afrika se vlagpale gewapper.

Wat Smuts meer ontstem het, was dat sy voorspelling dat Hertzog en sy spul amateurs nie die land suksesvol sou kon bestuur nie, nie bewaarheid is nie. Gou nadat die nuwe regering aan bewind gekom het, is die droogte gebreek en die beste reën in jare het geval. Soos die wêreldekonomie verbeter het, het mineraalverkope toegeneem, die handel en nywerheid het herstel en die land het sy eie yster, staal en elektrisiteit begin produseer.

◆

Toe hy nog aan bewind was, het Smuts die Prins van Wallis genooi om Suid-Afrika te besoek. Hy het dit dus ironies gevind dat dit die Hertzogiete was wat in 1925 die rooi tapyt vir die prins op sy amptelike toer moes uitrol. Ook maar goed, het hy opgemerk, dat die koninklike besoek ná die bewindsverandering gekom het: "Pleks dat die Nasionaliste nou afsydig eenkant staan en die vinger na ons wys as jingo's en snobs, moet hulle die taak self verrig, met ons goedkeuring en met Suid-Afrika se nasionale eensgesindheid dus veel groter as wat dit andersins sou gewees het."[9] Met sy ampsaanvaarding het Hertzog nietemin sy anti-imperiale kleure gewys deur Britse titels vir Suid-Afrikaners af te skaf, van voorkeurtariewe vir Britse goedere ontslae te raak en "ekonomiese nasionalisme" te bevorder.[10] Al dié stappe het 'n erglike reaksie uit sommige seksies van die SAP ontlok, maar die party het darem die regering se mosie om Afrikaans in die plek van Hollands as een van die twee amptelike tale te erken gesteun.

Om sy Pakt-vennoot, Fred Creswell, te paai, het Hertzog besluit dis nie nodig dat die Nasionale Party op 'n republiek aandring nie – Suid-Afrika se vrye assosiasie met die ander dominiums binne die Statebond was genoeg om die Afrikanernasionaliste se aspirasies te bevredig. DF Malan en sy ondersteuners het heftig van dié standpunt verskil. Hertzog het die grondwetlike kwessie van Smuts geërf en het nou sy voorganger se memorandum van 1921, wat 'n verklaring van regte vir lidlande van die Britse Ryk voorgestel het, onder die stof uitgehaal en afgesit na 1926 se Imperiale Konferensie in Londen. Volgens Hancock het die memorandum feitlik elke eis wat Hertzog wou stel bevat.[11] Met nuwe leiers in Kanada en Australië wat Smuts se standpunte simpatieker as hul voorgangers gesind was, het die konferensie op die rigtinggewende Balfour-verklaring van 1926 uitgeloop. Die verklaring, wat nie verwar moet word met die Balfour-verklaring van 1917, wat oor Palestina as tuisland vir die Jode gegaan het nie, het die wetgewende onafhanklikheid van die dominiums bevestig en sowel Hertzog as Smuts kon beweer dat hul benadering reg bewys is.

Mettertyd het die Balfour-verklaring en die daaropvolgende Statuut van Westminster van 1931 'n bron van eindelose meningsverskil tussen Smuts en Hertzog geword. Hertzog het volgehou dat Smuts wou hê het dat Brittanje 'n soort "supergesag" oor die dominiums moet uitoefen. Smuts het weer geglo dat die statuut wel Suid-Afrika se onafhanklikheid as 'n selfregerende land bevestig, maar dan as 'n land wat lojaal is aan die Britse kroon. Die verskille het baie later weer na vore gekom toe Hertzog beweer het dat Suid-Afrika die reg het om neutraal te bly as Brittanje oorlog sou verklaar. Smuts het weer volgehou dat neutraliteit teen die bepalings en gees van sowel die verklaring van Balfour as die Statuut van Westminster was.

DIE "SWART GEVAAR"-VERKIESING

Baie belangriker as die vlagkwessie was Smuts en Hertzog se verskille oor "naturellebeleid". Al het die Randse staking en die gepaardgaande geweld die Smuts-regering geruk, het hy nie die kleurslagboom op die myne in wetgewing vervat nie omdat dit sou impliseer dat wit mense "kunsmatig teen die naturel en die bruin man beskerm moet word".[12] Onder druk van Creswell, wat vasbeslote was om die belange van wit arbeid te beskerm, het Hertzog egter in 1925 die Wysigingswetsontwerp op Myne en Fabrieke ter tafel gelê. Dit het vir die eerste keer werkreservering op grond van ras vir die nywerheid ingestel. "Selfbeskerming is die eerste wet van die natuur," het die verantwoordelike minister verklaar en bygevoeg dat die doel van die wetgewing die "bewaring en voorsetting van die wit ras" is. Smuts het die statutêre beskerming van wit arbeid heftig teengestaan, dalk gedagtig aan die provokasie wat dit elders in Afrika en Indië kon veroorsaak. In 'n toespraak in die parlement het hy gewaarsku dat die regering 'n wet maak waarmee "ons aan die naturelle gaan verklaar: Julle sal in die toekoms verhinder word om bo die vlak van houthakkers en waterdraers te wees. Ek is aan die wit man se kant, maar iets in my kan dit nie verdra nie."[13]

Hertzog, wat nou ook die minister van naturellesake was, het 'n ruk gewag voordat hy sy nuwe "naturellebeleid" uitgestippel het. In 'n toespraak op Smithfield in November 1925 het hy oor sy voorneme gepraat om die beloofde bykomende grond ingevolge die Wet op Naturellegrond van 1913 aan die swart mense beskikbaar te stel, maar ook om die "geskeduleerde reservate" te verklein en meer grond vir aankope deur swart mense en ander net buite die reservate beskikbaar te stel.

Op die politieke terrein sou swart mense hul stemreg in die Kaap verloor en op 'n afsonderlike kieserslys geplaas word om wit verteenwoordigers in die parlement te verkies. Hulle sou ook hul eie afsonderlike administratiewe instellings, plaaslike rade en 'n Naturelle Verteenwoordigersraad kry.

Hertzog het die steun van die SAP nodig gehad vir die tweederdemeerderheid wat hy nodig gehad het om die Unie se grondwet te verander. Al het hy geen alternatief gehad om aan te bied nie, was Smuts vasbeslote dat daar nie aan bestaande politieke regte getorring moet word nie en hy het geweier om Hertzog se voorgestelde wetgewing te steun. Hy het voorgestel dat daar liewer 'n nasionale konvensie gehou word om Hertzog se voorstelle te bespreek, maar die eerste minister het dit verwerp. In Julie 1926 het Hertzog vier wetsontwerpe in die parlement ter tafel gelê: Die Wysigingswetsontwerp op Naturellegrond, die Wetsontwerp op die Unie Naturelleraad, die Wetsontwerp op die Verteenwoordiging van Naturelle in die Parlement en die Wetsontwerp op die Regte van Kleurlinge.

Binne 'n maand het Smuts namens die SAP gereageer met 'n lang memorandum waarin hy die voorstelle dat meer grond vir "gemengde" eienaarskap opsygesit word, gekritiseer het. Hy het ook die maatreëls teengestaan om huurpag op plase te beëindig (want dit sou werkers na die stede en dorpe dryf), om swart kiesers in die Kaap van die kieserslys te verwyder en om swart mense deur sewe wit mense in die parlement te laat verteenwoordig. Nadat 'n gekose komitee van die parlement nie die verskille tussen die twee kante kon uitstryk nie, het Hertzog Smuts by 'n reeks beraadslagings betrek, maar laasgenoemde het botweg geweier om 'n kompromis aan te gaan. Hy het gesuggereer dat die Kaapse vorm van stemreg as 'n model vir die hele land behoort te dien. Vir Hertzog was dit 'n gruwel.

'n Algemene verkiesing was om die draai en Hertzog het twee van die vier wetsontwerpe weer in die parlement ter tafel gelê. Hy het goed geweet hy sou nie die nodige tweederdemeerderheid daarvoor kry nie, maar hy was vasbeslote om sy party iets te gee waarmee hulle die kiesers in beroering kon bring. So het die verkiesing van 1929 bekend geraak as die "swart gevaar"-verkiesing, want die Nasionale Party het gedoen wat hulle kon om die kiesers te oortuig dat die wit beskawing se toekoms bedreig word deur 'n groeiende swart golf. Toe Smuts in 'n toespraak op Ermelo in die Nasionaliste se kaarte speel deur 'n "Britse federasie van Afrika-state" te bepleit ... 'n "groot Afrikadominium wat onderbroke oor die hele Afrika sal strek" het Hertzog en sy volgelinge hom uitgekryt as "die man wat homself aanbied as die apostel vir 'n swart kafferstaat ... van die Kaap tot in Kaïro".[14] Die Hertzogiete het beweer, nie heeltemal sonder rede nie, dat die SAP 'n naturellebeleid van niksdoen voorstaan te midde van 'n rassebedreiging, en dat die party daarop uit was om gelykstelling tussen wit en swart af te dwing. Met 'n misleidende slagspreuk dat 'n stem vir Smuts 'n stem vir swart oorheersing is, het die Nasionaliste die SAP met 'n meerderheid van 17 setels platgevee. Hulle het nie meer Creswell se krimpende Arbeidersparty nodig gehad om aan bewind te bly nie.

◆

Smuts het hom nog van tyd tot tyd met wêreldsake bemoei. Nadat sy ou vriend Chaim Weizmann hom gekontak het, het hy 'n witskrif wat Britse beleid in Palestina uiteensit, gekritiseer omdat dit nie die ondernemings in die Balfour-verklaring van 1917 nagekom het nie. Hy het immers deels verantwoordelik gevoel vir daardie beloftes. Hy het ook Britse beleid in Indië gekritiseer en tydens 'n besoek aan Londen in 1931 is hy gevra om tussenbeide te tree in samesprekings tussen die Britse regering en Gandhi. Hy en Gandhi het verskeie hartlike ontmoetings gehad en hy het ook samesprekings met die eerste minister, Ramsay MacDonald, gevoer. Smuts het gemeen Gandhi is 'n bate vir die onderhandelinge, 'n "eerlike man, ten spyte van sy eienaardighede",[15] maar onafhanklikheid vir Indië was nog 'n dekade in die verskiet. Die interaksie met buitelandse leiers het Smuts op die hoogte van internasionale ontwikkelings gehou en dit het van sy frustrasies omdat hy nie meer in beheer van Suid-Afrika se lot was nie ietwat verlig.

◆

Hertzog se gewildheid by die wit kiesers het selfs verder toegeneem toe hy van die Imperiale Konferensie van 1930 terugkom met Suid-Afrika se grondwetlike status as gelyke vennoot in die Statebond veilig in sy sak. Noudat die Afrikaanse taal en kultuur gevestig was, het hy verklaar, was daar geen rede hoekom die twee (wit) kulture nie in die gees van 'n "gekonsolideerde Suid-Afrikaanse nasie" bymekaar kan kom nie.[16] Die republikeinse saak, het hy verklaar, is op die lange baan geskuif; "nasionale eenheid" was sy onmiddellike prioriteit. Soos verwag kon word, het hierdie ommeswaai ongemak by DF Malan en sy kanniedood-republikeine veroorsaak. Hulle het gevrees dat

Hertzog, soos Botha en Smuts voor hom, deur die prag en praal van Londen verlei is en die saak van Afrikanernasionalisme begin verloën het.[17]

◆

OP DIE LESINGKRINGLOOP
Ontmoedig deur die gedagte dat hy nog vyf jaar op die opposisiebanke moet deurbring, het Smuts sy toevlug tot staptogte, die versameling van plante en, soos gewoonlik, nadenke geneem. Middel 1929 is hy op 'n negedaagse safari na die Zimbabwiese ruïnes en die kopergordel. Dit was 'n voorspel tot die veeleisender vyf weke lange reis 'n jaar later om saam met vriende en familie plante te versamel.

In Oktober is hy na Oxford om 'n reeks Rhodes-gedenklesings te lewer oor Afrika-vestiging, wêreldvrede en naturellebeleid in Afrika. Hy het gehoop, het hy gesê, om Britse koloniale beleid in Oos- en Sentraal-Afrika te beïnvloed deur meer wit vestiging aan te moedig: Hy het geglo wêreldvrede kan bereik word deur die Britse Ryk se koloniale beleid onder die vaandel van die Volkebond uit te brei.

Die toon van sy lesings kan waarskynlik ten beste as "paternalisties en neerbuigend"[18] beskryf word. Wat Afrika nodig het, het hy betoog, was beleid om die saak van beskawing te bevorder "sonder om onregverdig teenoor die Afrikaan te wees ... [hy is] 'n kinderlike tipe, met 'n gelukkige, sorgelose geaardheid, maar sonder enige dryfvere vir verbetering".[19] In Suid-Afrika, het hy voorgestel, behoort daar 'n stel "parallelle instellings" te wees, gebaseer op die Glen Grey Wet van 1894, wat voorsiening maak vir "wit vestiging om die staalraamwerk en die stimulus vir blywende beskawing te verskaf". Daarby moet gevoeg word "inheemse instellings vir die naturelle om in hul toekomstige ontwikkeling en beskawing uitdrukking te gee aan hul bepaalde Afrika-karakter".[20]

'n Liberale kritikus in Brittanje het sy voorskrifte bestempel as "goed bedoel, maar effe verouderd en grootliks onuitvoerbaar".[21] Terug in Suid-Afrika was die gewoonlik ondersteunende *Cape Times* baie kritieser. Die koerant het gemeen die "naturellevraagstuk" soos Smuts dit aan die "argelose en onwêreldse oë van Oxford" voorgehou het, was "skandalig en het min ooreenkoms met die plaaslike werklikheid gehad".[22]

Tydens sy besoek aan Londen ná die Rhodes-lesings het Smuts 'n dinee vir die veterane van die Oos-Afrikaanse veldtog bygewoon waar hy en Von Lettow-Vorbeck die eerste keer van aangesig tot aangesig ontmoet het. Die twee mans het vriende geword en ná die Tweede Wêreldoorlog het Smuts kospakkies aan die sieklike Duitser gestuur.

Nadat hy in Sandringham by die koning oorgebly het, het Smuts Edinburgh en Glasgow besoek waar hy groot gehore oor die beroemde ontdekkingsreisiger David Livingstone toegespreek het. By die tiende jaarvergadering van die Volkebond in die VSA is Smuts met 'n konfettiparade in New York en 'n ontmoeting met president Herbert Hoover in die Withuis vereer. Waar hy ook al gegaan het, is hy op die hande gedra, selfs deur Afro-Amerikaners – totdat hy ewe onskuldig opgemerk het dat hulle "naas die donkie die geduldigste skepsels op aarde" is. Hulle het erg aanstoot geneem.[23]

Toegegooi onder burgerlike en akademiese eerbewyse, het hy op 'n uitputtende toer deur Amerika en Kanada vertrek. Op dié reis het hy in 18 dae 26 lesings ter ondersteuning van die Joodse saak in Palestina en die beleërde Volkebond gegee, laasgenoemde 'n omstrede kwessie in die Amerikaanse politiek. Hy is vroeg in 1930 huis toe, uitgeput maar gelukkig.

Op die skip het hy tot sy konsternasie uitgevind dat die regering 'n kwotawetsontwerp ter tafel gelê het om Joodse immigrasie na Suid-Afrika te beperk. Erger nog, behalwe sewe lede, vyf van hulle Joods, het sy hele SAP-koukus die tweede lesing van die wetsontwerp gesteun. 'n Woedende Smuts het tydens die derde lesing by die parlement aangekom en sy party so erg uitgetrap dat elke SAP-LV tydens die finale verdeling oor die wetsontwerp daarteen gestem het. Regeringslede het hom as die "koning van die Jode" uitgekryt.[24]

◆

Terwyl die rusie oor die kwotawetsontwerp in die parlement woed, het Smuts 'n uitnodiging gekry wat hy as die grootste eer van sy lewe beskou het: die Britse Association for the Advancement of Science het hom gevra om in September 1931 sy eeufeesvergadering in Londen te lei. In die woorde van sy seun en biograaf, Jannie: "Daar is geen groter eer in die wetenskap nie, want dit was die grootste vergadering van die wêreld se wetenskaplikes."[25]

Sy openingslesing voor 5 000 van die wêreld se mees geëerde wetenskaplikes,

"The Scientific World Picture of Today", was volgens Kenneth Ingham se beskrywing 'n "formidabele oorsig oor onlangse ontwikkelings in wiskunde, fisika, biologie, fisiologie en astronomie, gevolg deur 'n sprong na filosofie en teologie". Daarna het talle lesings voor kleiner groepe op die byeenkoms gevolg, oor vakke wat gewissel het van filosofie tot boerdery.[26] Op een van die dae het hy 13 toesprake gehou. Vir dié wat gemeen het die oorsprong van die mens was toevallig, het hy dit te sê gehad: "Die menslike gees is nie 'n patetiese, dwalende skimbeeld in die heelal nie, maar is oral tuis, met geestelike gasvryheid en reaksie. Ons diepste gedagtes en emosies is net reaksies op stimuli wat nie uit 'n vreemde heelal na ons kom nie, maar uit 'n essensieel vriendelike en verwante een."[27]

Tydens hierdie besoek het die Universiteit van Londen die graad DSc, sy hoogste eregraad, vir maar net die derde keer in sy honderdjarige bestaan aan Smuts toegeken. Op pad huis toe, geïnspireer deur Louis Leaky se boek oor die Oos-Afrikaanse voorgeskiedenis, het hy sy gedagtes begin agtermekaar kry oor die Suid-Afrikaanse voorgeskiedenis en dit later in 'n wetenskaplike referaat, "Climate and Man in Africa" uiteengesit.[28] Dit word steeds in Suid-Afrika as 'n baken in die geskiedenis van die geologie en klimatologie en hul verhouding tot die menslike geskiedenis beskou.[29]

HOOFSTUK 14

Die ondenkbare gebeur

IN DIE KLOUE VAN DIE DEPRESSIE

Gou ná die verkiesing van 1929 het Suid-Afrika ook die uitwerking van die instorting op Wall Street en die gevolglike wêreldwye ekonomiese depressie gevoel. Mineraal- en mieliepryse het skerp geval en om alles te vererger het die ergste droogte in menseheugenis verwoesting in Suid-Afrika gesaai sodat landbouproduksie drasties afgeneem het. Soos gewoonlik is die skuld op die regering van die dag gepak. Toe staatsdienssalarisse verlaag en belastings verhoog word, het die vertroue in die regerende party begin afneem. Smuts het opgemerk "die sielkunde van die woestyn is besig om oor Suid-Afrika te kruip".[1]

Gedurende die 1920's het die krisis van wit werkloosheid al hoe groter geword. In 1922 is die aantal wit mense wat nie werk gehad het nie op 120 000 uit 'n ekonomies aktiewe wit bevolking van 540 000 geraam. Later het 'n vooraanstaande liberale politikus Margaret Ballinger opgemerk: "Dit is moeilik om nou te onthou hoe die donker skaduwee van armblankedom in die 1920's en 1930's oor die land gehang het ... en tog was dit die vormende krag in die standaardisering van die verhouding tussen swart en wit in hierdie land."[2] Oor die algemeen stem historici saam dat die armblankeprobleem 'n primêre dryfkrag was vir die segregasiebeleid van die Pakt-regering sowel as Smuts se SAP.

In Brittanje is 'n noodkoalisie onder Ramsay MacDonald laat in 1931 gevorm om die ekonomiese krisis te hanteer. Die nuwe regering het dadelik die land van die goudstandaard afgehaal, wat 'n verlies aan vertroue in die pond veroorsaak het. Smuts het vanuit Londen herhaaldelik per kabelgram gepleit dat Suid-Afrika dieselfde moet doen, maar Hertzog wou niks weet nie en hy het gedreig om eerder te bedank as om van die goudstandaard af te stap. Volgens Hertzog was dit tipies van Smuts om nou weer agter Engeland te wil aanhardloop. Selfs lede van Smuts se eie party, om van die mynbedryf nie te praat nie, het gedink dit sou dwaas wees om goud te laat vaar. Dit het nog 15 maande van akute ekonomiese ellende gekos, en uiteindelik die bemoeiing van die onortodokse Nasionalistiese politikus Tielman Roos met sy slagspreuk "af van goud", om die regering tot sy sinne te bring.

Smuts het aangevoel dat die gemoedstemming in die land teen Hertzog gedraai het, maar nie noodwendig in sy (Smuts) se guns nie en het voelers na sy teenstander begin uitsteek oor politieke samewerking "in nasionale belang". In die parlement het Hertzog openlik gelag wanneer iemand van koalisie praat, maar agter die skerms het sy luitenante reeds SAP-LV's begin pols. Ná 'n paar weke daarvan, het Hertzog op 28 Februarie 1933 tot almal se verbystering in die parlement aangekondig dat hy en sy eertydse teenstander ooreengekom het om 'n koalisieregering, gebaseer op 'n sewepuntprogram van beginsels, te vorm. Ná 20 jaar se bitter mededinging het die ondenkbare gebeur: Dit het gelyk of die breuk tussen Smuts en Hertzog geheel het.

Die waarheid is dat die twee ou vyande eintlik baie meer gemeen gehad het as wat hulle bereid was om toe te gee of selfs raak te sien. Hul lang stryd, soos Hancock opmerk, het baie meer met die middele as die doel te doen gehad.[3] Albei was Afrikaneridealiste wat opgetree het in wat hulle as die beste belang van hul mense beskou het. Hertzog wou Afrikaneroorlewing verseker deur inwaarts te kyk en vir sy taal en kultuur te veg. Smuts, met sy holistiese visie, het sekuriteit vir die Afrikanerdom in die wyer Britse Statebond gesien. Hulle het elk op sy eie manier vir Suid-Afrika se soewereine gelykheid in die gemeenskap van nasies gestry.[4] En ten spyte van hul politieke verskille en die woedende toon van Hertzog se openbare retoriek, het die twee mans persoonlik goed klaargekom. In sy boek het Jannie Smuts geskryf dat sy pa nooit Hertzog se "wilde uitbarstings" ter harte geneem het nie en nie een keer privaat oor sy teenstander se onregverdige aanvalle gekla het nie.[5]

Koalisie was egter ewe onwelkom op albei uiterstes van die politieke spektrum. Die Kaapse NP-leier, DF Malan, het uit die Hertzog-kabinet bedank en die Gesuiwerde Nasionale Party gestig. In die pro-Britse Natal is Smuts rondsuit daarvan beskuldig dat hy aan die Nasionaliste uitverkoop het. Die kiesers het wel hul goedkeuring gegee. Die koalisie het 144 uit 150 setels in die algemene verkiesing van Mei 1933 gewen, 'n misleidende oorwinning, want landwyd was die meerderheid stemme 'n blote 43 637.

'N GERIEFLIKHEIDSHUWELIK

Smuts het sy begeerte om weer die land te regeer ondergeskik gestel aan wat hy geglo het die groter nasionale belang was en die poste van adjunkpremier en minister van justisie onder Hertzog aanvaar. Hy het nogtans nou groot invloed gehad en Hertzog het aan 'n Amerikaanse skrywer gesê dat hy dalk eerste minister is, maar dat "generaal Smuts die regering bestuur".[6] Smuts se advies oor internasionale sake was steeds in groot aanvraag.

Terwyl Smuts in 1933 as adjunkpremier by die Wêreld Ekonomiese Konferensie in Londen was, het plattelandse Afrikaners wat gretig was om die twee koalisievennote in een party saam te smelt om 'n "wit Suid-Afrika" te bou[7], met gesprekke begin. Smuts het sy gaping gesien om die wig dieper in die geledere van sy teenstander in te dryf en toe hy uit Londen terugkeer, het hy Hertzog uitgedaag. Die eerste minister, het hy verklaar, moet kies tussen fusie (samesmelting) – wat die uitsluiting sou beteken van die Malaniete en hul aandrang op die reg tot neutraliteit, afskeiding en republikanisme – of die mislukking van fusie en voortgesette wit verdeeldheid.

Hertzog het gehuiwer voordat hy sy eie siening by die Nasionale Party se kongres in Port Elizabeth getoets het. Ná 'n vernietigende verwerping deur DF Malan en sy volgelinge, het die eerste minister en sy ondersteuners uit hul eie party gestap. Soos Ingham opmerk, dit was 'n belangrike stap vir albei kante van die Afrikanerdom: dit was nou duidelik dat Malan nie alle Afrikaanssprekendes verteenwoordig nie, maar net diegene wat, soos Hertzog en Paul Kruger voor hulle, hul toekoms in 'n beperkte Afrikanerrepubliek eerder as 'n breë en verenigde (wit) Suid-Afrika gesien het.[8]

Die nuwe Verenigde Party onder leiding van Hertzog was egter eerder 'n gerieflikheidshuwelik as 'n samekoms van eensgesindes. Diep verskille het bly smeul oor "naturellebeleid" en wat Suid-Afrika se verpligtinge in die geval van nog 'n oorlog in Europa sou wees. Hertzog het geglo dat Suid-Afrika as 'n soewereine land die reg gehad het om neutraal te bly; Smuts het volgehou dat die land as 'n volle lid van die Statebond 'n morele plig het om Brittanje te ondersteun. Soos Malan gou uitgewys het, het die fusieregering verskille gehad oor "fundamentele kwessies van vrede en oorlog".[9] Baie Afrikaners wat fusie gesteun het, was onseker oor waar hulle eintlik staan. Sommige is afgestoot deur die "jingo's" in die geledere van die Verenigde Party, terwyl ander isolasioniste was wat gemakliker onder Malan sou gewees het.

DIE ONDENKBARE GEBEUR

Premier Hertzog (regs) en adjunkpremier Smuts, 1938.

Nogtans het fusie gehou, hoofsaaklik weens Suid-Afrika se toenemende welvaart. Die afstap van die goudstandaard en die behoud van die bande met die Britse pond het dadelik resultate gelewer: die goudprys het skerp gestyg sodat laegraadse myne winsgewend geword het, die aandelemark het gefloreer en geld het in die land in teruggevloei. Tog was baie Afrikaners se omstandighede nog haglik, selfs al het proteksionisme die landbousektor verstewig. Die Carnegie-kommissie het ná 'n langdurige ondersoek geskat dat tot 17 persent van alle wit mense in Suid-Afrika armblankes was. Die kommissie het toegegee dat swart armoede net so akuut soos wit armoede was, maar het gemeen die opheffing van die wit mense sou uiteindelik ook tot voordeel van die ander rasse wees.[10] Die implementering van die Carnegie-aanbevelings het egter net die arm Afrikaners afhankliker van die regering gemaak en die gaping tussen wit en swart Suid-Afrikaners vergroot.

TER VERDEDIGING VAN VRYHEID

Smuts het die Statuswet van 1934, wat Suid-Afrika se grondwetlike posisie uiteengesit het ná die aanvaarding van die Statuut van Westminster, as heeltemal oorbodig beskou, maar dit het die weg berei vir die oorgang van koalisie na fusie. 'n Kernkwessie wat onopgelos gebly het tussen die twee partye was die "naturellevraagstuk". Voordat sake op 'n spits gedryf kon word, het Smuts weer Brittanje toe vertrek om twee belangrike toesprake oor die verslegtende internasionale situasie te hou. By sy aanvaarding van die rektorskap van Skotland se oudste universiteit, St. Andrews, het hy dadelik in die gehoor se hart gekruip met 'n staaltjie van 'n ou "Hottentot" by die slag van Majuba gedurende die Eerste Vryheidsoorlog. Die man is gevra wie die oorlog sou wen en hy het geantwoord: "Die Engelse." Maak dit die Engelse die grootste nasie in die wêreld? "Nee," was sy antwoord, "want die Engelse is baie bang vir die Skotte."[11]

Met die oplaaiende spanning in Europa in gedagte en "vryheid" die onderwerp van sy toespraak, het hy sy jong gehoor gewaarsku dat beskawing oral deur 'n nuwe tirannie bedreig word. Dis vermom in aantreklike patriotiese kleure en dit het "die jeug oral tot sy aaklige diens verlei". Vryheid se saak, het hy gewaarsku, kan nie ontwyk word nie. "Individuele vryheid, individuele onafhanklikheid van gees, individuele deelname aan moeilike regeringswerk is die fondament van alle vooruitgang ... Vryheid moet 'n groot teenaanval maak om homself en ons lieflike Westerse beskawing te red."[12]

Hierdie kreet uit die hart is deur 'n wydlopende toespraak by die koninklike instituut van internasionale betrekkinge gevolg. Daar het hy gepleit dat

Duitsland gunstiger behandel moet word en, 16 jaar ná Versailles, algehele gelyke status met sy Europese bure gegee moet word; dat kennis geneem moet word van die Japanse planne in Mantsjoerye en dat die Volkebond as die enigste forum vir samesprekings tussen nasies versterk moet word."[13] Die dryfkrag in die wêreld, het hy verklaar, behoort nie "morbiede vrese en siek obsessies" te wees nie, maar "die innerlike aandrang op helende integrasie en samewerking".[14] Die pers was in vervoering. Tipies van baie van die koerante het die *Manchester Guardian* geskryf: "Generaal Smuts, regop, netjies, rosig en wit, met 'n hoë stem en 'n effense aksent wat meer Latyns as Hollands is, het 'n toespraak gelewer wat sy vermoë waardig is. Lanklaas het enige politikus in Engeland Smuts se reikwydte, sy objektiwiteit en sy subtiliteit só gekombineer." *The Times* het sy toespraak in pamfletformaat gepubliseer en dis twee keer herdruk.[15] By die burgemeester se onthaal is hy met 'n staande ovasie ontvang.[16]

Smuts is in 'n waas van glorie uit Londen terug na Suid-Afrika, waar hy moes besluit oor sy party se reaksie op Hertzog se lank uitgestelde "naturellewetsontwerpe". Hy het hierdie wetsontwerpe sedert 1926 teengestaan in die hoop dat vertragingstaktiek hul implementering sou keer of dat 'n gebrek aan steun hulle selfs sou doodsmoor.[17] Hy het nie self 'n duidelike beleid gehad nie en sy benadering was basies 'n taktiek van vertraging en geleidelikheid: Hy kon nie dink hoe Hertzog of enigiemand anders 'n beleid kon bedink wat Suid-Afrika se maatskaplike, rasse- en ekonomiese probleme eens en vir altyd kon oplos nie.[18] Hy het gevrees dat meningsverskil in die regering rasseontevredenheid kon aanblaas. Hy het steeds die beperkte stemregbepalings van die Suid-Afrika Wet gesteun en het geargumenteer dat die verbetering van die swart mense se onderwys, gesondheid en toegang tot grond baie betekenisvoller sou wees as stemreg.

SWART VERTEENWOORDIGING

Hertzog was nietemin vasbeslote dat wit en swart mense nie saam in 'n verkiesing moet stem nie. Hy het ná sy oorwinning in 1929 'n gesamentlike gekose komitee van 27 lede aangestel om die kwessie van swart politieke verteenwoordiging te ondersoek en daaroor verslag te doen. Hy het ook die steun van regse reaksionêre in die SAP soos Heaton Nicholls in Natal en kolonel

Smuts se regterhand in die SAP, JH Hofmeyr (links) en prof. DDT Jabavu van die Fort Hare-Universiteit (regs). Suid-Afrikaanse Biblioteek

CF Stallard verkry om sy doelstellings te bevorder. Dit het Smuts in 'n baie moeilike situasie geplaas: Hy het van die Hertzogiete verskil, maar hy was die adjunkleier van die party. Hy het vrede gemaak met sy eie innerlike konflik deur uiteindelik die aanbevelings van die gekose komitee te aanvaar dat swart mense meer grond en meer verteenwoordiging in die senaat moet kry, maar dat hulle hul stemreg moet prysgee. Hy het geargumenteer dat dit op die duur van groter waarde vir swart mense sou wees as die bestaande stemregbepalings. In sy vleuel van die Verenigde Party het hy dit aan sy liberale luitenant JH Hofmeyr oorgelaat om teen Hertzog se wetgewing te stem, terwyl Stallard dit kon teenstaan omdat hy dit as te liberaal beskou het.

Hofmeyr was 'n intellektuele reus en 'n geesdriftige ondersteuner van hereniging. Hy het op 15 gegradueer en 'n Rhodes-beurs ontvang. Op 22 was hy 'n professor, twee jaar later was hy die prinsipaal van wat later die Universiteit van die Witwatersrand sou word en op 29 het Smuts hom as administrateur van Transvaal aangestel. Hy het eers gehuiwer om tussen Hertzog en Smuts te kies en hom uiteindelik by die SAP geskaar. In 1929 het hy 'n parlementêre tussenverkiesing vir dié party gewen. As 'n partypolitikus het Hofmeyr geleidelik na 'n liberaler standpunt oor kleurbeleid beweeg, terwyl die meeste van sy kollegas in die teenoorgestelde rigting koers gekies het.[19] In die fusiejare het sy openbare verklarings die samehorigheid van sy party onder groot druk geplaas.

Die swart mense se reaksie op Hertzog se wetsontwerpe was uiteenlopend en versigtig. Kort nadat in die parlement daaroor gestem is, het prof. DDT Jabavu, 'n stigterslid van die Fort Hare-Universiteit se akademiese personeel met wie Smuts 'n lang vriendelike verhouding gehad het, 'n konferensie van swart mense, die All-African Conference, in Bloemfontein byeengeroep om weerstand teen die plan om swart kiesers van die Kaapse kieserslys af te haal te organiseer. 'n Mosie dat landwye stakings en betogings gehou word, het nie genoeg steun gekry nie; die meerderheid afgevaardigdes het eerder ten gunste van gekwalifiseerde stemreg vir swart mense in die hele Unie gestem.[20]

In 'n toespraak in die parlement het Smuts gesê hy is dankbaar dat hy ná jare se getwis kan instem tot wetgewing wat nie 'n "ideale maatreël is nie, maar wat wel elemente van geregtigheid en regverdigheid bevat, en daarmee saam die belofte dat dit vrugte sal dra". Ter verdediging van sy steun aan die wetsontwerpe het hy verklaar: "Natuurlik kon ek in die laaste loopgraaf omgekom het, om dit so te stel, ek kon gesê het 'ek veg tot die bittereinde vir die Kaapse naturellestemreg', maar wat sou die resultaat gewees het? Dit sou nie ek gewees het wat gesterf het nie, maar die naturelle, metafories gesproke."[21]

Die maatreël het teleurstelling en woede tot gevolg gehad, nie net onder ingeligte swart mense nie, maar onder wit mense, veral in die Kaap onder leiding van oudhoofregter sir James Rose-Innes. Hofmeyr het dadelik uit protes as lid van die fusiekabinet bedank. 'n Ergerlike Smuts het aan sy seun gesê: "Dis goed en wel vir Hofmeyr om oor beginsels en gewete te praat en te bedank. Hoe dink hy voel ek self oor die hele besigheid? Wat sal van ons word as ons almal kop verloor en bedank? Dis presies wat die Nasionaliste wil hê."[22]

DIE EINDE VAN FUSIE

Die Hertzog-Smuts-koalisie het ses jaar gehou, grootliks weens Smuts se vasbeslotenheid om Afrikaners en Engelssprekende Suid-Afrikaners in die gemeenskaplike belang bymekaar te hou. In die fusiejare is twee groot infrastruktuur-ontwikkelings voltooi. Die reuse- Vaalharts-besproeiingskema wat oorspronklik deur Rhodes voorgestel is, het 'n droogtegeteisterde land se smagting na water verlig; en die Kruger Nasionale Park is onder toesig van Deneys Reitz as 'n wildreservaat uitgebrei.

Maar die debat oor die ontneming van swart mense se stemreg het die diep klowe in Afrikanergeledere blootgelê: die meningsverskil tussen die konserwatiewe en liberale in Smuts se eie geledere net so veel soos dié tussen die Hertzogiete en die Malaniete. Baie van Hertzog se ondersteuners was in hul hart der harte onversetlike Malaniete en dit was net Smuts se geniale vermoë om kompromis te bewerkstellig wat die verdeelde party in een stuk gehou het. In die algemene verkiesing van 1938 het die VP 111 setels gewen teenoor die Gesuiwerde Nasionaliste se 27, maar die uitslag het getoon dat Malan en sy volgelinge besig was om momentum op te bou. Die honderdjarige feesviering van die Groot Trek in 1938 het hul isolasionistiese saak nog 'n stoot vorentoe gegee.

Dit het die oplaaiende storm in Europa gekos om die ongemaklike détente tussen Smuts en Hertzog se ondersteuners tot 'n einde te bring. Smuts het die opkoms van die nazisme in Europa met groeiende ontsteltenis dopgehou. Die München-ooreenkoms tussen Brittanje en die meeste Europese moondhede, insluitend Duitsland, het tydelike verligting gebring, maar alle hoop op vrede het verdwyn toe Hitler op 15 Maart 1939 Tsjeggo-Slowakye binneval. As minister van justisie het Smuts die voorsorg getref om gewapende polisieversterkings na Windhoek te stuur ingeval Duitsland sy dreigement uitvoer om sy kolonies terug te eis. Hertzog het die stap gesteun, maar die opposisie het geprotesteer dat Smuts al weer Suid-Afrika in 'n Europese konflik wil dompel. Dit het eers later duidelik geword hoe verstandig sy besluit was toe pro-Nazi-organisasies in Suidwes-Afrika en Suid-Afrika kop uitsteek.

Teen hierdie tyd het Suid-Afrika se neutraliteit 'n vuurwarm politieke kwessie geword. Ten tye van die München-ooreenkoms het Hertzog en die kabinet besluit dat Suid-Afrika in geval van oorlog in Europa neutraal sal bly en die eerste minister het geen rede gesien hoekom dié besluit verander moes word nie. Ná Hitler se inval in Pole op 1 September, gevolg deur Brittanje en Frankryk se oorlogsverklaring teen Duitsland, het Smuts egter anders gedink. Op 2 September het Hertzog 'n spesiale kabinetsvergadering belê waar hy 'n "gekwalifiseerde neutraliteit" voorgestel het. Smuts het dit teengestaan en geargumenteer dat Suid-Afrika as 'n lid van die Britse Statebond ook oorlog teen Duitsland moet verklaar. Sewe kabinetslede het hom gesteun, ses het hulle agter Hertzog geskaar. Die eerste minister het nog 'n vergadering vir die volgende dag, Sondag 3 September, belê waar hy voorgestel het dat die volksraad oor die saak stem.[23]

Hertzog het op 4 September in 'n gespanne, volgepakte volksraad gesê dat Duitsland net die oorlog begin het om te probeer herstel van die vernedering van Versailles. Suid-Afrika behoort dus neutraal te bly, tensy die Unie se belange direk bedreig word. Om Brittanje se kant te kies, het hy volgehou, sal die bitter gevoelens tussen Afrikaans- en Engelssprekendes weer laat opvlam. Smuts was dadelik ná Hertzog op sy voete. Hitler, het hy gesê, is ingestel op wêreldoorheersing en hy moet gekeer word. Hy wil nie graag die samewerking tussen hom en Hertzog en tussen die twee taalgroepe vernietig nie, maar Suid-Afrika het geen ander keuse as om betrekkinge met Duitsland te verbreek nie. Unietroepe moenie oorsee gestuur word nie, maar gebruik word om Suid-Afrika se belange te beskerm. Dit sou selfmoord vir die Unie wees, "met sy verdediging so swak soos dit is, maar so ryk aan hulpbronne, om hom direk of indirek los te maak van sy bondgenote in die Statebond".[24]

Hertzog se mosie is met 80 stemme teen 67 verslaan. Hy het dadelik die goewerneur-generaal versoek om die parlement te ontbind en 'n verkiesing uit te roep (wat hy dalk sou gewen het). Die koning se verteenwoordiger in Suid-Afrika het geweier, omdat die kwessie van neutraliteit reeds in die verkiesing van Mei 1938 geopper is. Hertzog het bedank en Smuts is gevra om 'n nuwe regering te vorm. Dit het hy sonder groot geesdrif gedoen. Op byna 70-jarige ouderdom was hy weer eens die eerste minister van Suid-Afrika.

HOOFSTUK 15

Leier in 'n tyd van oorlog

DIE HEROPBOU VAN DIE WEERMAG

Smuts se fyn insig in wêreldsake het hom laat besef dat neutraliteit in oorlog nooit 'n opsie vir Suid-Afrika kon wees nie; die land se strategiese posisie in die suidelike Atlantiese Oseaan sou hom onvermydelik betrek by enige konflik wat vinnig na Afrika sou versprei.[1] Hy het wel beloof om nie Suid-Afrikaanse troepe oorséé te laat veg nie, maar die vasteland van Afrika was 'n ander saak en dit moes beskerm word. Met hernieude ywer het hy die taak aangepak om die feitlik sterwende weermag weer op die been te kry en om die land vir die eise, en ontberings, van oorlog voor te berei. Hy het hom om elke draai in weerstand vasgeloop.

Die volgende ses jaar het hy geen ander keuse gehad as om Suid-Afrika se oorlog teen die Spilmoondhede aan twee fronte te voer nie: binnelands en militêr. Met die uitbreek van vyandelikhede in Europa was die Unie, in Hancock se woorde, militêr gesproke nakend.[2] Hertzog was die vorige 15 jaar doodtevrede om op die Britse vloot staat te maak om Suid-Afrika se kus te verdedig en die land se handelsroetes te bewaar. Die Unie-verdedigingsmag het geen vloot van sy eie gehad om van te praat nie, net 'n paar verouderde vliegtuie, met 'n klein staande mag van sowat 260 offisiere en minder as 5 000 manskappe en 'n aktiewe burgermag van 950 offisiere en 14 000 manskappe.[3] Welwetend hoe omstrede diensplig sou wees, het die SAP-regering destyds slegs vrywilligers gebruik om buite die landsgrense te veg.[4]

Hertzog se minister van verdediging, die pro-Nazi Oswald Pirow, het niks gedoen om 'n gevegsmag van enige betekenis te onderhou nie, met die gevolg dat Suid-Afrika kwesbaar was totdat Brittanje en die VSA die land met krygstuig kon ondersteun. Smuts moes vinnig optree. Vir seewaartse verdediging het hy vistreilers en ander vaartuie in mynveërs en patrolliebote omskep. Vir lugverkenning het hy vliegtuie van die Suid-Afrikaanse Lugdiens oorgeneem, vlieëniers opgelei en lugbemanning gewerf terwyl die leër se getalle uitgebrei is deur die werwing van vrywilligers vir diens op "enige plek in Afrika". Hierdie "Smuts-manne" het opvallende helder rooi skouerbandjies gedra wat rooilussies genoem is en 'n algemene, en op sommige plekke provokatiewe, gesig oral op stedelike en plattelandse strate geword het. Sowat 190 000 wit mans uit 'n bevolking van 570 000 mans van weerbare ouderdom het hulle aangemeld vir vrywillige diens in die Unie se vloot, leër of lugmag. Tweederdes van hulle was Afrikaners.

'N VERDEELDE NASIE

Soos gevrees is, was die oorlog 'n bitter verdelende kwessie in die wit gemeenskap. Groot getalle Engelssprekendes het Smuts ondersteun, maar oor die algemeen was Afrikaners gekant daarteen om by "Engeland se oorlog" betrek te word.

Die meeste Afrikaners wat aangesluit het, is gemotiveer deur die begeerte om vryheid en demokrasie te verdedig, maar sommige van die werkloses is eenvoudig deur die soldy gelok – die hoogste in die Statebond.[5]

Baie wat onversoenlik teen die oorlog gekant was, het by Oswald Pirow se Nuwe Orde vir Suid-Afrika of die militanter Ossewa-Brandwag (OB) onder leiding van die gewese Vrystaatse administrateur, dr. Hans van Rensburg, aangesluit. Albei was kwasi-militêre, pro-Hitler-organisasies en ten gunste van 'n Afrikanerrepubliek gebaseer op nasionaal-sosialistiese beginsels. Die OB het sy eie afdeling stormtroepe gehad wat bomme geplant, sabotasie gepleeg en verwoede botsings tussen soldate en burgerlikes aangehits het. In skrille kontras daarmee was Malan se Nasionale Party sterk gekant teen geweld en het voortgegaan om sy teenkanting teen die oorlog in die parlement te kenne te gee.[6]

Toe die volksraad in Januarie 1940 die eerste keer ná die bepalende stemming oor die oorlog vergader, het Hertzog voorgestel dat Suid-Afrika vredesamesprekings met Duitsland begin. Die voorstel is weer eens met 80 teen 67 stemme verwerp. Smuts het daarna die Wetsontwerp op Oorlogsmaatreëls ingedien om vrywaring aan die regering te verleen vir alles wat hy in die voortsetting van die oorlogspoging sou doen. Die opposisie het die wetsontwerp in elke stadium teengestaan en vir die orige vier maande van die sitting heftig wal gegooi teen alle oorlogswetgewing. Dit het dit vir Smuts onmoontlik gemaak om lank van die parlement af weg te bly.[7]

Op Smithfield het Hertzog aan 'n groot skare gesê dat Smuts se vernietiging van die Verenigde Party die nasionalistiese Afrikanerdom laat herlewe het.[8] Vurige betogings teen die oorlog is oor die hele land gehou. In Bloemfontein het 70 000 Afrikaners by die Vrouemonument byeengekom om die dood van Afrikanervroue en -kinders in die Anglo-Boereoorlog te gedenk en afskeiding van die Britse Statebond te eis.

'n Groeiende bedreiging vir binnelandse sekuriteit het Smuts nou in die gesig gestaar en hy het hom tot hardhandige maatreëls gewend om 'n einde aan die opstandigheid te maak. Baie militante (insluitend die jong advokaat BJ Vorster, wat eendag eerste minister sou word) is sonder verhoor in interneringskampe aangehou. 'n Bevel dat alle burgerlikes, insluitend boere, hul wapens en ammunisie moet inhandig het tot groot woede gelei. Het generaal Christiaan de Wet dan nie op sy dag gesê: "'n Boer en sy roer en sy vrou is drie dinge wat altyd saam hoort"[9] nie? Die opposisie het, nie heeltemal sonder rede nie, gekla dat die regering besig was om sowel die eertydse onpartydige staatsdiens as die veiligheidsmagte en die gewapende dienste te verpolitiseer.[10]

Die oorlog het Malan en Hertzog weer in 'n ongemaklike alliansie bymekaar gebring. Vroeg in 1940 is die nuwe Herenigde Nasionale Party/Volksparty (HNP) onder Hertzog se leierskap gevorm om Suid-Afrika se onttrekking aan die oorlog te eis. Malan was bly oor die versoening met Hertzog, maar sy republikeinsgesinde ondersteuners in die noorde was agterdogtig oor hul eertydse leier en hulle het besluit dat Hertzog moet gaan. Aan die ander kant van die Afrikanerdom het die Nasionaliste se onophoudelike propaganda teen die oorlog bloot die families van dié wat hulle vir die stryd teen Hitler aangemeld het vervreem.

1940: 'N RAMPSPOEDIGE JAAR

Soos Smuts voorspel het, is Suid-Afrika feitlik dadelik in die oorlog ingetrek: die land se vernaamste hawens was gou vol passasier- en oorlogskepe wat die gevare in die omgewing van Europa wou vermy deur om die Kaap te vaar. Gevolglik het Duitse duikbote begin om skepe langs die Suid-Afrikaanse kus

LEIER IN 'N TYD VAN OORLOG

Saam met Winston Churchill in Kaïro, 1942.

te kelder, totdat die vloot- en lugverdediging versterk is. Geallieerde vaartuie wat herstel moes word en konvooie met oorlogsvoorrade het nuwe eise aan die plaaslike landbou en nywerheid gestel. Dr. HJ van der Bijl, die besturende direkteur van Yskor, het outoritêre magte gekry om die land se vervaardigingsektor te ontwikkel. Hy het dit so doeltreffend gedoen dat Suid-Afrika bekend geraak het as die "groot herstelwerf van die Midde-Ooste".[11]

In die vroeë stadiums van die oorlog is geen poging aangewend om soldate van kleur vir die weermag te werf nie, maar mettertyd is 'n hulpmag van nievegters gevorm om die gewapende manskappe te ondersteun. Die Kaapse Kleurlingkorps, wat in die Eerste Wêreldoorlog geveg het, is aanvanklik weer as 'n eenheid van nievegters op die been gebring, maar was gou in aksie in Noord-Afrika, veral in die Slag van El Alamein. 'n Indiër- en Maleierkorps en etlike duisende wit vroue is ook vir die weermag gewerf.

Die jaar 1940 was 'n rampspoedige jaar vir die Geallieerdes in Europa. Pole, België, Nederland en Denemarke het gou in die Nazi's se hande geval en toe Noorweë ten spyte van Brittanje se hulp nie staande kon bly nie, het Winston Churchill Joseph Chamberlain as eerste minister en oorlogsleier vervang. Een van die eerste dinge wat Churchill gedoen het, was om groete aan Smuts te stuur: "Ek vind dit vertroostend dat ons saam sal wees op die lang en moeilike trek wat voorlê, want ek weet jy en die regering en mense van die Unie sal nie in die hitte van die dag verwelk nie en ons sal 'n sterk laer trek ... op die ou end," het hy geskryf.[12]

Op 24 Mei, twee dae voor die terugval uit Dunkirk, het Smuts 70 geword. Ná 'n kort viering saam met Isie en die familie, het hy sy aandag na die gebeure in Afrika verskuif, waar hy verwag het dat Mussolini tot die oorlog sou toetree en vanaf sy basisse in Abessinië, Eritrea en Italiaans-Somaliland sou aanval. In Julie, met Italiaanse magte gereed om Britsbeheerde Kenia aan te val, het Smuts die eerste kontingent Suid-Afrikaanse troepe onder die bevel van brigadier Dan Pienaar na Oos-Afrika gestuur. Hy was op sy welsprekendste toe hy die manskappe groet: "Met ons deelname aan hierdie oorlog verdedig ons nie net onsself, ons land en ons toekoms nie. Ons staan lojaal en getrou by ons vriende in die Statebond van Nasies, soos ons weet hulle by ons sal staan ... Die wêreld se saak vir vryheid is ook ons saak, en ons sal in hierdie oorlog vir die vryheid van die mensdom veg totdat God se oorwinning die einde sal bekroon."[13] Volgens Ingham het Smuts se fundamentele optimisme uit sy godsdienstige oortuigings gespruit: Hy het geglo dat die boosheid van die nazisme nie kon triomfeer in 'n heelal wat deur 'n Heilige Voorsienigheid gevorm is nie.[14]

WEER OOS-AFRIKA

Laat in 1940 het Smuts 'n uitnodiging van die Britse minister van buitelandse sake, Anthony Eden, aanvaar om na Khartoem te vlieg, sodat hulle planne kon bespreek om 'n stokkie voor Italië se bedrywighede in Afrika te steek. Op pad daarheen kon hy "sy" troepe op die Abessiniese grens besoek, insluitend sy seun, toe tweede luitenant Jannie Smuts. Vanuit die lug kon hy die skoonheid van die berg Kilimanjaro en Kenia en die "groot kraterlandskap van Oos-Afrika"[15] aanskou.

Sy besoek was nie sonder drama nie.[16] Sonder om enigiemand behoorlik in te lig het generaal Pierre van Rhyneveld en ander senior offisiere in twee omgeboude Junker 86-vliegtuie opgestyg en oor die goed gekamoefleerde Archer's Post in Noord-Kenia gevlieg. Diegene op die grond het gereken die Duits-vervaardigde vliegtuie moet aan die vyand behoort. Twee Hawker Fury-vegvliegtuie is gestuur om die Junkers te onderskep en skote is geskiet voordat besef is dat dit in werklikheid besoekers van vriendskaplike magte was. Toe Smuts se vliegtuig land, het dit agt gate in die romp gehad; een koeël het tussen sy bene deur getrek. Agterna het hy die voorval onderspeel.

Vanaf basisse in Kenia het die klein Suid-Afrikaanse lugmag 'n reeks bomaanvalle op Italiaanse militêre teikens in Abessinië begin uitvoer. Ofskoon die skade relatief gering was, het die Suid-Afrikaanse lugmag se aggressie die grondmagte in Oos-Afrika die verposing gebied wat hulle nodig gehad het om 'n substansiële teenwoordigheid in die streek op te bou. Pienaar se Suid-Afrikaanse Brigade het een van die Geallieerdes se eerste suksesse in die oorlog behaal toe dit die Italiaanse fort by El Wak verower het, 400 myl oos van Nairobi op die grens tussen Kenia en Somalië. Saam het die Oos-Afrikaanse en Suid-Afrikaanse troepe die berg- en woestynwêreld in dikwels haglike weer getrotseer. Ná 'n opmars van 4 000 myl oor 53 dae het hulle Addis Abeba in April 1941 verower. Ná die Italianers se oorgawe is die keiser van Abessinië, Haile Selassie, in ere herstel en die Union Jack langs sy land se nasionale vlag gehys. Die geslaagde Oos-Afrikaanse veldtog het die Italiaanse bedreiging vir die Geallieerde vaarwater geneutraliseer en dit het generaal Archibald Wavell, in bevel van die Britse magte in die Midde-Ooste, gehelp om die vyand uit Egipte en Cirenaïka (nou Libië) te verdryf.[17]

Kort voor die val van Addis Abeba het Smuts na Kaïro gevlieg om met Eden en generaal John Dill te beraadslaag – hierdie keer oor die vraag of die Statebondstroepe, hoofsaaklik Australiërs en Nieu-Seelanders, uit Noord-Afrika gestuur moet word om Griekeland te verdedig. Smuts het 'n groot bewondering en liefde vir die Grieke gehad en hy het die plan gesteun. By sy terugkeer in Suid-Afrika is hy gevra om dringend troepe na Egipte te stuur. Daar het die wegkeer van Britse magte na Griekeland 'n gaping vir veldmaarskalk Erwin Rommel se Afrika-korps gelaat het om die beleërde Italianers te hulp te snel.

NOODLOTSJAAR
In 'n Nuwejaarsboodskap aan die mense van Groot-Brittanje het Smuts voorspel dat 1941 'n bepalende jaar vir die demokratiese wêreld gaan wees en so was dit dan ook. Al het Vichy-Frankryk met Duitsland saamgewerk,

het Hitler se inval in Rusland en Japan se aanval op Pearl Harbour Rusland en Amerika aan die Geallieerdes se kant tot die oorlog laat toetree. Smuts het ook voorsien dat die Vichy-Duitse samewerking en Hitler se suksesse in die Balkan sou veroorsaak dat Sirië Brittanje se grootste swakplek in die Midde-Ooste word – 'n afspringplek vir die Spilmoondhede se aanval op Egipte en die strategies belangrike Suez-kanaal. Al het hy goed besef dat hy "al ons Suid-Afrikaanse eiers in een mandjie sit" het hy nogtans as voorsorgmaatreël die 1ste Suid-Afrikaanse Divisie van Abessinië na die westelike woestyn geskuif.

Op Smuts se 71ste verjaardag het koning George VI hom 'n veldmaarskalk in die Britse leër gemaak. Die goewerneur-generaal, sir Patrick Duncan, het die eer namens die koning aan Smuts toegeken en hom as 'n "groot rots in 'n moeë wêreld"[18] beskryf. Die nuwe veldmaarskalk was trots op die besondere eer, maar het die hoop uitgespreek dat diegene wat hom die afgelope 40 jaar as generaal Smuts geken het, sy ou bekende titel sal bly gebruik.

In Augustus 1941 het Isie Smuts haar man op 'n driedaagse besoek aan Kaïro vergesel. Dit was die eerste keer in haar lewe dat sy gevlieg het en die Suid-Afrikaanse troepe het haar uitbundig verwelkom.[19] Soos in die Eerste Wêreldoorlog het "Ouma" Smuts 'n fonds begin om klein luukshede, klere en boeke aan te skaf om die genadelose lewe aan die oorlogsfront ietwat draagliker te maak.[20] Groepe huisvroue is genooi om saam met haar in Libertas, Groote Schuur en Doornkloof te brei en naaldwerk te doen vir die manne in die "Noorde". Haar seun Jannie het gemeen sy onpretensieuse en warmhartige ma was net so aktief in oorlogstyd soos sy pa. Haar onvermoeide pogings om "haar seuns" se omstandighede te verbeter het haar baie gewild gemaak onder almal in uniform.

Smuts se nasionalistiese teenstanders was baie bemoedig deur Duitsland se vroeë suksesse in die oorlog, maar kort voor lank het die alliansie tussen Malan en Hertzog oor die republikeinse kwessie losgetorring. Hul onderskeie ondersteuners het verskil oor of diegene wat nie republikeinsgesind was nie lede van die nuwe HNP kon wees. Nie een van die twee kante was gewillig om toe te gee nie. Op 'n vergadering van die HNP se federale raad in Desember 1940 het 'n sieklike en kortgebakerde Hertzog sy volgelinge uit die party gelei omdat (van alle dinge) die HNP se grondwet nie genoeg voorsiening gemaak het vir die gelyke behandeling van Engelssprekendes nie.[21] Die uitstappery het die einde van Hertzog se lang politieke loopbaan beteken. Ontmoedig en seergemaak deur sy mede-Afrikaners is hy minder as twee jaar later op sy plaas naby Pretoria dood. Smuts, wat in daardie stadium in Europa was, het sy spyt uitgespreek dat hy nie die begrafnis kon bywoon nie. "Generaal Hertzog," het hy in 'n huldeblyk aan sy ou kameraad en teenstander gesê, "het 'n standaard van manlikheid, patriotisme en eerlikheid gehandhaaf wat ek hoop altyd in Suid-Afrika behou sal word."[22]

TERUGSLAE

Laat in 1941 is Brittanje se 8ste Leër, bestaande uit troepe uit alle uithoeke van die Statebond, insluitend twee divisies van Suid-Afrika, onder die bevel van generaals Claude Auchinleck en Alan Cunningham byeengebring om die Midde-Oosterse olievelde en Egipte teen die Spilmoondhede te verdedig. Die gevegte in die Noord-Afrikaanse woestyn was 'n soort toutrekkery: die Britte sou die Italiaanse en Duitse magte weswaarts druk, net om weer ooswaarts deur Rommel en sy troepe teruggedryf te word. In hul dapper geveg om die vyand uit Cirenaïka te verdryf en die kusbasis van Tobruk te herower, het die Suid-Afrikaanse magte swaar verliese gely, veral by Sidi Rezegh, waar die 5de Infanteriebrigade hulle teen 'n groot pantsermag vasgeloop het en "uitgewis is".[23] Op nog 'n besoek in Mei 1942 aan Kaïro kon Smuts die "Springbok-troepe" inspekteer wat in die Tobruk-gebied gestasioneer was. Hy het die manne van agter op 'n trok toegespreek en voorspel dat 'n groot kragmeting voorlê, want Noord-Afrika was bestem "om een van die groot slagvelde van hierdie oorlog te word".[24]

Ná 'n kort verposing in die vyandelikhede waartydens albei kante hul tenkmag opgebou en hergroepeer het, het Rommel weer eens na die Suezkanaal opgeruk. Twee Suid-Afrikaanse divisies was in sy pad, by Gazala en Tobruk. Ná hewige gevegte is die 1ste Suid-Afrikaanse Divisie onder generaalmajoor Dan Pienaar beveel om Gazala te ontruim en terug te val. Die 2de Suid-Afrikaanse Divisie onder generaal-majoor HB Klopper se opdrag was om Tobruk te behou, maar Rommel se superieure pantserdivisie was een te veel vir hulle. Op 21 Junie 1942 het Klopper oorgegee: 33 000 manskappe, 10 722 van hulle Suid-Afrikaners, is gevange geneem – 'n verskriklike slag vir Smuts en die nasie se moreel. Teenstanders van die oorlog het gou politieke munt uit die terugslag geslaan.

Winston Churchill het die verlies van Tobruk net so diep soos Smuts gevoel en hy het in Augustus 1942 'n dringende ontmoeting in Kaïro versoek. Smuts het die Britse eerste minister gehelp om sy topbevelvoerders in die Midde-Ooste rond te skuif: generaal Harold Alexander moes die Midde-Oosterse bevel lei en generaal Bernard Montgomery het die bevelvoerder van die 8ste Leër geword. Churchill het aan die media gesê hy is in sy besluitneming gesterk deur die "massiewe oordeelsvermoë van veldmaarskalk Smuts, wat van Kaapstad na Kaïro gevlieg het om my te ontmoet".[25]

TYD OM AAN TE VAL

Smuts se vermoë om die oorlog objektief en holisties te beskou het 'n diep indruk op die ontembare Churchill gemaak. Hy het Smuts vir nog strategiese samesprekings na Londen genooi. Hierdie keer het Smuts homself vyf weke in Engeland gegun, die langste tydperk in vyf jaar wat hy uit Suid-Afrika weg was. Dadelik nadat hy op 13 Oktober in Engeland geland het, het hy 'n vergadering van die oorlogskabinet bygewoon. Die Britse koerante het sy aankoms uitgebasuin as 'n aanduiding dat 'n belangrike nuwe fase in die oorlog begin het. Die redakteur van *The Guardian* het geskryf dat die aankoms van "die vader" van die Afrika-strategie (wat dit ook al beteken het) 'n duidelike teken was "dat die Geallieerdes in 'n nuwe sin ernstig is".[26]

Op 21 Oktober het Smuts 'n gesamentlike sitting van albei huise van die parlement (saam met gaste altesaam 1 000 mense) toegespreek. Lloyd George het hom aan die woord gestel en hom as een van die voorste staatsmanne van sy generasie bestempel, iemand "wie se kalmte en oordeelsvermoë deur niemand in hierdie era oortref word nie".[27] Smuts het die verloop van die oorlog vanaf die val van Frankryk tot die aanval op Pearl Harbour meesterlik ontleed. Die verdedigende fase van die oorlog is verby, het hy verklaar, die tyd het aangebreek dat die Geallieerdes tot die aanval oorgaan. Hy het nie oor die suksesvolle uiteinde van die oorlog getwyfel nie. Soos altyd het hy 'n oog op die toekoms gehad en sy gehoor genooi om te oorweeg watter soort sosiale en internasionale orde nodig is om sowel die oorlog as die vrede te wen. Sy woorde van hoop en bemoediging is met geesdrif in Brittanje en oor die wêreld heen ontvang. 'n Skrywer in die New Yorkse *Post* het die toespraak beskryf as "een van die groot politieke dokumente van die oorlog …

In ondubbelsinnige woorde het die Suid-Afrikaanse leier die offensief aangekondig."[28] *(Vir 'n videogreep van Smuts se treffende toespraak, gaan na YouTube en tik in "General Smuts addresses the Mother of Parliaments in Londen (1942)".)*

DIE GETY DRAAI

Twee dae later het Montgomery se 8ste Leër sy "groot donderslag van 'n aanval"[29] op Rommel se linies by El Alamein in Egipte gedoen. Sodoende is die Duitsers uit Egipte en oor die Noord-Afrikaanse woestyn tot in Tunisië gedryf. In die voorste linie van die aanslag was die 1ste Suid-Afrikaanse Divisie onder die inspirerende leierskap van Dan Pienaar. Met hul terugval het die Spilmoondhede meer as 70 000 krygsgevangenes, 8 000 van hulle Duitsers, en 'n aansienlike hoeveelheid oorlogstoerusting verloor. Die Suid-Afrikaanse magte het Tobruk weer op 13 November binnegegaan, maar gietende reën het Rommel in staat gestel om die agtervolgende Geallieerdes te ontwyk en voort te veg. Eers vyf maande nadat Smuts en Churchill in Kaïro ontmoet het, het die gety in die Geallieerdes se guns begin draai. In Londen het Churchill sy beroemde uitlating gemaak dat die "Slag van Egipte" nie die begin van die einde was nie, maar die einde van die begin.

Ná een van die besigste paar weke van sy lewe, waarin hy twee keer per dag aan samesprekings van die oorlogskabinet deelgeneem en vergaderings van die verdedigingskomitee, die geheime raad, die oorlogskomitee vir die Stille Oseaan en die oorlogskantoor bygewoon het, dikwels tot laatnag, het Smuts na Suid-Afrika teruggekeer en vir die volgende parlementsitting begin voorberei. Op 6 Desember het hy weer eens 'n boodskap aan die Britse volk uitgesaai waarin hy die doeltreffendheid van die Ryk se oorlogsmasjien en Churchill se leierskap geloof het. As eerste minister, het hy gesê, was Churchill doelgerig, met 'n oop gemoed, en dit was slegs in sy strewe om die oorlog te wen dat hy "fanaties onbuigsaam" was.[30]

NOG 'N VERKIESINGSOORWINNING

Ná Hertzog se ondergang het Malan se Nasionaliste heftiger as ooit tevore teen Smuts te velde getrek. Toe die soldate na Egipte gestuur is, het hulle smalend gevra wat Brittanje se oorlog in Egipte met die verdediging van Suid-Afrika te doen het. Toe Smuts deur Stalin se oorlogsverklaring teen Duitsland verplig was om die Russe as bondgenote te aanvaar, is hy, belaglik genoeg, daarvan beskuldig dat hy die Bolsjewiste steun.[31] En toe Japan tot die oorlog toetree, het hy in die Malaniete se oë die doodsonde begaan deur in die parlement te verklaar dat swart en bruin mense indien nodig wapens gegee sal word om hul land te verdedig. "Stel jou voor," het Smuts sarkasties aan Margaret Gillett geskryf, "wapens aan die naturelle wat hulle waarskynlik teen die wit mense sal gebruik ... en dit nadat ek die wit mense net 'n jaar tevore ontwapen het. Manifeste reën nou op ons neer, die kerk is gemobiliseer om woedende resolusies te aanvaar ... Dit is natuurlik alles suiwer partypolitiek."[32]

Intussen het die oorlog in die Geallieerdes se guns begin draai. Suid-Afrika het groot aansien geniet en Smuts het dit benut. Die openbare mening het in sy guns gedraai en duisende kiesers wat met die uitbreek van die oorlog teen hom gekant was, het nou weer gedink. Die verkiesing van 1943 was 'n tweegeveg tussen hom en Malan om die stem van die onverbonde Afrikanerkieser.[33]

◆

In die aanloop tot die verkiesing moes albei die partyleiers die verdeeldheid in eie geledere probeer toesmeer. In 'n poging om die meer gematigde kiesers wat deur Pirow en Van Rensburg se ekstremisme afgestoot is te behou, het Malan die eise om 'n christelik-nasionale republiek onderspeel en liewer die klem gelê op brood-en-botter-kwessies en die gevaar vir die land wat Smuts se veronderstelde verspreiding van die gif van kommunisme onder swart en bruin mense en Indiërs sou inhou.[34] Smuts moes op sy beurt die Verenigde Party in lyn bring met die kleiner Arbeidersparty en met die Dominiumparty, wat diep bekommerd was oor die groeiende Indiërbevolking in Natal. Hy kon ook op die 12 000 bruin kiesers op die Kaap se gemeenskaplike kieserslys staatmaak.[35]

Die kiesers het Smuts sy sterkste mandaat ooit besorg deur 110 lede wat die oorlog gesteun het parlement toe te stuur, teenoor 43 lede van die antioorlog partye. In elke provinsie behalwe die Vrystaat het die Verenigde Party skouspelagtig gewen. Malan se Nasionaliste het self nie te sleg gevaar nie: die party het die verregse pro-Hitler-vleuel van die Afrikanerdom uitgewis terwyl dit kompromisloos republikeins, afskeidingsgesind en anti-oorlog gebly het.[36]

Onheilspellender vir Smuts het die Malaniete die kleurkwessie tot hul voordeel ingespan deur op wit vrese te hamer.

Oor hierdie oortuigende oorwinning het Smuts aan Margaret Gillett geskryf: "Wanneer ek aan my jare in die wildernis dink ... en terwyl die skemer daal, vind ek soveel erkenning vir dit waarvoor ek gestaan en gely het, voel ek dat ek uiteindelik met meer as saamgestelde rente terugbetaal is ... dit is inderdaad 'n klinkende oorwinning."[37] Dit sou ook sy laaste een wees.

Iemand wat Smuts in hierdie tyd van naby dopgehou het, was die Britse hoë kommissaris in Suid-Afrika, lord Harlech. In 'n brief het hy 'n treffende beskrywing van die Suid-Afrikaanse leier gegee: "Hy is 72 jaar oud, nog regop, skraal gebou, netjies geklee en vol intense lewe. Hy hou homself fisiek fiks deur min te eet en lang wandeltogte te onderneem ... hy rook nie en is feitlik 'n geheelonthouer. In Irene lei hy 'n patriargale Afrikanerlewe, omring deur sy vrou, dogters en baie kleinkinders. Hy het die bouvallige ou huis meer as 30 jaar gelede gekoop. Dis glad nie gemoderniseer nie en altyd heerlik deurmekaar."[38]

HOOFSTUK 16

"Ons, die Verenigde Nasies"

DIE INVLOED NEEM AF

Op Churchill se aandrang het Smuts pas ná sy herverkiesing in 1943 'n tweede oorlogstydse besoek aan Londen gebring. Sy seun Jannie het hom as sy aide de camp vergesel, 'n rol wat volgens die jonger man veeleisend was. In Italië, waarheen Britse en Amerikaanse magte gestuur is nadat hulle die Spilmoondhede uit Noord-Afrika verdryf het, het Mussolini bedank kort voordat sy ontmoedigde troepe oorgegee het. In Geallieerde geledere het die magsbalans begin skuif met dié dat Washington Londen as die locus vir besluitneming vervang het. Die heropening van die Middellandse See vir skeepvaart het, tot Smuts se ontsteltenis, beteken dat die strategiese belang van die Kaapse seeroete, en dus van Suid-Afrika, afgeneem het.

Op pad na Londen het Smuts eers in Tunisië geland om samesprekings te voer met generaals Dwight Eisenhower en Harold Alexander en met die bevelvoerder van die Britse lugmag, EW Tanner. Van daar af het hy na Sicilië en Malta gevlieg. In Algiers het 'n vliegtuig wat Churchill gestuur het gewag om hom Londen toe te neem. In die Britse hoofstad moes hy tot sy ergernis verneem dat sy advies dat die Geallieerdes Nazi-Duitsland vanuit die oorwonne Italië en die Balkan-lande aanval verwerp is ten gunste van Operasie Overlord, die inval in Europa onder Amerikaanse leiding oor die Engelse Kanaal aan Frankryk se Atlantiese kus. Deur so lank te weifel, het Smuts geglo, was die Geallieerdes besig om 'n groot kans deur hul vingers te laat glip.[1] Hy was oortuig die voorbereidings om die Engelse Kanaal oor te steek moet vertraag of uitgestel word terwyl Duitsland met alle mag gebombardeer word.

Churchill het Smuts se menings hoog geag en het in die stilligheid saamgestem, maar in daardie stadium van die oorlog moes hy voor die Amerikaners buig. Hy het aan Smuts geskryf: "Daar is geen moontlikheid hoegenaamd dat die voorbereidings wat ons vir Overlord getref het, gestaak kan word nie ... Ek hoop jy sal besef dat Britse lojaliteit aan Overlord 'n sluitstuk van die boog van Anglo-Amerikaanse samewerking is ... Ek dink daar is genoeg soldate om albei planne deur te voer, en ek glo dit sal die regte strategie wees."[2]

Amptelik was Smuts vir 'n Statebondsvergadering in Londen, maar hy het baie ander afsprake gehad. Hy is dadelik by vergaderings van die oorlogskabinet betrek waar die lede baie bekommerd was oor die bedreiging wat Duitsland se langafstandvuurpyle vir Londen ingehou het. Hy het ook die Britse lugmag se bombardiersbevel besoek, waar viselugmaarskalk "Bomber" Harris die bevelvoerder was. Harris het in die Eerste Wêreldoorlog in Suidwes-Afrika as infanteriemanskap onder Smuts gedien. By Checkers, die Britse eerste ministers se plattelandse woning, het hy 'n gesellige naweek saam met Churchill deurgebring. Volgens Jannie het Churchill Smuts probeer oorreed om in sy plek waar te neem wanneer hy en Anthony Eden kort daarna verpligtinge buite Brittanje moes nakom. Tydens 'n naweek saam met die koningsgesin in die Windsor-kasteel het Smuts op uitnodiging van die koning die Sondag in die St. George-kapel gepreek. Agterna het hy gesê dit was een van die moeilikste versoeke waaraan hy ooit moes voldoen.[3]

Op 19 Oktober het hy 'n gehoor van meer as 2 000 in Londen se historiese Old Guildhall meegedeel dat Stalingrad en El Alamein die keerpunte van die oorlog was en op 'n reusepoging aangedring om die oorlog te beëindig.[4] Op 25 Oktober, 'n week voor sy vertrek, het hy 'n toespraak wat later as sy "Explosive Speech" bekend gestaan het voor die Empire Parliamentary Association gehou oor "gedagtes oor 'n nuwe wêreld". In 'n soort toekomsreis het hy voorspel dat drie groot moondhede ná die oorlog na vore sal tree: Amerika, Rusland (die nuwe kolos) en Brittanje en dat hulle 'n drie-eenheid sal vorm aan die spits van 'n organisasie van verenigde nasies wat die mensdom se stryd sal lei.

Dit was omdat die Volkebond nie leierskap gehad het nie dat sake verkeerd geloop het, het hy verklaar.[5] As Brittanje, die kleinste lid van die drie-eenheid, ná die oorlog 'n rol wil speel, sal die Britse Ryk en die Statebond versterk moet word, dalk deur van Europa se kleiner demokrasieë by te voeg. Hy het voorspel dat Duitsland in sy destydse vorm sal verdwyn en dat Frankryk se vordering lank en moeilik sal wees. Die suggestie dat hul land nie meer 'n grootmoondheid was nie, het nie in Charles de Gaulle en die Franse se klere gesit nie. Vir hulle was Smuts reeds sedert Versailles 'n doring in die vlees.[6]

Smuts het sy reis huiswaarts in Kaïro onderbreek vir 'n vergadering oor aandete saam met president Franklin Roosevelt. Agterna het hy gesê: "Ons twee Hollanders het uitstekend oor die weg gekom."[7] Hy kon die Amerikaanse leier nogtans nie oortuig dat die Geallieerde teenwoordigheid in die Midde-Ooste nie verklein moet word deur troepe uit Afrika na Noord-Europa te stuur nie.

OPERASIE OVERLORD

In April 1944 was Smuts weer in Londen vir die eerste amptelike konferensie van Statebondspremiers. Teen dié tyd was die voorbereidings vir Operasie Overlord afgehandel en die suide van Engeland was omskep in "een groot militêre kamp".[8] By die konferensie het Smuts sy ernstige bedenkinge uitgespreek oor Rusland se planne in die Oossee-state en het voorspel dat die land 'n "kolos sonder remme"[9] sou word wat die leerstellings van die kommunisme oor Europa en die res van die wêreld sou versprei.

Op 19 Mei is ereburgerskap van Birmingham, die stad in die hart van Brittanje se krygstuigbedryf, aan Smuts toegeken. Hy het die geleentheid benut om weer eens aan te dring op die spoedige beëindiging van die oorlog en het voorspel dat die naoorlogse wêreld maatskaplike sekuriteit vir die gewone man sal bied. Soos altyd besorg oor die kommunisme, het hy by sy werkersklas-gehoor aangedring om die Rusland van Tolstoy te volg, eerder as dié van Karl Marx.[10]

Volgens Jannie het sy pa al hoe ongeduldiger geword omdat Operasie Overlord se loodsing oor die Engelse Kanaal vertraag is. Op die middag van 3 Junie het Churchill Smuts na die finale beplanningsvergadering by Eisenhower se hoofkwartier buite Portsmouth saamgeneem. Smuts was ontsteld toe hy hoor dat die inval weens ongunstige weerstoestande dalk vir nog 12 dae uitgestel sou moes word. Hy het by die Geallieerde bevelvoerders aangedring om waagmoediger te wees, bereid om aan die begin 'n paar duisend meer manskappe op te offer ter wille van die "groter langtermynvoordeel".[11]

So gebeur dit toe dat Eisenhower, wat Smuts bewonderend as 'n "groot man"[12] beskryf het, besluit om Operasie Overlord op 6 Junie in verslegtende weer te begin. Die datum is tot vandag toe bekend as D-dag. Op 16 Junie, ses dae nadat die inval in Frankryk suksesvol afgehandel is, is Smuts genooi om Churchill en sir Alan Brooke op die oorlogskip *Kelvin* na Normandië te vergesel. Nadat hulle in die Kanadese sektor aangekom het, is die geselskap per Jeep na veldmaarskalk Montgomery se hoofkwartier naby Bayreux.[13] Die pers is gevra om Smuts se teenwoordigheid geheim te hou uit vrees dat De Gaulle sou aanstoot neem, want hy was nie genooi nie.[14]

Twee dae vantevore het Smuts vanuit sy hotelvenster gesien hoe die eerste bomme op Londen val. Dit was die begin van die lugaanvalle wat drie maande sou duur. Stalin het eers dae later sy beloofde weswaartse aanval begin, wat, soos Smuts voorspel het, die Russe 'n voorsprong bo die Geallieerdes gegee het met die vestiging van 'n teenwoordigheid in Oos-Europa.

Smuts is op 21 Junie uit Londen weg huis toe, maar hy het eers 'n paar ander draaie gemaak. In Italië het hy samesprekings met generaal Alexander gehad. Hy het Suid-Afrika se 6de Pantserdivisie by Orvieto en die lugmag se personeel aan die Adriatiese kus besoek. Voordat hy uiteindelik die laaste skof van sy reis aangepak het, is hy op versoek van Churchill persoonlik deur Niels Bohr, die Deense atoomwetenskaplike, voorgelig. Sodoende het hy een van die oorlog se grootste geheime met hom saamgeneem huis toe: dat 'n atoombom binnekort vervaardig sou word.

Al was sy besoeke aan Londen hoe uitputtend vir 'n man van sy ouderdom, was dit 'n groot inspuiting vir sy moreel. Omdat hy Suid-Afrika nie vir lang tydperke kon verlaat nie, kon hy nie weer 'n belangrike rol in die Geallieerdes se oorlogsbeplanning speel nie, maar deur Churchill en ander is hy naby die hart van die gebeure gehou. Hy is deur konings, eerste ministers, generaals, sakelui, diplomate en kundiges op alle lewensterreine geraadpleeg. In vergelyking daarmee moet die dwarstrekkerige Suid-Afrikaanse politiek bra triviaal gelyk het.

PROBLEME TUIS
Tydens Smuts se buitelandse besoeke het die regering se politieke probleme toegeneem, ten spyte van sy hardwerkende adjunk, JH Hofmeyr. Ná die stemming oor deelname aan die oorlog is Hofmeyr terug kabinet toe en in Smuts se afwesigheid was hy verantwoordelik vir "huishoudelike sake". Soos ons reeds gesien het, was hy baie jonger as Smuts, met liberaler standpunte oor

ras. Hy het steeds 'n groot ontsag vir Smuts gehad, maar in hierdie stadium het die twee mans oor etlike kwessies verskil. Ter wille van die nasionale belang is pleisters oor die krake geplak. Terwyl Smuts weg was, het die Verenigde Party, in Hancock se woorde, "sy verdeeldheid oor feitlik elke kritieke kwessie behalwe die oorlog"[15] ontdek.

Politieke regte vir swart mense en Indiërs was nou hoog op die nasionale agenda. Dr. AB Xuma het weer lewe in die African National Congress (ANC) geblaas. Die organisasie het in 1943 sy jeugliga gestig en 'n veldtog begin om 'n miljoen handtekeninge in te samel vir 'n petisie teen die paswette. Aan die Witwatersrand het duisende swart mense eerder werk toe geloop as om die verhoogde busgeld te betaal en hulle het plakkersdorpe op munisipale grond begin. 'n Groep swart intellektuele het 'n Handves van Regte vir swart mense opgestel, gebaseer op die reg tot selfbeskikking in die Atlantiese Akte wat Roosevelt en Smuts in 1941 geformuleer het. Xuma het die dokument na Smuts gestuur en om 'n onderhoud gevra, maar die eerste minister het deur sy private sekretaris laat weet hy kan nie sien wat die sin van so 'n gesprek sal wees nie.[16] 'n Jaar later het Hofmeyr as waarnemende eerste minister geweier om 'n petisie wat die afskaffing van die paswette eis te aanvaar en die probleem op die minister van naturellesake afgeskuif. Op die VP-kongres in 1944 het Smuts sy party se welbekende standpunt van "skeiding van die kleure in sosiale verhoudinge, behuising en terreine van indiensneming"[17] herbevestig.

In Transvaal en Natal het ontevredenheid opgevlam oor die sogenaamde vaspenwet, 'n tydelike maatreël wat Indiërs verbied het om vir die volgende drie jaar grond in "wit" residensiële gebiede te koop. Die wet was die gevolg van politieke druk, veral van LV's in Natal, waar daar nou byna net so veel Indiërs soos wit mense was. Smuts was goed bewus van die internasionale roeringe wat die diskriminerende wetgewing veroorsaak het en toe die SA Indian Congress hom versoek om in te gryp, het hy ingestem om die wetgewing te herroep. Daarna het hy 'n beheerraad van drie wit mense en twee Indiërs aangestel om "Indiër-indringing in wit gebiede"[18] te monitor.

By al sy probleme gedurende die oorlogsjare, het hy hom ook oor Isie se gesondheid bekommer. In Desember 1942, net voor haar 72ste verjaardag, het sy 'n beroerte gehad. Al het sy vinnig herstel en haar werk vir die soldatefonds voortgesit, het sy in 1944 weer 'n terugslag gehad waarvan sy eers jare later herstel het.[19]

DIE HANDVES WORD HERBEWOORD

Die parlementêre sitting van 1945 is veral gekenmerk deur die heftige rusie oor die ontslag van staatsamptenare wat geweier het om uit die geheime Afrikaner-Broederbond te bedank. Soos Hertzog voor hom, het Smuts die organisasie as anti-Suid-Afrikaans en gevaarlik beskou en hy het bepaal dat geen Broederbonder 'n pos in die staatsdiens mag beklee nie.[20] Die opposisie was woedend toe hy die daad by die woord voeg.

Nog voor die einde van die sitting het Smuts op sy laaste oorlogstydse besoek aan Engeland vertrek, weer eens met Jannie aan sy sy. Die vlug was senutergend. Die oorlaaide York-vliegtuig het eers gesukkel om op te styg en het 'n kraak in sy stert gekry toe hy oor Oos-Afrika deur weerlig getref is. Smuts het nie die geringste teken van senuweeagtigheid getoon nie.[21]

Die rede vir die reis na Brittanje was nog 'n vergadering van die Statebondspremiers om die voorgestelde handves van die Verenigde Nasies te bespreek. Dis in September 1944 op 'n voorbereidende vergadering by Dumbarton Oaks opgestel. Smuts, wat instrumenteel was in die stigting van die Volkebond, was vasbeslote dat die nuwe internasionale organisasie nie soos sy voorganger moet misluk nie.[22] Hy het gedink die voorgestelde bewoording van die handves was wetties en oninspirerend en hy het op eie stoom die aanhef herbewoord met frases soos: "Ons, die Verenigde Nasies ... Ons verklaar ons vertroue in basiese menseregte ... Ons glo aan die beoefening van verdraagsaamheid ... Ons glo aan die uitbreiding van vryheid ... Ons glo aan nasies wat in vrede woon."[23] Sy openingswoorde is later verander na: "Ons, die volke van die Verenigde Nasies ..."[24] Hy het volgehou dat die handves die waardes wat die Geallieerdes in die oorlog lewend gehou het moet weerspieël, die oorlog wat 'n "morele stryd was ... van geloof in geregtigheid en die vasbeslotenheid om die fundamentele regte van die mensdom te handhaaf".[25]

Die Statebondspremiers het Smuts se weergawe goedgekeur en dis toe aan 'n konferensie in San Francisco voorgelê waar dit met enkele geringe wysigings aanvaar is. Ironies genoeg het Smuts se invoer van "fundamentele menseregte" in die politiek van die Verenigde Nasies baie gou 'n stok geword waarmee hy en Suid-Afrika geslaan is.[26] Toe hy later vurig sy regering se rassebeleid by die VN verdedig, is hy daarvan beskuldig dat hy sy eie skepping ondermyn.

Op 13 April, kort voordat hy van Londen na die VSA vertrek het, het Smuts van Franklin Roosevelt se dood verneem. Hy het dit as 'n slag vir die hoop

Smuts teken die VN-handves in San Francisco, 1945.

op naoorlogse vrede bestempel.[27] Hy het veral die manier bewonder waarop Roosevelt isolasionisme en die vyandige openbare mening die hoof gebied het om Amerika aan die Geallieerdes se kant by die oorlog te laat aansluit.

BY DIE VERENIGDE NASIES

Smuts het die San Francisco-konferensie, wat op 25 April amptelik deur die nuwe Amerikaanse president, Harry Truman, geopen is, met skeptisisme en kommer bejeën. Hy het bedenkinge gehad oor die veto wat by Jalta aan die drie grootmoondhede – Amerika, Brittanje en Rusland – toegestaan is en was bekommerd oor Rusland se strydlustigheid.

Die bejaarde Suid-Afrikaanse leier is deur die Kanadese premier, Mackenzie King, bestempel as iemand wie se "status deur niemand in die diplomatieke wêreld oortref word nie". Anthony Eden het hom die doyen van die konferensie genoem, "met onvergelyklike intellektuele vermoëns en onoortreflike ervaring en gesag"[28] en hy is vroeg reeds gevra om in die volle vergadering te praat. Op 1 Mei, die dag ná Hitler se selfmoord, het Smuts in San Francisco se operahuis die afgevaardigdes "in beroering gebring" deur te verklaar: "Vir die menslike ras het die uur aangebreek. Die mensdom is by die krisisuur van sy lot, die lot van sy toekoms as 'n beskaafde wêreld. Oorwinning in die oorlog moet bekroon word met 'die beëindiging van die dood se pelgrimstog'."[29]

Hy het aan die vergadering gesê die verskil tussen die Volkebond en die Verenigde Nasies was die besef dat slaankrag nodig is om wêreldvrede te handhaaf. Die gesamentlike mag van die grootmoondhede sal nodig wees om die vrede te waarborg; daarom is eenheid onder die leiernasies noodsaaklik.

Die nuwe handves, het hy gesê, moenie 'n wettiese dokument vir die voorkoming van oorlog wees nie. "Ek sou voorstel dat die handves reg aan die begin in sy aanhef 'n verklaring van menseregte bevat, van die gedeelde geloof wat die Geallieerde volke in hul lang en bitter stryd vir die handhawing van daardie regte en van hierdie geloof gesterk het ... ons het vir geregtigheid en ordentlikheid en vir die fundamentele vryhede en regte van die mensdom geveg, dit wat die grondslag is vir menslike vordering en vooruitgang en vrede."[30]

In Europa het die oorlog uiteindelik einde se kant toe gestaan. Op 27 April het die Amerikaanse en Russiese magte mekaar aan die Elbe-rivier in Sentraal-Europa ontmoet. 'n Dag later het Italiaanse patriotte Mussolini gevange geneem en hom ná 'n kort verhoor tereggestel. Ná Hitler se dood het admiraal Karl Dönitz die bevel oor die Duitse magte oorgeneem. Op 7 Mei het Duitsland oorgegee en is die wapenstilstandsooreenkoms onderteken. Smuts het Churchill in 'n telegram gelukgewens met die suksesvolle beëindiging van vyandelikhede, waarop Brittanje se oorlogsleier geantwoord het: "Niks in hierdie afgelope aangrypende dae het my groter plesier verskaf as jou baie vriendelike boodskap nie. Jou teenwoordigheid langs my in die raadsale van die Ryk en aan die front in daardie lang moeilike jare was vir my 'n konstante bron van krag en inspirasie waaroor ek opreg dankbaar is."[31]

In San Francisco is Smuts tot president van die algemene vergadering verkies, met die opdrag om die aanhef tot die handves en die kwessies om trusteeskap af te handel. Die vordering was stadig. Hy het die vredeskonferensies aan die einde van die twee wêreldoorloë vergelyk soos net hy dit kon doen omdat hy by albei was en het dit betreur dat daar nie hierdie keer dominante persoonlikhede soos Wilson, Lloyd George en Clemenceau was nie.[32]

Naas die veto was die haakplekke by die konferensie weer eens die seëvierende nasies se gebiedseise: Die VSA wou sy strategiese basisse in die Stille Oseaan behou; Rusland het soortgelyke basisse vir homself geëis en Brittanje het onwrikbaar enige inmenging in sy kolonies se sake teengestaan. Op sy beurt was Smuts vasbeslote om nie Suid-Afrika se aanspraak op Suid-wes-Afrika as 'n Klas C-mandaat van die Volkebond prys te gee nie.

Terwyl die afgevaardigdes na die konferensie nog aan die kibbel was, het Smuts vir 'n kort rukkie weggeglip om 'n gradeplegtigheid by Berkeley toe te spreek en 'n gedenkplaat vir Franklin Roosevelt in Muir Wood te onthul – 'n park van reuse-mammoetbome wat aan die buitewyke van San Francisco oor 400 akker gestrek het. Oor die gestorwe president het hy gesê: "Hier onder die reuse-rooihoutbome sal hierdie groot man die gepaste geselskap van gees-genote vind. In die toekoms sal die Geselskap van die Reuse hier woon."[33] Later het hy en Jannie 'n onvergeetlike reis na die Yosemite nasionale park in die Sierra Nevada-bergreeks onderneem.[34]

Op 25 Junie is die handves van die Verenigde Nasies uiteindelik aanvaar. Smuts het 'n lang afsluitingstoespraak voorberei, maar sy bydrae moes kort-geknip word toe president Truman besluit om self die afsluiting waar te neem. Aan die einde van die volle sitting het Smuts "as 'n ou veteraan van die oorloë en vredeskonferensies" die handves as 'n "praktiese, werkbare vredesplan" beskryf, maar bygevoeg dat dit gesteun sal moet word deur 'n "algehele mobi-lisering van die menslike gees en die uitgebreide netwerk van maatskaplike en morele werksaamhede wat ons beskawing ondersteun".[35] Volgens Mazower het hy Brittanje geloof as die grootste koloniale mag in die wêreld: "Mans en vroue oral," het hy gesê, "insluitend afhanklike volke wat nog nie in staat is om na hulself om te sien nie, word dus ingetrek in die omvangryke plan om oorlog te voorkom."[36]

Smuts sou op Truman se uitnodiging onmiddellik ná die konferensie na Washington reis om sowel die huis van verteenwoordigers as die senaat toe te spreek. Die uitnodiging is egter teruggetrek nadat die Amerikaners besluit het dat dit Truman kon kompromitteer en 'n stok in die wiel kon wees wanneer die handves deur die kongres gevoer moet word. Smuts het toe liewer Mackenzie King se uitnodiging om Ottawa te besoek aanvaar. Daar het hy 'n groot gehoor by die Kanadese klub meegedeel dat ofskoon die San Francisco-handves glad nie volmaak is nie, "dit ten minste 'n stap vorentoe is".[37] In sy oë was dit eintlik weinig meer as 'n verbeterde weergawe van die Volkebond-model en in pas met sy wêrelduitkyk. Daar was geen verbintenis tot onafhanklikheid vir kolonies nie, die VN sou as 'n mag vir wêreldorde na vore tree en Suid-Afrika – as die Britse Ryk se agent op die vasteland van Afrika – kon sy beskawende rol voortsit.

Op pad huis toe het hy Londen aangedoen, waar hy Winston Churchill in die middel van 'n verkiesingsveldtog aangetref het. Van daar af is hy na Italië en Kaïro. Uiteindelik het Smuts ná 'n reis van 27 000 myl in Suid-Afrika aangekom, gereed om die demobilisering van die gewapende magte en die land se oorgang van oorlog na vrede te behartig. Hy sou gou die verstommende nuus kry dat die Britse kiesers sy vriend Churchill verwerp het terwyl hy by die grootmoondhede se Potsdam-konferensie was. Op 6 en 9 Augustus het die eerste atoombomme op Hirosjima en Nagasaki geval en nege dae later het Japan oorgegee. Tot Smuts se groot verligting was die oorlog uiteindelik iets van die verlede.

HOOFSTUK 17

'n Hartseerjaar

MET MOEË GELATENHEID

Die naoorlogse wêreld het sy loop geneem, baie soos Smuts in sy merkwaardige "Explosive Speech" in 1943 voorspel het. Die grootste deel van Europa was in puin en Rusland het sy reikwydte en invloed aansienlik uitgebrei: van die Groot Drie het net Stalin as 'n oorwinnaar na vore getree. Smuts het gehoop Amerika sou die magsewewig in Europa help handhaaf, maar die Amerikaners was blykbaar nie geïnteresseerd daarin om dié verantwoordelikheid te aanvaar nie en was meer toegespits daarop om hul soldate by die huis te kry. Hy het dit merkwaardig gevind dat die VSA so gou sy oorlogstydse vriendskap met Brittanje kon vergeet en het die skielike beëindiging van die Lend-Lease ('n program waarvolgens die VSA tussen 1941 en Augustus 1945 kos, olie en toerusting aan vrye Frankryk, Brittanje, China en later die Sowjetunie en ander Geallieerde lande verskaf het) as "die verloëning van 'n glorieryke alliansie"[1] betreur.

Hy was ook besorg toe hy sien dat Asiatiese nasies, aangehits deur die Russe, die aanval teen imperialisme lei. Soos altyd was Amerika vasgevang tussen sy eng strategiese oorwegings en sy antikoloniale neigings. "Gelyke regte vir almal" was nou die slagspreuk en Smuts het voorsien dat hy en Suid-Afrika probleme by die komende vergaderings gaan ondervind.

Met moeë gelatenheid het hy sy naoorlogse verantwoordelikhede as eerste minister van Suid-Afrika hervat. Hy het aan Margaret Gillett geskryf hy is "terug in dieselfde ou tuig, besig om dieselfde ou wa te trek".[2] Tog het hy steeds die laste van die wêreld op sy skouers geneem. Van 1942 tot 1945 was hy elke jaar vir twee of drie maande weg uit die land, maar in 1946 was sy afwesigheid veel langer. Hy was by die konferensie van Statebondspremiers in Londen, die Vredeskonferensie van Parys en die Algemene Vergadering van die VN. In sy afwesigheid het die taak om die land te bestuur soos gewoonlik op JH Hofmeyr se skouers geval. Sy formidabele ma, Deborah, was 'n vriend van Jan Smuts, maar sy het hom daarvan beskuldig dat hy 'n ondraaglike las op haar seun geplaas het.

In Parys was Smuts die enigste afgevaardigde wat ook 'n kwarteeu tevore by Versailles was. Hierdie keer het hy homself doelbewus daarvan weerhou om in komitees te dien en het liewer private advies aan afgevaardigdes van verskeie lande uitgedeel. Gedagtig aan sy vorige ervaring het hy weinig hoop gehad dat die konferensie suksesvol sou wees en daarop gewys dat die Slawiese en Westerse groepe oor feitlik elke kwessie verskil het – 'n kloof wat niks goeds vir die vooruitsigte op wêreldvrede voorspel het nie. In Aberdeen, Skotland, het hy gewaarsku dat hopeloos te veel van die konferensie verwag word: die wêreld was nog te deurmekaar vir 'n vroeë terugkeer na stabiliteit.[3]

Smuts het die Algemene Vergadering van die VN persoonlik bygewoon, want hy wou Suid-Afrika se aanspraak op Suidwes-Afrika bevorder en Indië se beskuldiging dat sy regering teen die Indiërs in Natal diskrimineer, weerlê. Hy het begrip gehad vir die kritiek van die Indiese verteenwoordiger, mev. VL Pandit (Nehru se suster), maar hy het gevoel dat dit 'n bietjie dik vir 'n daalder is, komende van 'n land met 'n kastestelsel en waar Moslem-minderhede wreedaardig vermoor is. Dit was 'n geval van die pot wat nie die ketel kan verwyt nie. Smuts en Pandit se woordewisselings was dikwels heftig, maar sy aanvalle was nooit persoonlik nie. Sy argument dat die sosiale skeiding van rasse in Suid-Afrika geen menseregte geskend het nie en bedoel was om "bloedige opstootjies" soos dié in Indië en elders te vermy, het op dowe ore geval.

Pandit en haar ondersteuners het met die steun van die VSA geseëvier: die Algemene Vergadering het Suid-Afrika gesensureer en opdrag gegee dat die land sy behandeling van die Indiërs in ooreenstemming met die VN-handves bring. Voordat Pandit van die sitting weg is, het Gandhi vir haar gesê: "Ek gee nie om of jy as wenner of verloorder terugkom nie, maar dit moet as vriend van veldmaarskalk Smuts wees."[4] Ná die stemming het Pandit na Smuts gestap en hom gevra om haar te vergewe as sy nie aan Gandhi se hoë standaarde vir gedrag voldoen het nie. Daar word vertel dat Smuts geantwoord het: "Hierdie stemming gaan maak dat ek my volgende verkiesing verloor, maar jy sal ook niks daarby gebaat het nie."[5]

Die gevoelens teen segregasie in Suid-Afrika het so sterk by die VN geloop dat Smuts geen steun kon kry vir sy regering se beleid of vir Suid-Afrika se inkorporasie van Suidwes-Afrika nie. Die VN-stemming hieroor, skryf Mazower, "was die eerste keer dat die koloniale wêreld sterk stelling ingeneem het teen die beginsel van rassehiërargie en wit heerskappy".[6] Al wou nóg die Britte nóg die Amerikaners hê dat Suid-Afrika vir kritiek uitgesonder word, "kon hulle, vasgevang tussen mededingende internasionale belangegroepe, dit nie vermy nie."[7] Smuts het die eerste slagoffer geword van die nuwe instelling wat hy help skep het.

Die president van die African National Congress, dr. AB Xuma, was terselfdertyd in New York. Hy is deur die ANC gestuur om die Naturelle Verteenwoordigersraad se resolusies aan die Algemene Vergadering voor te lê en om stemming te maak teen die inkorporasie van Suidwes-Afrika in die Unie van Suid-Afrika. Smuts het Xuma al ontmoet, maar dit het gelyk of hy nie sy teenwoordigheid in die VSA kon kleinkry nie en hy het gevra dat die twee van hulle "wanneer ons weer by die huis is, gaan sit en ons probleme oplos".[8] Xuma was beïndruk deur die manier waarop Indië se verteenwoordigers die vaandel namens Suid-Afrika se gekleurde rasse gedra het en het bande tussen die ANC en Indië gesmee wat later nuttig sou wees.

Smuts is seergemaak en kwaad oor hoe hy behandel is weg uit New York, maar hy het beter gevoel toe sy reeks toesprake op pad huis toe in Holland, België en Italië groot byval vind. Daarna is hy Athene toe, waar hy 'n heldeontvangs gekry het en deur die koningsgesin op die hande gedra is. Terug by die huis het die opposisie 'n groot bohaai opgeskop oor sy mislukte sending na die VN. Malan het dit beskryf as 'n "aanval op ons vryheid as nasie en ons soewereiniteit".[9] Smuts het in 'n brief aan 'n vriend gekla dat "die wêreld ons nie ken of verstaan nie en ons voel dit diep, selfs wanneer ons besef dat ons baie skuld daaraan het".[10] Hy het egter nie getwyfel dat sy geskil met mev. Pandit verreikend was nie. "Kleur ry my arme saak oral in die wiele," het hy aan Margaret Gillett geskryf, "die Suid-Afrikaners kan nie verstaan nie. Kleurskeidslyne is vir hulle deel van die heilige orde van dinge. Maar ek wonder soms wat ons posisie in die volgende jare gaan wees wanneer die hele wêreld teen ons sal wees."[11] Met "ons" het hy steeds wit Suid-Afrikaners bedoel.

'N HARTSEERJAAR

Dr. AB Xuma, president-generaal van die African National Congress 1940-49. Suid-Afrikaanse Biblioteek

HY VOEL SY OUDERDOM

Al het hy 76 somers agter die rug gehad, en al was hy nie meer blakend gesond nie, het Smuts homself nog so hard soos altyd gedryf. Hy het baie ure aan regeringsake bestee, Tafelberg nog gereeld uitgeklim en vir ontspanning lang staptogte in die Kaapse en Noord-Transvaalse berge onderneem. Benewens sy verantwoordelikhede as eerste minister moes hy as partyleier 'n eindelose ronde amptelike funksies, konferensies, onthale en saamtrekke bywoon. Hy het sy gesondheidsprobleme vir homself, sy gesin en nabye vriende gehou. Teenoor Margaret Gillett het hy erken: "Ek leef te veel op die rand van my fisieke vermoëns."[12]

Met die oorlog agter die rug was daar baie dwingende politieke kwessies wat gehanteer moes word. Industrialisasie tydens die oorlogsjare het snelle swart verstedeliking meegebring, met 'n akute behuisingstekort en 'n drastiese toename in krotbuurte en plakkerskampe aan die buitewyke van die stede tot gevolg. Die swart vakbondwese het onder die invloed van aktiviste in die Kommunistiese Party gegroei. In Augustus 1946 het die Mynwerkersunie 70 000 swart mense tot 'n staking opgeroep. Dit is deur die polisie onderdruk, met die verlies van etlike lewens tot gevolg. Vakbondleiers en kommuniste is gearresteer en verhoor.[13]

Terselfdertyd het die Naturelle Verteenwoordigersraad (NVR) vergader om die afskaffing van die paswette, die erkenning van swart vakbonde en die beëindiging van uitsetting sonder verhoor te eis. Ten spyte van die beste pogings van die swart mense se verteenwoordigers in die parlement, veral van Margaret Ballinger en dr. Edgar Brookes, om die kommunikasie tussen die NVR en die regering tydens die tydperke dat Smuts by die VN was te verbeter, was die twee kante besig om uitmekaar te dryf.

Smuts het die verslegtende verhouding tussen die NVR en die regering in 'n ernstige lig beskou. Hy het gereageer op Ballinger en Brookes se mening dat deur die permanensie van swart mense in "wit" gebiede te erken en die paswette en werkreservering te verslap hy dalk tyd kon koop om die wit kiesers aan te por om die een of ander vorm van magsdeling te aanvaar. Die leiers van die NVR, insluitend prof. ZK Matthews, is na 'n verkennende vergadering ontbied. Die eerste minister het onthul dat hy daaraan dink om die NVR te vergroot en sy wetgewende magte uit te brei, terwyl swart vakbonde ook erken kan word. Baie van hierdie "hervormings" was reeds onder oorweging by die Fagan-kommissie wat in 1946 aangestel is en in 1949 moes terugrapporteer oor hul ondersoek na "naturellewette". Die NVR het Smuts se argumente oorweeg, maar omdat daar geen onmiddellike voorstel was vir die uitbreiding van swart parlementêre verteenwoordiging nie, het hulle dit ontoereikend gevind. Smuts het besluit om op die Fagan-verslag te wag voordat hy die samesprekings voortsit. Binnelandse opposisie van swart en bruin mense, Indiërs en Nasionaalgesinde wit mense teen die VP-regering het begin toeneem juis toe Suid-Afrika se eens skitterende internasionale reputasie begin taan.

Aan die einde van die oorlog het die Smuts-regering se houvas op die mag onaantasbaar gelyk, maar ten spyte van die opswaai in die land se makro-ekonomie, het ontevredenheid onder die kiesers begin kop uitsteek. Brandstof was nog gerantsoeneer en daar was 'n tekort aan behuising, luukshede, vleis en ander kossoorte. Die terugkerende soldate was rusteloos weens 'n vertraging in hul demobilisering. Die invoer van sowat 60 000 immigrante uit Europa in 'n poging om die kritieke tekort aan geskoolde arbeid aan te vul het die Nasionaliste woedend gemaak en hulle het Smuts daarvan beskuldig dat hy "die Afrikaner probeer onderploeg".[14] Die rassevraagstuk het alles oorheers. Soos Smuts aan Margaret Gillett geskryf het: "Ek is gretig om my hand aan 'n oplossing te waag, maar die gevaar is dat ek die risiko kan loop om

Saam met die Britse koningsgesin in die Drakensberge, 1947. AAI Fotostock SAPA

aanstaande jaar se algemene verkiesing te verloor as ek pro-naturel lyk. As dit gebeur kan ek die naturelle aan die ander uiterste uitlewer."[15]

NOG 'N KONINKLIKE BESOEK

Die koninklike besoek vroeg in 1947 het Smuts welkome afleiding van sy binnelandse probleme gebied. Op sy uitnodiging het koning George VI, koningin Elizabeth en hul twee dogters twee maande in Suid-Afrika deurgebring. Hulle het meer as 16 000 kilometer gereis om al die verpligtinge op hul veeleisende program van openbare funksies na te kom. Op die dag van die koning se aankoms het hy die Orde van Meriete aan Smuts toegeken, 'n eer wat nooit deur meer as 24 mense op 'n keer gehou word nie.[16] Isie was nie gesond genoeg om die koninklikes in Kaapstad te ontvang nie, dus het die besoekers spesiaal na Doornkloof gereis om haar te sien en dit het op 'n heel gesellige teepartytjie uitgeloop. Die toekomstige koningin Elizabeth het tydens die besoek 21 geword en dit met 'n radioboodskap aan die Statebond gevier.

Ná die guurheid van die oorlogsjare het die publiek die seldsame en genotvolle skouspel van die koninklike besoek geniet en die besoekers is oral vriendelik en gasvry ontvang. Soos te verwagte, het die opposisie gekla dat die oefening 'n duur vermorsing van openbare geld was en net die regering se politieke agenda bevorder het. Die Nasionalistiese koerant, *Die Transvaler*, onder die redaksie van HF Verwoerd, het selfs geweier om kennis te neem van die koninklike gesin se besoek. Die koerant het byvoorbeeld berig dat daar 'n verkeersknoop in Johannesburg was, sonder om te sê dat die koninklike besoek die rede was. Dit kon nie veel vir sy sirkulasiesyfers beteken het nie.

Kort voor die aankoms van die koninklikes het Smuts 'n idee gekry van die verskuiwende kiesersteun toe die jong sir De Villiers Graaff, die VP-kandidaat in 'n tussenverkiesing in Hottentots-Holland, verslaan is in wat tot in daardie stadium as 'n veilige VP-setel beskou is. Die regering se neerlaag is toegeskryf aan Hofmeyr se opmerking net voor stemdag dat "naturelle en Indiërs" uiteindelik deur mense van hul eie kleur in die parlement verteenwoordig sou word.[17] Vir die Nasionaliste was dit die uiterste kettery.

Smuts was nou weer vasgevang in die dilemma waaraan hy al gewoond geraak het – na watter kant hy hom ook al oor die rassekwessie gedraai het, hy het hom vasgeloop. As sy regering 'n illiberale rigting ingeslaan het, soos hy oor die Indiër-vraagstuk gedoen het, het hy onder heftige internasionale kritiek deurgeloop, veral by die VN. As hy sy rassebeleid versag het, het die Nasionaliste daaruit munt geslaan. Hulle het die kiesers met twee "spoke" bang gemaak: die "ultraliberale" Hofmeyr, Smuts se kroonprins; en die kommuniste. Albei is as 'n dodelike gevaar vir wit Suid-Afrika voorgehou.[18] Apartheid was die nuwe slagspreuk, 'n versamelnaam vir NP-beleidsrigtings wat bedoel was om segregasie te versterk en die land in afsonderlike sosiaalekonomiese eenhede te verdeel.

Laat in 1947 het Smuts sy binnelandse kwellings agtergelaat en via Griekeland na Londen gereis vir prinses Elizabeth se troue in die Westminster-abdy, waar hy langs Winston Churchill gesit het. Terwyl hy in Brittanje was, het hy 'n hartlike dankbetuiging van sy ou vriend, Chaim Weizmann, gekry, kort voordat hy Israel se eerste premier sou word. 'n Paar maande later, op 14 Mei 1948, het die staat Israel tot stand gekom. Smuts, wat ingenome was met die VN se verdeling van die Heilige Land tussen die Jode en Arabiere, het Suid-Afrika se de facto-erkenning van die nuwe staat op 24 Mei aangekondig, op sy 78ste verjaardag.

'N HARTSEERJAAR

"Rooi gevaar", 'n spotprent deur *Die Burger* se DC Boonzaaier tydens die verkiesing van 1948.
Museum Africa, Johannesburg

'N VERSTOMMENDE VERWERPING

Die jaar 1948 het een van "teleurstelling, rampspoed en hartseer" geword.[19] Dit het met die sluipmoord op Mahatma Gandhi begin. Smuts het hom gehuldig as "een van die grootste manne van my tyd ... my kontak met hom oor 'n tydperk van meer as 30 jaar het net my groot respek vir hom verdiep, hoe ons standpunte en metodes ook al verskil het". Ten spyte van baie bloedvergieting, was die stryd wat die Mahatma gevoer het om kleurskeiding in die Britse Ryk te beëindig in byna elke hoek van die Statebond suksesvol – behalwe in Suid-Afrika, die land waar sy veldtog begin het.[20]

Smuts het al sy energie bymekaargeskraap en die algemene verkiesing in Mei 1948 met 'n oormaat vertroue tegemoet gegaan. Ten spyte van die kiesers se ongeduld met tekorte en beheermaatreëls, het hy gedink dat sy regering se oorlogsrekord en gemaklike parlementêre meerderheid van 50 genoeg sou wees om 'n oorwinning te verseker. Hy het hom nie gesteur aan die aandrang dat hy sy kabinet van meestal bejaarde strydrosse, wie se rakleeftyd lankal verby was, herskommel nie en hy wou niks weet van 'n herafbakening om die ongelykheid tussen stedelike en plattelandse kiesafdelings uit te wis nie. Die Verenigde Party was diep verdeeld oor rassebeleid en baie van sy

165

konserwatiewe lede is deur die Nasionale Party se propaganda teen Hofmeyr beïnvloed.

Malan se Nasionale Party het 'n slim veldtog gevoer. Hulle het die republikeinse kwessie so 'n bietjie op die agtergrond geskuif en beloof om in die Statebond te bly. Toe het hulle op die bedreiging wat die VP se "liberale" beleid vir veral boere en geskoolde werkers ingehou het gehamer. Die party se retoriek teen Smuts het aan die belaglike gegrens, met sy spreekbuis *Die Kruithoring* wat 'n beroep op patriotte gedoen het om die "rooi hordes" uit te wis, "want 'n stem vir Jan Smuts is 'n stem vir Joe Stalin".[21] Die swart gevaar-stories en die belofte van apartheid het weerklank gevind by kiesers wat beangs was oor die moontlikheid dat die rassebeleid hervorm sou word. Boonop kon die NP die kiesers se natuurlike behoefte aan verandering uitbuit na nege jaar onder dieselfde party se bewind.

Die verkiesing is twee dae ná Smuts se verjaardag gehou en die uitslag het die Nasionaliste net so stomgeslaan soos Smuts. Hy het sy Standerton-setel met 224 stemme verloor. Ofskoon die VP die meeste stemme gekry het, het hy net 65 setels teenoor die NP se 70 gewen. As elke stem dieselfde waarde gehad het, sou Smuts met 'n gerieflike meerderheid gewen het: In die belangrikste politieke omwenteling sedert uniewording het Malan se Nasionaliste met minder as 40 persent van die stemme aan bewind gekom.

Jare later het Smuts se kabinetskollega, majoor Piet van der Byl, eerder droewig as kwaad dit betreur dat sy leier van baie jare blykbaar nooit uit ondervinding geleer het nie.[22] Soos in 1924 het hy hom nie gesteur aan waarskuwings oor 'n dreigende neerlaag nie. Erger nog, suggereer Van der Byl, Smuts het besluit om net 'n kort parlementsitting voor die verkiesing te hou, sonder die begroting wat belastingverligting vir die kiesers kon gebring het, want hy was haastig om weg te kom Brittanje toe, waar hy beloof het om 'n toespraak te hou.[23] "Ek glo vas," het Van der Bijl geskryf, "dat niemand ouer as 75 in 'n gesagsposisie moet wees nie. 'n Beter ouderdom sal dalk 70 wees."[24]

Die VP se totaal vermybare neerlaag by die stembus het Smuts geskok en neerslagtig gelaat. Soos Winston Churchill het hy gevoel dat ná alles wat hy vir die land gedoen het, sy verwerping bitter onredelik en onregvertdig was. Soos sy ou vriend en bewonderaar, die Britse Konserwatief Leo Armery, in 'n boodskap van meegevoel gesê het, "die spreekwoordelike ondankbaarheid van die demokrasie is weer eens bevestig!"[25]

Nadat hy sy kalmte herwin het, het Smuts alle pogings om hom te oorreed om uit die politiek te tree weerstaan. Hy het aan lady Daphne Moore geskryf hy erken dat hy mag verloor het, en het geskryf dat hy terselfdertyd "die vooruitsig om losgelaat te word prysgee, so ook 'n mate van vryheid aan die einde en om stilweg my gedagtes te orden en helderheid in my eie siel te kry". Hy het dus besluit om voort te beur, het hy geskryf, omdat sy neerlaag hom geen keuse gelaat het nie: "As ek my nou aan die openbare lewe onttrek, sal soveel van wat moeisaam opgebou is dalk weer afgebreek word. Ek moet my werk verdedig, wat beteken ek moet in die gevegslinie bly en steeds die party lei. Hofmeyr is te erg aangeval en te ernstig verwond om hierdie taak te verrig – en ek moet die leierskap voortsit …"[26]

HOOFSTUK 18

Teen die laaste berg uit

KANSELIER VAN CAMBRIDGE

Ses maande voor sy neerlaag by die stembus is Smuts eenparig tot kanselier van sy almal mater, die Universiteit van Cambridge, verkies. Hierdie uitsonderlike eer het vir hom meer beteken as al die ander eerbewyse wat hy ontvang het.[1] Kort ná die verkiesing is hy Engeland toe vir sy inhuldigingsplegtigheid.

Voor sy vertrek moes hy 'n delikate politieke kwessie hanteer. In die nabetragting oor die verkiesing is Hofmeyr se liberale uitsprake uitgesonder as die waarskynlike oorsaak van die Verenigde Party se neerlaag. Op 31 Mei het 'n groep gewese kabinetslede sonder Smuts vergader en 'n beroep op Hofmeyr gedoen om as die party se adjunkleier en uitvoerende voorsitter te bedank. Hofmeyr het geantwoord dat dit vir die leier was om te besluit. Dit het Smuts dadelik gedoen en aangekondig dat hy voort sal gaan om die party te lei soos dit was omdat hy, eerder as Hofmeyr, persoonlike verantwoordelikheid vir die neerlaag moet aanvaar. "As iemand die blaam moet dra vir die huidige mislukking, is dit ek."[2]

In sy intreerede as Cambridge se nuwe kanselier het hy sy politieke ellendes opsy geskuif en aan die studente gesê: "Ons besef nie dat ons in der waarheid deur een van die groot sekulêre revolusies van die geskiedenis gaan nie en dat dieper kragte aan die werk is wat, oorlog of nie, ons wêreld dalk heeltemal sal hervorm, en wat in werklikheid reeds besig is om ons menslike toneel te transformeer ..."[3]

Hy het sy gedagtes oor die internasionale situasie ingelei met herinneringe aan hoe hy 57 jaar tevore as 'n "jong seun van die veld" by een van Cambridge se kleiner kolleges aangekom en kameraadskap gevind het. Binne enkele jare nadat hy teruggekeer het huis toe, was hy en sy land in 'n oorlog met Brittanje gewikkel. Tog het daardie oorlog nie die lig wat Cambridge in hom

Kanselier van die Universiteit van Cambridge, 1948: 'n eer wat Smuts hoër as al die ander geag het.
INPRA

aangesteek het heeltemal uitgedoof nie. Eertydse vyande het mekaar uiteindelik leer verstaan.

Iemand wie se naam nooit vergeet moet word nie, het hy gesê, is Campbell-Bannerman, 'n staatsman wie se grootheid van gees nodig was in 'n wêreld wat 'n halfeeu tevore soveel gevaarliker was.[4] Sy eie teenwoordigheid by die plegtigheid in Cambridge was 'n getuigskrif van die destydse Liberale eerste minister se wysheid.

Selfs die immer kritiese *Die Burger* het lof gehad vir sy optrede: "Ons mag dalk van hom verskil, maar die eer wat hy vir die Afrikaner verwerf het, laat ons nie onaangeraak nie. Die gedagtes wat generaal Smuts uitgespreek het, kon in wese van dr. Malan gekom het," het die NP-spreekbuis geskryf.[5]

'N DUBBELE SLAG

Smuts is daarna na die Universiteit van Leiden in Holland waar 'n eredoktorsgraad aan hom toegeken is en toe is hy terug na Suid-Afrika. Hy is uitbundig deur sy ondersteuners verwelkom, maar hy moes dadelik nog 'n opstand teen Hofmeyr in die Transvaalse VP hanteer. Teen hierdie tyd was dit nie net die konserwatiewe in die party wat gedink het Hofmeyr hoort buite die VP nie. Liberale soos Leo Marquard het geglo Hofmeyr moet die VP verlaat en sy eie politieke party begin, soos "progressiewe" wat soos hy gedink het wel 'n dekade later sou doen. Hofmeyr was huiwerig om tot die stap oor te gaan omdat hy nie 'n duidelik gedefinieerde politieke program of beduidende ondersteunerskorps van sy eie gehad het nie.

Sommige Smuts-lojaliste, veral die Universiteit van Natal se prinsipaal, dr. EG Malherbe, het gemeen die VP behoort voelers uit te steek na Hertzog se opvolger en leier van die Afrikanerparty, NC (Klasie) Havenga, wat nooit gemaklik was oor sy parlementêre alliansie met DF Malan nie. Malherbe het geredeneer dat Havenga se nege volksraadslede die VP 'n meerderheid bo die NP sou gee, maar Smuts wou nie eens daaraan dink nie: Havenga het tydens die oorlog flikkers vir die Ossewa-Brandwag gegooi en hy was nie bereid om met 'n "spul Fasciste" saam te werk nie.[6] Hy het ook geen plan gehad om van Hofmeyr ontslae te raak nie; die man was immers sy lojale luitenant wat in die oorlogsjare onwrikbaar by hom gestaan het.

Malherbe het nietemin voet by stuk gehou en Smuts daarop gewys dat Hofmeyr dalk nie die enigste een was van wie 'n persoonlike opoffering ter wille van die land gevra sou word nie. Daar kon dalk van Smuts gevra word om onder Havenga te dien, soos hy soveel jare tevore onder Hertzog gedoen het. Smuts het die moontlikheid met Hofmeyr bespreek en dié het gedink dis 'n goeie idee om uit te vind hoe die wind by Havenga waai, maar die gesprekke het skaars begin toe Hofmeyr skielik op 4 Desember weens hartversaking dood is. Hy was net 54 jaar oud.

Hofmeyr se dood was 'n harde slag vir Smuts, wat net minder as twee maande tevore, op 10 September, deur 'n nog erger verlies getref is toe sy geliefde seun Japie aan harsingvliesontsteking dood is. Soos sy pa het Japie Smuts aan Cambridge uitgeblink waar hy met dubbele lof in ingenieurswese geslaag het. In 'n brief aan die Gilletts, het Smuts sy smart uitgestort: "Hierdie datum is aangeteken as 'n ramp in my geskiedenis. Op dié dag 50 jaar gelede is die Boereoorlog verklaar. Vanoggend om 12:30 is Japie oorlede, ná 'n siekbed van minder as 24 uur ... Japie het soveel vir ons beteken. So 'n seun, so 'n mens, so 'n kameraad – so 'n vreugde en trots in die lewe. En die een of ander miserabele mikrobe het ons nou van hom beroof."⁷ In nog 'n brief, aan lady Daphne Moore, spreek hy sy kommer oor sy vrou uit. "Isie is kalm, maar ek dink sy is eintlik verdwaas deur hierdie slag, want hy was haar geliefkoosde kind."⁸

Met die wonde oor sy oudste seun se dood nog so rou, was Smuts besonder simpatiek teenoor Hofmeyr se bejaarde ma. Sy het Smuts vir haar oujongkêrel-seun se ontydige dood verwyt omdat Hofmeyr oorwerk was. Smuts het Deborah Hofmeyr dadelik ná die begrafnis besoek en in gepynigde stilte na haar verwyte geluister. Agterna het hy vir haar en die Gilletts geskryf Hofmeyr was "... ons bekwaamste en edelste openbare man ... in 'n sin die gewete van Suid-Afrika. Vir my was hy my regterhand en sy heengaan sal 'n groot bykomende werklas op my laai – en ek het reeds soveel as wat ek kan behartig. Hy was net 54 en was bestem om my op te volg. Die jammerte is dat ek hom nou moet begrawe."⁹

Smuts se reaksie op terugslae wat 'n jonger en minder gedrewe man sou geknak het, was om selfs nog meer op sy skouers te neem en harder as ooit aan partysake te werk. Die meeste van sy oudkollegas in die kabinet was finansieel nie goed daaraan toe nie en het gesukkel om weer in hul beroepe of besighede op die been te kom sodat hulle baie minder tyd as hy vir die politiek gehad het. Uiteindelik het dit geblyk dat 'n alliansie tussen Smuts en Havenga nie die VP lank aan bewind sou gehou het nie. In 1949 het Malan wetgewing deurgevoer wat Suidwes-Afrika ses setels in die Suid-Afrikaanse parlement gegee het. Die NP het almal gewen en Malan was nie meer afhanklik van die Afrikanerparty nie.

DIE RASSEKLIMAAT VERSLEG

Teen 1949 het die rasseklimaat in die land 'n slegte wending geneem. Die nuwe regering het dit duidelik gemaak dat hy van plan is om enige neiging tot rasseintegrasie, soos gemengde huwelike, te keer en uit te skakel. Botsings tussen Zoeloes en Indiërs in Cato Manor en later in Newlands, Johannesburg, het tot die verlies van meer as 100 lewens gelei en is aangegryp as verdere regverdiging vir segregasie. By die konferensie van Statebondspremiers daardie April in Londen, die eerste een wat DF Malan bygewoon het, is Indië as 'n onafhanklike republiek binne die Statebond toegelaat, 'n toegewing wat

Smuts geglo het 'n hoogs onaanvaarbare presedent geskep het, veral vir 'n Suid-Afrika onder 'n Nasionale regering.

Ná nog 'n kort besoek aan Cambridge om 'n gradeplegtigheid waar te neem, het Smuts na Suid-Afrika teruggekeer om wal te gooi teen die regering se kennelik anti-Britse wetgewing. Dit sou die verblyfkwalifikasie vir immigrante van twee tot vyf jaar uitbrei en die eertydse dubbelmediumskole in Transvaal in afsonderlike Engels- en Afrikaanssprekende instellings omskep. Smuts het "hierdie Broederbond-regering" as 'n "skandvlek wat oor Suid-Afrika gekom het" bestempel en besluit om dit te bly beveg.[10]

Hy was baie geamuseer toe die ministerie van verdediging vergeet om hom as die titulêre hoof van die weermag te vervang. In sy verleentheid hieroor het die minister, FS Erasmus (wat nie in die oorlog geveg het nie), Smuts in Oktober 1949 in 'n kortaf, onhoflike brief sonder 'n woord van waardering vir sy diens en sy leierskap in die oorlog meegedeel dat sy aanstelling beëindig is. Smuts het ewe kortaf geantwoord dat hy kennis neem van "die beëindiging van my aanstelling as opperbevelvoerder van die Unie-verdedigingsmag *in die veld*".[11]

In November, geteister deur 'n akute pyn in sy heup, het hy teen sy familie se wense Londen toe gevlieg vir 'n dinee ter viering van dr. Chaim Weizmann se 75ste verjaardag. In 'n heildronk op Weizmann het hy hom vergelyk met Moses wat die Jode uit slawerny na die Beloofde Land gelei het.

Pas ná sy terugkeer na Suid-Afrika is hy genooi om die groot skare wat op 16 Desember op 'n heuwel buite Pretoria saamgekom het vir die inwyding van die Voortrekkermonument toe te spreek. Smuts was die enigste oorlewende Boeregeneraal by die plegtigheid en die enigste politikus teenwoordig wat in Paul Kruger se administrasie gedien het. Hy het die geleentheid benut om sy gehoor aan Kruger se laaste boodskap aan sy mense te herinner, dat hulle uit die verlede moet neem wat goed is en daarop bou. Die verlede, het hy gesê, het nie net konflik nie, maar ook versoening gehuisves. Uniewording was 'n brug wat deur Afrikaners en Engelssprekendes vir alle Suid-Afrikaners, wit en swart, gebou is. By dié geleentheid en in Stellenbosch waar hy twee maande tevore staande toegejuig is, kon 'n jonger geslag Afrikaners wat grootgemaak is met die idee dat hy anti-Afrikaner is waarskynlik vir die eerste keer die jeugdige Smuts se rol in die realisering van Boere-onafhanklikheid verstaan en waardeer.[12]

In hierdie laat stadium van sy lewe het Smuts gevind dat ou vriende vir hom meer beteken as boeke.[13] Hy was steeds 'n ongeneeslike briefskrywer en het met oorlogskamerade soos Churchill se regterhand, generaal "Pug" Ismay, gekorrespondeer, asook met sy gerespekteerde teenparty in Oos-Afrika, generaal Von Lettow-Vorbeck; met die paleoantropoloog, dr. Robert Broom; en met verskeie botanisvriende, veral dr. Harriet Bolus van die herbarium in Kaapstad. Teen die einde van 1949 was hy bly toe hy sy oudste en dierbaarste Engelse vriende, die Gilletts, ná 'n afwesigheid van tien jaar in Suid-Afrika kon verwelkom. Hulle het Kersfees in Doornkloof by die Smuts-familie deurgebring.

Hy het weens 'n verskuifde werwel in verterende pyn deur die kort parlementsitting van 1950 gesit. Daarna het hy die gewone ronde politieke verpligtinge nagekom, met belangrike persoonlike mylpale tussenin. Op 30 April was hy en Isie 53 jaar getroud. Sy was in Doornkloof en hy het uit Kaapstad vir haar geskryf: "Ek dink met diep dankbaarheid aan die 50 jaar van ons baie gelukkige getroude lewe. Wat het ons nie alles ervaar nie! Watter winste en verliese! Wie kon ooit gedroom het dat dit ons lewenspad sou wees? Wanneer ek vandag na alles terugkyk, lyk dit soos 'n droom. En soos 'n droom het dit ongelooflik vinnig verbygegaan. Ons het baie om voor dankbaar te wees, en 'n geskiedenis waarop ons met dankbaarheid en trots kan terugkyk."[14]

Sy en Isie se lewe, het hy gepeins, was 'n weefwerk van tragedie en komedie, van goed en kwaad, maar bowenal die moeite werd. Hy het gehoop dat hul lewe saam in die wêreld wat op hulle wag 'n ander patroon sal hê, "op voorwaarde dat daar nie van my verwag sal word om 'n kroon te dra of op 'n harp te speel nie".[15]

TER RUSTE

Minder as 'n maand later – op 23 Mei, die dag voor sy 80ste verjaardag – het 300 000 mense langs die strate van Johannesburg gestaan om te sien hoe Smuts in 'n oop motor verbyry om ereburgerskap van die stad te ontvang. Al was hy nie gesond nie, het hy die erewag van oudsoldate geïnspekteer en in 'n kort toesprakie met 'n tikkie patos gesê dat hy "tot die beste van my vermoë en met die krag wat God my gegee het" gedien het. By 'n deftige banket daardie aand het die gaste na 'n opname van 'n huldebetuiging deur

Winston Churchill geluister waarin hy van sy ou oorlogstydse kameraad gesê het: "Hy is die man wat Suid-Afrika se naam in oorlog en vrede onder die vredeliewende nasies van die wêreld tot die hoogste vlak van respek verhef het. Laat ons bid dat dit nie weggevee of verwerp sal word in die demoralisering wat so dikwels op die grootste menslike seges volg nie."[16]

Die volgende dag, 24 Mei, het Smuts op nog 'n verjaardagbanket, hierdie keer in Pretoria, gepraat. Dit was die laaste keer dat hy in die openbaar verskyn het. Op 29 Mei is hy deur koronêre trombose neergevel en het hy in opdrag van sy dokters in Doornkloof in die bed gebly. Hy het nie geweet presies wat hom makeer nie en die nuus is van die pers en die radio weggehou, maar daarna het hy 'n reeks hartaanvalle gehad wat hom swak en uitgeput gelaat het. Hy het bly vra om na sy geliefde Bosveld te gaan en hy is later soms daarheen geneem om die vroeë lentesonskyn te geniet. Hy het tot heel aan die einde bly lees: langs sy bed was *The Approach to Metaphysics* en die gedigte van Emily Brontë.

Op Sondag 10 September het hy goed genoeg gevoel om buitetoe te gaan en foto's is van hom en die kleinkinders geneem waar hulle op Doornkloof se grasperk speel. Die volgende dag is hy saam met Isie op sy laaste motorrit. Ná die aandete het hy, terwyl sy dogters Sylma en Louis hom bed toe help, vooroor geval en sy bewussyn verloor.

In die woorde van sy hartseer seun Jannie: "Die Oubaas het sy laaste Groot Berg uitgeklim."[17]

DEEL TWEE

Die man

In die 500 jaar van die kollege se geskiedenis was drie van sy lede, in die verlede en tans, waarlik uitmuntend – John Milton, Charles Darwin en Jan Smuts.

                Lord Todd, hoof van Christ's College, Cambridge, 1970.

Smuts se stokperdjies het ingesluit om staptogte te onderneem, plante te bestudeer en berge uit te klim.

HOOFSTUK 19

Uit staal gesmee

Jan Smuts se vertroude luitenant, Leif Egeland, het gemeen dat geen biograaf sy leier se uiterlik eenvoudige maar innerlik komplekse, dinamiese en kragtige persoonlikheid kan uitbeeld nie: dit was soos 'n diamant met baie fasette, sommige helderder as ander.[1] Nogtans moet 'n mens probeer om 'n beeld van sy persoonlikheid te gee, al is dit net om vir die moderne leser te laat verstaan wat hierdie uiters serebrale en toegewyde Suid-Afrikaner gemotiveer het. Watter soort mens was Smuts? Hoe was dit om hom te ontmoet? Waarin het hy die meeste belanggestel? Wat het hom genot verskaf, vermaak? Hoekom het so baie mense hom ongeag sy gereserveerde, ingekeerde aard vereer en verafgod?

Die antwoorde hierop sal afhang van die omstandighede waarin 'n mens hierdie Boeresoldaat, filosoof, politikus, wetenskaplike en staatsman teengekom het. Niemand wat Smuts ontmoet of vir of teen hom gewerk het, was onaangeraak deur die ervaring nie. Hy is kwistig lof toegeswaai en oordadig vereer, maar daar was ook nydigheid en haat. Geen toejuiging of verwyte het egter ooit 'n verskil gemaak aan sy (soms verkeerdelike) oortuiging dat hy doen wat goed vir sy land en die mensdom is nie. Selfs sy eerste biograaf, wat hom as arrogant beskou het, het geskryf: "Sy reputasie kan op die stewige fondament van sy werklike eienskappe en prestasies staan, en daardie fondament is van staal."[2]

Fisiek was Smuts van gemiddelde lengte, skraal en seningrig met ligte (later silwerige) hare, 'n bokbaardjie en deurdringende fletsblou oë. Hy was nie 'n boeiende spreker nie: hy het met 'n hoë stem gepraat, Afrikaans én Engels met 'n Malmesbury-bry. Aan goeie klere het hy geen erg gehad nie. Wanneer hy nie formeel in sy militêre uniform of 'n pak klere geklee was nie, het hy 'n kakiehemp en -broek gedra.

Sy kenmerkendste eienskap was sy intellek. Hy was nie net ontsagwekkend intelligent nie, hy het ook 'n fotografiese geheue gehad. Sy kinders het graag vertel hoe hy hele bladsye uit boeke kon aanhaal. 'n Senior offisier van die Suid-Afrikaanse Lugmag, generaal-majoor Kenneth van der Spuy, het vertel hoe 'n Britse kolonel in Oos-Afrika Smuts gevra het of dit waar was dat wanneer 'n paar paragrawe van 'n boek aan hom voorgelees is, hy dit woordeliks kon herhaal. "Natuurlik," het Smuts geantwoord. Iemand in die geselskap het toe 'n boek gekies en daaruit voorgelees. Ná twee en 'n half bladsye het hy die leser stilgemaak en die hele gedeelte sonder 'n enkele fout herhaal.[3]

Niemand weet wat Smuts se IK was nie, maar dit moet baie hoog gewees het, in 'n kategorie iewers tussen briljant en geniaal. In dié stratosfeer kan Nobelpryswenners en historiese virtuose soos Einstein, Milton, Newton en Kant, die bron van die meeste menslike vooruitgang, gevind word. In 1936 het Einstein van Smuts gesê dat hy een van net 11 mense in die wêreld is wat die teorie van relatiwiteit konseptueel verstaan het.[4]

Mense so slim soos Smuts word selde heeltemal begryp of behoorlik gewaardeer en is dikwels die onderwerp van jaloesie en vyandigheid. Die gesiene liberale politikus, dr. Edgar Brookes, het geskryf dat 'n deel van die Suid-Afrikaanse bevolking se kleinlike aanvalle op Smuts hom herinner aan 'n "swerm boosaardige voëltjies wat aan 'n gewonde arend pik".[5] "Intellektueel," het Brooks in 'n huldiging by die honderdjarige herdenking van Smuts se geboorte geskryf, "het hy kop en skouers bo sy tydgenote uitgetroon, maar daar was niks gemeen of kleinlik in hom nie."[6]

Vir dié wat hom nie goed geken het nie kon Smuts in lewende lywe intimiderend wees, veral wanneer hy onderbreek is terwyl hy werk. Hancock vertel van die ondervinding van 'n Engelsman wat later Smuts se vriend geword het: "Smuts het my kil ontvang, indien nie wantrouig nie. Die skraal, strak gesig, die deurdringende blougrys oë, die vinnige ongeduldige manier van praat, die yskoue houding van die nuwe staatsprokureur – dit alles het my ontsenu. Hier was 'n man wat dwase nie kon verduur nie."[7]

Byna al sy kollegas wat deur die jare nou met hom saamgewerk het, het groot ontsag vir sy vermoëns gehad, maar min van hulle het na aan hom gevoel. Leslie Blackwell, QC, wat 25 jaar lank in die parlement onder Smuts gedien het nadat die Unionistiese Party in die Suid-Afrikaanse Party opgeneem is, kon nooit besluit of die SAP-leier van hom gehou het of nie. "Het hy hoegenaamd van enigiemand in die parlement gehou, behalwe miskien Deneys Reitz? Het hy enige kapasiteit vir warm vriendskap gehad?" vra Blackwell in sy memoires.[8] Sy veel jonger kabinetskollega, Harry Lawrence, het van Smuts gesê: "Hy was een van daardie mans wat besef hoe eindig die lewe is, hoe eindeloos die soektog. Hy kon dus nie tyd mors op enigiets meer meevoerend as die naspeuring van kennis nie."[9]

Smuts het nie geduld met domheid gehad nie, maar vir dié naaste aan hom was hy 'n warm, vriendelike mens met 'n sterk ontwikkelde liefde vir sy familie, wat eenvoudig en spaarsaam geleef het. Volgens sy seun was die ergste wat van hom gesê kon word dat hy te ernstig oor die lewe was.[10] Soos baie besonder slim mense was hy soms ongeduldig met diegene wat nie so vlug van begrip was nie, deels omdat hy 'n onbeskryflik besige mens was wat sy lewe lank geteister én verafgod is. Wanneer hy dit soms nodig gevind het om hom terug te trek, was dit dikwels bloot uit selfverdediging.[11] Hoe ook al, selfs lede van sy eie familie kon ontsenu en stomgeslaan in sy teenwoordigheid raak. Besoekers wat sy tyd gemors of hom eindeloos met vrae gepeper het, het hom verveel en hy het so vinnig soos dit hoflik gedoen kon word uit hul geselskap weggekom.

By Doornkloof het hy deur die jare minder ongeduldig geraak, maar die gedrang van baie mense het hom nogtans soms beproef. Sy dogter Kathleen Mincher het vertel hoe vertrekke aangebou is om die groeiende familie te huisves, veral toe die kleinkinders hul verskyning begin maak. Uiteindelik was daar 14 slaapkamers in die huis, wat soms tot 30 mense gehuisves het, veral oor naweke. Wanneer die geraas te erg word, het Smuts soms uit sy studeerkamer gekom "soos Nemesis", volgens Isie, om te kla dat hulle hom in sy werk steur. Volgens Mincher was sy gemoedstemming die barometer waaraan die atmosfeer in die huis gemeet is.[12]

Smuts het nooit veel erg aan geld gehad nie. Met wat hy wel kon spaar het hy grond, eerder as aandele gekoop. Solank hy genoeg eiendom gehad het, het hy gevoel hy kon uit sy salaris en 'n groot oortrokke fasiliteit vir sy gesin sorg sonder om hom te veel te steur aan die teregwysings van sy bankbestuurder en van Isie, wat sy finansies behartig het. Van tyd tot tyd het dankbare organisasies of goedgesindes geld aan hom geskenk, maar dit het hy nougeset aan die staatsbeurs oorhandig. Al was hy nooit welaf nie, het hy geweier om hulp van ryk vriende wat sy finansiële las wou help verlig te aanvaar. Hy het wel sy Britse vriende, die Gilletts, toegelaat om 'n huis in Kaapstad te koop wat hy en sy gesin gedurende die parlementsittings kon gebruik. Selfs wanneer hy in die skuld was, het hy soms groot bedrae geld aan sukkelende vriende geleen, waarvan nie veel ooit terugbetaal is nie.[13] Hy het 'n sieklike en bejaarde Emily Hobhouse so gehelp.

Die skrywer Sarah Gertrude Millin, wat Smuts goed geken het, het vertel hoe hy teenoor haar gebieg het dat hy weinig estetiese aanvoeling en geen sin vir humor het nie.[14] 'n Sjarmante erkenning, het sy gesê, maar dit laat nie reg aan hom geskied nie. Hy het dalk nie veel tyd in sy besige lewe vir kuns, musiek of die teater gehad nie, maar hy het 'n diep liefde vir die natuur en 'n oor vir goeie poësie gehad. Hy het ongetwyfeld 'n sin vir humor gehad, al het hy dit nie dikwels gewys nie. In private geselskap was hy 'n goeie verteller en soos die meeste Suid-Afrikaners het hy graag Van der Merwe-stories vertel.[15] Sy spitsvondigheid kon skerp wees: ná een van sy vele tydperke weg van die huis het Isie opgemerk sy hoop sy sou meer van hom in die volgende lewe sien as in die teenswoordige. Waarop hy geantwoord het: "Dit sal daarvan afhang of ons op dieselfde plek beland."[16]

Jannie Smuts het sy pa beskryf as 'n "volmaakte verteller van stories en anekdotes oor gebeure en mense, oor amper elke moontlike onderwerp, van die buitenste ruimtes van ons uitdyende heelal tot die alledaagse. Oor al hierdie onderwerpe was hy ingelig en helder, met 'n wye visie wat oud en jonk geboei het."[17]

Wat Smuts nie gehad het nie was, volgens Millin, 'n sin vir pret.[18] Dinge wat gewone mense plesier verskaf het, soos om aan sport deel te neem of daarna te kyk, kaartspel, dans, jag, wedrenne, dobbel, die bywoon van opvoerings, het hom eenvoudig nie geïnteresseer nie. Kathleen Mincher onthou hoe haar man, Paul, 'n gholfstok rondgeswaai het terwyl sy en die Oubaas een oggend op die stoep gesit en tee drink het. Smuts het na haar gedraai en gesê: "Dit moet wonderlik wees, Kathleen, om so eenvoudig van gees te wees dat 'n mens gholf kan geniet."[19] Hy het wel van oefening gehou en het tot op hoë ouderdom berggeklim en lang afstande in die veld gestap. Kort voor sy 80ste verjaardag het hy in 'n onderhoud vertel dat sy plattelandse agtergrond deur sy hele lewe vir hom 'n anker was. "My stokperdjies was altyd stap, plante en berge," het hy gesê.[20]

Die berge was sy toevlug en bron van innerlike krag. Hy was op sy gelukkigste wanneer hy die Kaapse berge uitgeklim het, hetsy op sy eie of saam met ander klimmers. Op 'n berg was hy, volgens sy seun, altyd warm, vriendelik en toeganklik.²¹ Tydens die eerste 35 van sy 40 jaar in die parlement het hy Tafelberg byna elke naweek uitgeklim, selfs in slegte weer. Hy het net een keer die kabelkar gebruik tydens die koninklike besoek van 1947, toe hy saam met die koning en koningin ondertoe gery het.

Die berg was sy katedraal, die plek waar hy alles wat swaar op sy liggaam en gemoed gerus het kon agterlaat en God kon vind. In een van sy inspirerendste toesprake, by die Maclear-baken op Tafelberg ter ere van die gesneuweldes in die Eerste Wêreldoorlog, het hy die historiese en geestelike betekenis van berge beskryf. "Dit staan daar vir ons as die leer van die siel, en op 'n vreemde manier, die bron van godsdiens. Van die berg kom die Wet, kom die Evangelie in die Bergpredikasie. Ons kan waarlik sê die hoogste godsdiens is die Godsdiens van die Berg."²²

Botanie was sy ander groot blywende passie. Van kleins af was hy geïnteresseerd in veldplante en hy het die agt jaar wat hy in die opposisie was gebruik om 'n erkende deskundige oor Suid-Afrikaanse grasse te word. Sy uitstappies in die veld, gewapen met 'n vergrootglas en snoeiskêr, het hom nie net na die bosveld en die Kaapse berge geneem nie, maar oor die hele subkontinent tot by die Tanganjika- en Njassa-meer, die Victoria-waterval en Zimbabwe. Sy belangstelling in botanie was sowel prakties as intellektueel. Hy het nie net wyd gelees en boeke oor die onderwerp versamel nie, maar ook monsters vir sy eie private herbarium langs sy studeerkamer in Doornkloof bymekaargemaak.

Hy was gelukkig om 'n buurman in Irene as sy mentor te hê, dr. IB Pole Evans, wat plantpatologie aan Cambridge gestudeer het en wat hy oorreed het om sy pos as direkteur van die botaniese tuin in Kew te laat vaar sodat hy die gehalte van die Hoëveld se grasse in Suid-Afrika kon kom verbeter. In die geselskap van Pole Evans en vriende soos TC Robertson en CJJ van Rensburg, het Smuts dae lank deur die veld voetgeslaan op soek na nuwe spesies, met die doel om die gehalte van die land se weivelde vir mens en dier te verbeter. Meer bewus as ooit van die belang van die ekologie het hy, toe hy weer in die 1930's aan bewind kom, alle vorms van botaniese navorsing aangemoedig en die eerste wetgewing deurgevoer om Suid-Afrika se plantegroei en grond- en waterbronne te verbeter. (Hoofstuk 23 behandel Smuts se passievolle belangstelling in die natuurlike wêreld vollediger.)

Nog een van Smuts se besondere kenmerke was sy fisieke moed, of dit was

'n Wandeling op Tafelberg saam met koning George VI, 1947. Gallo Images/Getty Images/Keystone

wanneer hy berggeklim of sy bende guerrillavegters in die Anglo-Boereoorlog aangevoer het, of wanneer hy 'n skare stakende mynwerkers of boewe wat hom by politieke vergaderings wou aanrand gekonfronteer het. Volgens Piet Beukes was hy fisiek en moreel heeltemal vreesloos.[23] Sy dapperheid toe hy sy verslonste kommando in die Anglo-Boereoorlog deur honderde kilometer vyandelike terrein gelei het, is legendaries, nes sy verontagsaming van gevaar toe hy in oorlogstyd in onbetroubare vliegtuie in die onstuimigste weer en onder die gevaarlikste omstandighede moes vlieg.

Soos ons reeds gesien het, het Smuts en Louis Botha tydens die Randse arbeidsonrus van 1914 persoonlik ingegryp deur in 'n oop voertuig na die Carlton-hotel te ry om met gewapende lede van die stakerskomitee te onderhandel. In September van dieselfde jaar, toe sy vriend generaal Koos de la Rey in die aanloop tot die Rebellie per ongeluk deur die polisie doodgeskiet is, het hy en Botha weer eens 'n vyandige skare getrotseer deur die Boeregeneraal se begrafnis sonder lyfwagte by te woon.[24]

Tydens die Randse staking van 1922 het hy as eerste minister waarskuwings oor dreigende gevaar geïgnoreer en is hy per motor onder 'n koeëlreën Johannesburg in om self te sien wat aangaan. Jannie Smuts vertel hoe sy pa en die partysekretaris, Louis Esselen, gewere by hulle in die motor gehad het. Toe daar op hulle geskiet word, het Esselen vir al wat hy werd was teruggeskiet en op Smuts bly skree dat hy ook moet skiet, maar die eerste minister het net onverstoorbaar gesit. Toe 'n staker se koeël een van die agterwiele tref en hulle stilhou om die band om te ruil, het Smuts vir Esselen gesê: "Jy het aanhou sê ek moet skiet, vertel my nou hoeveel koeëls jy oor het." Hy het alles gebruik, het Esselen gesê. "Ons sou in 'n mooi gemors gewees het as ek ook al my ammunisie weggeskiet het," het Smuts teruggekap.[25] 'n Eertydse kollega van Smuts in die Anglo-Boereoorlog, generaal Coen Brits, het hom beskryf as die dapperste man wat hy ooit teengekom het.[26]

Nog een van Smuts se kenmerke was sy selfversekerdheid, wat dikwels as verwaandheid of arrogansie misverstaan is. Piet Beukes meen een van die swakplekke in sy karakter was dat hy te seker van homself was: "Hy het 'n onwrikbare geloof in die onaantasbaarheid van sy saak en sy beheer oor gebeure gehad."[27] Tog kan 'n swakpunt ook 'n bron van krag wees. Alan Paton het grootheid toeskryf aan "daardie groot geeste wat reeds 'n uitsonderlike intellek het en daarby oor die selfvertroue van sublieme volwassenheid beskik".[28] Dit was juis dié eienskap van Smuts wat ander se vertroue gewek en hom in staat gestel het om so doeltreffend te lei.

Kenneth Ingham, sy opmerksame biograaf, skryf Smuts se geloof in homself toe aan sy voortreflike verstand en grondliggend religieuse oortuiging dat hy met 'n doel op aarde is. Laasgenoemde kan 'n veeleisende en dikwels inhiberende las wees om deur die lewe te dra, maar in sy later jare was Smuts gemakliker daarmee omdat hy altyd so seker was van die korrektheid van sy optrede.[29] Wanneer hy as politikus eers 'n probleem deurdink en met 'n rasionele oplossing waarmee hy tevrede was vorendag gekom het, kon hy dikwels nie verstaan hoekom ander minder intelligente mense van hom verskil nie. Dit, het hy vir homself gesê, kan net aan onnoselheid of blote vyandigheid toegeskryf word.[30]

Ná die dood van Louis Botha, sy mentor en sy klankbord, moes Smuts op eie stoom verreikende politieke besluite neem, dikwels sonder dat hy met iemand beraadslaag het. 'n Voorbeeld hiervan was sy impulsiewe besluit in 1924 om 'n algemene verkiesing uit te roep nadat sy party 'n tussenverkiesing in Wakkerstroom verloor het. Sy kollegas het hom gewaarsku dat die regering so ongewild was dat hy die risiko geloop het om nie net die verkiesing te verloor nie, maar ook sy eie kiesafdeling in Pretoria-Wes. So was dit dan ook. Dieselfde het in 1948 gebeur toe hy weer sy koukus se kommer oor partystrategie in die wind geslaan het: "Ek sal nie nog bespreking oor hierdie saak toelaat nie. My leierskap kan nie bevraagteken word nie. Ek sal nie toelaat dat die koukus aan my voorskryf nie."[31]

In die politiek, soos in die lewe, was Smuts dikwels 'n komitee van een. Hy het nooit daarvan weggeskram om verantwoordelikhede op hom te neem nie. Sy vriende en kollegas het nie die intellek gehad om van hulp te wees nie en hy het hom nie aan sy kritici gesteur nie. Leif Egeland onthou dat hy aan Smuts voorgestel het dat hy ná die koninklike troue in 1947 'n paar dae in Brittanje bly en by vriende ontspan. "Nee, jong," het hy geantwoord, "Ek moet weer by die huis kom. Wanneer ek weg is, neem nie een van my ministers besluite nie."[32] Soos sy jare lange parlementêre kollega, majoor Piet van der Byl, ietwat bitsig in sy memoires skryf, ouer mans met groot intellektuele vermoëns wat vreesloos en magtig is, is geneig om wanneer hulle in beheer is advies te ignoreer en gebelg te voel oor kritiek of belemmering.[33]

Volgens EG Malherbe, wat nou met hom saamgewerk het, het Smuts ook nie 'n goeie mensekennis gehad nie omdat hy veels te naïef was en ander te maklik vertrou het.[34] Malherbe het vertel dat Louis Botha gesê het Smuts sou wanneer hy tussen twee mans moes kies, hoogs waarskynlik die verkeerde keuse maak. Soos sy onwilligheid om sy kabinet voor die verkiesing van 1948 te skommel toon, het lojaliteit teenoor ou vriende dikwels sy oordeel vertroebel.

Soos hy ouer geword het, is Smuts se eenvoud en nederigheid dikwels getroef deur sy vertroue in sy eie vermoëns. In internasionale sake het dit daartoe gelei dat hy, soos Woodrow Wilson, sy eie gewete met die gewete van die mensdom verwar het. En, nie verbasend nie, as sy blootstelling aan die koninklikes, die grotes en die edeles in ag geneem word, het hy van tyd tot tyd aanvalle van ydelheid gehad.

Hy het aan koningin Frederika van Griekeland gesê een van die redes hoekom die Tweede Wêreldoorlog plaasgevind het, was omdat hy nie 'n aanbod van koning George V kon aanvaar om ná die Eerste Wêreldoorlog Brittanje se eerste minister te word nie.[35] Soos reeds genoem is, het hy in 1946 aan Lloyd George voorgestel dat hy (Smuts) die opperbevel van die Amerikaanse magte in Europa oorneem. Volgens Piet Beukes het hy in 1946 tydens 'n besoek aan San Francisco laat blyk dat hy 'n gesamentlike sitting van die Amerikaanse kongres wil toespreek en was hy teleurgesteld toe hy nie genooi is om dit te doen nie.[36] Dan was daar die keer ná die Eerste Wêreldoorlog toe hy ontevrede was met die reëlings vir sy ontvangs in Southampton. Agterna het die stad se burgemeester gesê hy het nog nooit 'n ydeler mens teengekom nie, "hy was selfs erger as die koninklikes".[37]

Soos die meeste mense was Smuts vol teenstrydighede. As 'n wit Suid-Afrikaner was hy die produk van die beperkings en vooroordele van sy agtergrond en omgewing. Al het hy mense van alle rasse baie hoflik behandel, veral dié in sy eie huishouding, het hy nie as politieke leier genoeg gedoen om rassisme en diskriminasie te verminder nie. Ten spyte van sy groot intellek en hoë beginsels, kon hy homself nie bevry van die rasse-paternalisme van die eeu waarin hy gebore is nie. Hy kon nie die waardes wat hy aan ander voorgehou het met die eise van verkiesingspolitiek in Suid-Afrika versoen nie. Soos ander voor en ná hom het hy hom in plaas daarvan tot "die onvermydelikheid van geleidelikheid"[38] gewend in die hoop dat die "breër skouers en sterker breinkragte van die toekoms" 'n oplossing vir Suid-Afrika se rassedilemma sou bied.[39] Hy het 'n blikkie in die pad loop en skop, en ongelukkig het Suid-Afrika daaronder gely.

Wat vandag se kritici ook al met agternawysheid van Smuts sê, destyds het sowel vriend as vyand saamgestem dat sy bereidheid om die las van leierskap dwarsdeur sy lang lewe te dra, ten spyte van uitmergelende uitdagings en terugslae, eenvoudig verstommend was. Hy het altyd gedoen wat hy geglo het die beste vir sy medemense was en nooit die begeerte of vasberadenheid verloor om sy land te dien nie.

HOOFSTUK 20

'n Toevlug vir stoïsyne

Soos die meeste Suid-Afrikaners wat op 'n plaas grootgeword het, was Smuts lief vir die grond. Hy het min erg aan stoflike dinge gehad, maar het nogtans etlike plase aangeskaf – volgens sy seun Jannie nie om mee te spekuleer nie, maar weens 'n "instink om te besit".[1] Geld het nie juis vir hom saak gemaak nie en hy het die meeste van sy verdienste aan grond en diere bestee, ongeag sy vrou en sy bankbestuurder se kommer oor sy finansies.[2]

Sy regspraktyk ná die Anglo-Boereoorlog het vir 'n goeie inkomste gesorg en hy het die meeste daarvan in grond belê as sekuriteit vir sy jong gesin, wat toe uit 'n seun en drie dogters bestaan het. In vennootskap met 'n vriend het hy twee plase gekoop, Onderstepoort naby Pretoria (nou die tuiste van veeartseny-kundige opleiding in Suid-Afrika) en Kameelfontein, naby die Premiermyn (die latere Cullinan-myn). Albei is 'n paar jaar later verkoop. In Wes-Transvaal het hy op advies van sy ou vriend generaal Koos de la Rey drie plase (Baberspan, Kromdraai en Welgevonden) gekoop en mielies geplant. Al was die grond goed, het sy kinders die plase bra troosteloos en onherbergsaam gevind.[3]

Daarna het hy Buffelspan naby Rustenburg en twee plase aan die Marico-rivier, Wydhoek en Klipdrift, aangeskaf. Laasgenoemde twee het hy in die 1930's verkoop toe hy geld nodig gehad het. In 1908 het hy die skilderagtige plaas Doornkloof naby Pretoria gekoop en vir die volgende halfeeu was dit die familietuiste. Terwyl hy in 1916 in Oos-Afrika was, is nog twee plase in die Bosveld noordoos van Pretoria gekoop: Rooikop en Droogegrond. Hier het hy met die hulp van 'n ervare bestuurder met Afrikanerbeeste geboer. Hy was besonder lief vir Rooikop en het dikwels naweke daar deurgebring, onder die sterre gekamp, Bosveldgrasse bestudeer en lang staptogte deur die veld onderneem. Volgens Jannie het sy pa in 1928 nie minder nie as tien plase van altesaam 25 000 morg besit.[4] In 1945 het hy Baberspan en die twee plase by Groot-Marico verkoop en die res van sy eiendom deur 'n trustakte aan sy kinders geskenk.

'N TOEVLUG VIR STOÏSYNE

Die Groothuis, Doornkloof: die offisiersmenasie van hout en sink wat van Kitchener se militêre hoofkwartier by Middelburg vervoer is. Smuts Huis Museum

Van al sy aanwinste was Doornkloof by Irene aan die buitewyke van Pretoria vir hom die kosbaarste. Die plaas lê in 'n rotsagtige golwende dolomietlandskap waardeur die Hennopsrivier, die boloop van die Limpopo, vloei. In die somer is die gebied groen en welig, maar gedurende die wintermaande word dit droog en stowwerig, al staan die Hoëveldgrasse steeds hoog en ruig. Hier het Smuts 2 000 morg van die oorspronklike plaas van twee van sy familielede gekoop. In 1908 het hy die offisiersmenasie van Kitchener se militêre hoofkwartier by Middelburg vir £300 gekoop en die gebou van sink en hout op die rand van die eiendom opgerig. In daardie stadium het hy nie geld gehad nie en sy idee was dat dit net 'n tydelike tuiste vir die gesin moes wees totdat hy dit met 'n permanente struktuur van stene en sement op 'n heuwel daar naby kon vervang. Die herkonstruksie van die menasie, teen 'n koste van £1 000, het 'n jaar geduur.

Daar is min woonhuise wat die karakter van sy inwoners akkurater weergee as dié ruim, maar spartaanse woning van die Smuts-gesin. Die Groothuis, soos hulle dit genoem het, was ruim en planloos met verskeie ontvangskamers en uiteindelik nie minder nie as 14 slaapkamers. 'n Smal stoep het om sowat driekwart van die huis gestrek. Jannie, wat daar grootgeword het, het die huis se argitektuur met 'n Meccano-stel vergelyk, want dit was maklik om die binnemure af te breek en die uitleg te verander wanneer dit ook al nodig was. Die gesin het so lief vir die Groothuis geword, dat enige gedagte aan 'n meer permanente struktuur gou laat vaar is.[5]

Teen die tyd dat hulle in Doornkloof ingetrek het, het die Smutse reeds vier oorlewende kinders gehad. Almal is in Sunnyside, Pretoria gebore: Santa (wat later met Smuts se plaasbestuurder, Andries Weyers, getroud is) in 1903; Cato (later die vrou van Bancroft Clark, familie van die Gilletts van Engeland) in 1904; Jacob Daniel (Japie) in 1906; en Sylma (wat mev. Jack Coaton geword het) in 1908. Jan Christiaan (Jannie) is in 1912 op Doornkloof gebore en in 1914 het 'n dogter, Louis, gevolg (later dr. Louis McIldowie). Lank daarna, in die 1920's, is 'n pleegdogter, Kathleen (later mev. Kay Mincher), by die gesin gevoeg. Daaraan is 'n storie verbonde.

In haar boek oor haar grootwordjare saam met die Smuts-gesin, vertel Kathleen (Kay) Mincher (gebore De Villiers) dat haar biologiese ouers dood is voordat sy oud genoeg was om hulle te kon onthou. Haar peetma was bevriend met die Smutse en het haar na Doornkloof geneem, waar sy as een van die gesin "aangeneem" is. Mincher verklap nie in die boek wat later uit haar voorkoms duidelik geblyk het en wat sy self mettertyd besef het nie: dat sy self 'n Smuts was, die buite-egtelike dogter van Santa en 'n man wie se naam stil gehou is. Om 'n geskinder en politieke reperkussies te vermy, het Smuts en sy vrou Kay in die gesin opgeneem en as een van hul eie grootgemaak. Haar nuwe ouers het haar nooit formeel aangeneem nie en in haar latere jare het sy vrylik teenoor haar kinders na haar bloedverwantskap met die Smutse verwys.[6] Veral haar seun Paul lyk opvallend baie soos sy gevierde oupa.

Daar moet egter ook genoem word dat nie al die lede van die groter Smuts-familie met hierdie weergawe van Kay se herkoms saamstem nie. Sommige hou by die "gemagtigde" weergawe en verwerp sonder meer die alternatiewe storie, maar verskeie bronne in die Smuts-familie, insluitend Kay se dogter Mary, twyfel hoegenaamd nie oor die egtheid daarvan nie.

◆

Die sinkmure van Doornkloof se Groothuis, wat Isie gou spottend die Blikhuis genoem het, is met hout uitgevoer en het op 'n hoë fondament gerus. In die somer was die huis verstikkend warm en in die winter het almal gevries. Swerms bye het hulle tussen die hout en sink van die mure tuisgemaak. Ofskoon die kinders en besoekers onderlangs oor die onuitstaanbare hitte en koue gemor het, was Smuts en sy vrou baie lief vir die huis. Hul seun Jannie het die huis 'n "ideale toevlug vir stoïsyne" genoem.[7]

Aangesien daar nie baie inheemse bome op Doornkloof was nie, het die Smutse duisende nie-inheemse bloekom-, wattel-, denne- en plataanbome om die Groothuis geplant. Isie was 'n ywerige tuinier, maar Smuts het veldblomme en natuurlike grasse bo grasperke en blombeddings verkies en mettertyd by haar aangedring om die veld tot teenaan die huis te laat groei. In die atmosfeer van rus en vrede het slegs die bye en 'n verskeidenheid voëls, waaronder kraanvoëls, volstruise en wilde ganse, die stilte verbreek. Smuts het Doornkloof ver bo Groote Schuur, Libertas en die koninklike paleise van Europa verkies.

Die egpaar se huishoudelike smaak kan ten beste beskryf word as "uiters eenvoudig".[8] Smuts het op 'n ongemaklike harde matras op die stoep net buite sy kamer geslaap. Langs sy bed was 'n ou kombuisstoel wat as bedkassie gedien het. Die kamer self, waarheen hy hom in later jare onttrek het wanneer hy wou wegkom uit die koue, was weinig meer as 'n omgeboude gangetjie en is altyd puntenerig netjies gehou. Die enigste mense wat dit kon omkrap, was sy kleinkinders, wat oor die bed gekruip het om op sy skoot te sit terwyl hy probeer lees.[9] Die kamermure was vol foto's van sy kinders en kleinkinders.

Isie het haar eie kamer gehad, met 'n groot dubbelbed waarin die babas kon slaap totdat hulle vir hul eie bedjies gereed was. 'n Deur het dié kamer met 'n toegemaakte stoep verbind, waar die gesin die meeste van hul vrye tyd deurgebring het. Ook op die stoep was 'n groot warmwatertenk wat water vir die badkamers verskaf het en net Sondagaande verhit is. Die res van die week moes die gesin met koue water bad en stort. In haar boek beskryf Kay Mincher hoe sy soms ten spyte van agt komberse nie in die bed kon lees nie omdat haar vingers weens die koue nie die boek kon vashou nie. Wanneer die kinders kla, het Smuts geantwoord dat die koue goed vir hulle is omdat dit die bloed dik maak en 'n mens gesond hou.

◆

Die biblioteek in die hart van die huis was verbode terrein vir almal. Smuts Huis Museum

Die Groothuis het 'n groot leefruimte gehad wat as sit- en eetkamer gedien het. Oorkant die gang was nog 'n sitkamer waar die Smutse spesiale gaste onthaal het, soos die koninklike gesin tydens hul besoek in 1947. In die hoofgang was daar twee besondere items: 'n stel reuse-olifanttande op 'n voetstuk van ebbehout en 'n olieverfskildery van die piramiedes deur Winston Churchill.[10] Oral in die huis was boeke en gedenkwaardighede.[11] Sarah Gertrude Millin, wat die Smutse goed leer ken het, het geskryf dat "dit lyk of feitlik elke enkele ding wat die afgelope kwarteeu die huis binnegekom het, steeds daar is".

Die huis se vloer was met bruin linoleum bedek en wat die meubels en vaste toebehore betref was die klem op bruikbaarheid eerder as styl. Soos Millin geskryf het: "Niemand steur hom aan gehalte of skoonheid nie, behalwe dat Smuts groot moeite met sy boeke doen. En niemand steur hom aan wat enigiemand elders in die huis doen nie, solank niemand Smuts tussen sy boeke pla nie. Sy biblioteek is heilige grond ..."[12]

Smuts se groot biblioteek, in die huis se menasiedae die offisiere se biljartkamer, was in die hart van die huis aan die einde van 'n lang gang. Die rakke het gekreun onder meer as 6 000 boeke oor filosofie, botanie, die wetenskappe, die regte, godsdiens, geskiedenis, oorlog en reis. Smuts het alles gelees gehad en kon uitvoerig uit die meeste boeke aanhaal. Weer eens Millin: "Die huis kan vol mense wees: familielede, kennisse, siek vriende, kinders, vriende van die kinders – die mense wat mev. Smuts uit die goedheid van haar groot hart en in die ou Boeretradisie genooi het ... [maar] Smuts sit alleen in sy biblioteek. Hy nooi mense binne wat in verband met besigheid gekom het, die familie pla nie.'[13] Langs die studeerkamer was nog 'n toegeboude stoep met kaste vol van Smuts se botaniese monsters en 'n bed waarop hy smiddae gerus het.

In haar boek bevestig Kay Mincher dat die studeerkamer vir ieder en elk verbode terrein was en dat daar doodse stilte in daardie omgewing moes wees wanneer die Oubaas werk. Saans het hy sy boeke gelos en na die leefkamer gegaan waar die familie bymekaar was, 'n koppie tee saam met hulle gedrink en na die radionuus geluister. Soms sou hy daarna weer gaan werk, maar dikwels het hy gebly en raserige speletjies met die kinders gespeel.

Soos so baie briljante mense wat moeilik by ander minder slim grootmense aanklank vind, was Smuts eenvoudig gek na kinders. Volgens Mincher was die meeste mense, selfs sommige familielede, so senuweeagtig in sy teenwoordigheid dat hulle óf in hul dop gekruip óf vreeslik spraaksaam geraak en hom met dom vrae gepeper het, maar dit was anders met kinders. Hy kon ure lank met hulle speel en het hulle nooit lastig of minderwaardig laat voel nie. Hulle het sy gees verfris en hom gehelp om sy geloof in die menslike natuur te herwin.[14]

◆

In 'n brief aan haar ma nadat sy en haar man drie weke lank op Doornkloof gekuier het, gee lady Daphne Moore haar indrukke weer: "Hulle [die Smutse] verkies hierdie ou blikkasarm vol kruipende en skreeuende kinders en volgeprop met allerlei gemors. Dis nogal oulik van hulle. Henry is 'n bietjie verwar deur hierdie huishouding ... die lawaai is erg en dit hou nooit op nie. Blykbaar geniet almal dit – behalwe ons ... Hulle is liewe mense en die goedhartigste wat jy jou kan voorstel. Ouma is 'n bron van voortdurende vreugde en pret en hy is, natuurlik, sonder uitsondering betowerend."[15]

Smuts, die liefhebbende oupa. Hy was gek na kinders.

As die matriarg het Isie met onvermoeide toewyding na haar man, kinders en kleinkinders se behoeftes omgesien. Wanneer Smuts lang rukke met amptelike sake weg van die huis was, het sy verkies om tuis te bly en vir die groot uitgebreide familie te sorg, selfs tydens parlementsittings. Sy was self gekultiveerd en belese en het weinig erg gehad aan die modes en tierlantyntjies van die tyd. Sy het geen grimering gedra nie en het in swart kouse of kaalvoet en in die heel gemaklikste klere in die huis rondgeslof. Sy het selde 'n hoed gedra, selfs by amptelike geleenthede. Al was sy meer sosiaal as haar man, het sy net soos hy baie graag gelees en honderde van haar fiksieboeke, van die klassieke tot ligte ontspanningsleesstof, het oral in die huis rondgelê. Sy het nie met haar intellek te koop geloop nie, maar by een veel geroemde geleentheid aan die ontbyttafel, vertel Hancock, het Smuts 'n vers uit die Nuwe Testament, uit 1 Kor. 13, aangehaal, waarop Isie die hele hoofstuk vir hom voorgedra het, in die oorspronklike Grieks.[16]

In 'n akkurate beskrywing van Smuts se houding teenoor die huwelik, sê Kenneth Ingham dat die wêreld vir hom in twee sfere verdeel was: "In die een het mans ernstig en dapper hul verantwoordelikhede nagekom. In die ander het vroue hul menslike en huishoudelike take blymoedig en met warmte verrig, altyd gereed om met intelligente meelewing te luister na die probleme wat mans in die groot stryd van die lewe moet hanteer."[17]

Een van Isie se groot stokperdjies was om koerantknipsels van al haar man se bedrywighede en toesprake te maak. Sy het intens in sy politieke loopbaan belanggestel en was meer as enigiemand anders sy gids, vertrooster en vriend. Tydens albei die wêreldoorloë het sy die Gifts and Comforts Fund vir Suid-Afrikaanse soldate georganiseer, waarvoor sy, soos reeds gesê, werkpartytjies in Doornkloof en die premierswonings, Groote Schuur en Libertas, gehou het. Koning George VI het haar 'n CBE (Commander of the British Empire) aangebied, maar sy het dit van die hand gewys en aangevoer dat daar ander verdiensteliker ontvangers was.[18] Soos Crafford tereg opmerk, kan Smuts se sukses in die lewe in geen geringe mate aan Isie se beskeie betrokkenheid en toewyding toegeskryf word nie.[19]

◆

Vir Smuts self was Doornkloof meer as 'n woning: Dit was 'n ankerplek, 'n toevlug waar hy sy veeleisende politieke laste eenkant toe kon skuif en doen waarvan hy die meeste gehou het, om met die natuur te kommunikeer. Alleen of saam met sy kinders het hy lang ente oor die golwende landskap gestap of gery en net stilgestaan om 'n botaniese spesie met die vergrootglas wat hy altyd by hom gehad het te bekyk. Op sy wandelinge deur die bosveld het hy baie nuwe grassoorte ontdek wat hy met groot plesier aan elke belangstellende gewys het. Die kinders is nooit toegelaat om 'n veldblom te pluk of eiers uit 'n nes te haal nie omdat dit die natuur sou versteur. As Tafelberg in die Kaap Smuts se geliefde "katedraal" was, was Doornkloof, en verder noord, Rooikop, die "kerke" waarin hy Moeder Natuur aanbid het.

HOOFSTUK 21

Gemaklik by vroue

Dis geen geheim dat Jan Smuts se diepste verhoudings eerder met vroue as met mans was nie. "Ek het 'n swakplek vir vroue, nie in die seksuele sin nie, maar weens 'n innerlike affiniteit en aangetrokkenheid,"[1] het hy 'n keer erken. In 'n brief aan lady Daphne Moore, met wie hy in die 1940's vriende geword het, het hy toegegee: "As ek deur die lys van my spesiale vriende in die lewe kyk, vind ek dat hulle meestal vroue is ... Vir my is vroue interessanter. Ek neem aan dis omdat ek 'n heel manlike tipe is en teenoorgesteldes trek mekaar aan, soos in die elektromagnetisme.[2] Soos nog 'n beroemde generaal, die hertog van Wellington, was Smuts altyd meer innemend teenoor vroue as teenoor mans, veral as hulle jonk, slim en mooi was.

Sy grootste politieke vriendskap was wel met Louis Botha, agt jaar ouer as hy. Hy was alte bewus daarvan dat hulle totaal verskillende persoonlikhede gehad het en het dit só opgesom: "Ek werk met administrasie, Botha werk met mense."[3] Hy was baie slimmer as Botha, maar anders as die ouer man het hy geen erg gehad aan ydele tydverdrywe nie en was hy geneig om antisosiaal en teruggetrokke te wees. Botha, wat graag kaart gespeel het, was baie geselliger en vroliker. Smuts het sy mentor as "die grootste, suiwerste, aangenaamste siel in al my dae"[4] beskryf. In 'n liriese huldiging van Botha tien jaar ná sy dood, het hy geskryf: "Dit was hierdie versmelting van groot mag met die uiterste sensitiwiteit wat hom so 'n uitsonderlike vriend gemaak het. Groot as soldaat en groter as staatsman, was hy die grootste as vriend weens sy blote menslikheid en simpatie."[5]

Isie Smuts het gesê sy het nooit 'n hegter vriendskap gesien as dié tussen haar man en Botha nie. "Dit het gelyk of hulle mekaar in hul werk nodig gehad het. Hulle kon nie lank van mekaar af wegbly voordat die een die ander laat kom het nie, óf vir hulp, óf vir advies," het sy vertel.[6] Tog was die twee kamerade sosiaal nie baie na aan mekaar nie omdat hulle sulke uiteenlopende belangstellings gehad het. Soos 'n biograaf van Botha geskryf het: "Elkeen het sy gesin, sy huishoudelike belange, sy besigheid gehad wat sy aandag geverg het. Vir ontspanning het Botha van 'n stil potjie brug gehou. Vir Smuts het so 'n plesiertjie na 'n ondenkbare mors van waardevolle tyd gelyk. Dit was sy gewoonte om ure aanmekaar oor boeke en dokumente te sit en broei."[7] Al het hy Botha se persoonlikheid bewonder, sou Smuts nooit sy diepste gevoelens teenoor hom uitstort soos hy met verskeie vroue gedoen het nie.

◆

Piet Beukes, 'n Rhodes-beurshouer en vermaarde Afrikanerjoernalis wat Smuts goed leer ken het, het 'n hele boek, *The Romantic Smuts*, aan die vroue wat sy naaste vriende en vertrouelinge was, gewy. Beukes het nooit getwyfel dat Isie Smuts se ware liefde was nie, deur hul huwelik van 53 jaar sy intiemste liefde.[8] Nietemin was hul getroude lewe allesbehalwe idillies; vir haar het dit baie eensaamheid en verlies, hartseer en vernedering gebring, maar wel ook tydperke van geluk en tevredenheid wanneer hy tuis by haar en die kinders was.

Isie, wat later deur almal Ouma genoem is, was 'n buitengewoon onselfsugtige vrou met groot innerlike krag wie se lyding in die latere fases van die Anglo-Boereoorlog 'n mens jou beswaarlik kan indink. Voordat sy na 'n kothuis in Pietermaritzburg verban is, moes sy die dood van haar 18 maande oue seuntjie beleef sonder dat haar man by haar was om haar te troos. Afgesien van twee kort ontmoetings het sy en Smuts mekaar twee jaar en twee maande lank nie gesien nie.

As dit haar gegrief het dat haar man altyd plig voor sy gesin gestel het, het sy dit nooit laat blyk nie. Soos Beukes skryf, "as daar ooit 'n vrou was wat alles wat dierbaar vir haar was, opgeoffer het ter wille van haar man en sy taak as politikus en militêre bevelvoerder, was dit Isie Smuts."[9] Ná die oorlog, toe haar man eers in Suid-Afrika en toe wêreldwyd beroemd geword het, moes sy die fort op Doornkloof hou en hul kinders alleen grootmaak.

◆

Een van Smuts se merkwaardige eienskappe was dat hy graag sy intiemste gedagtes neergeskryf het. Gedurende sy lang lewe het hy sowat 23 000 briewe aan 'n wye vriendekring geskryf. Onder hulle was Olive Schreiner, Margaret

Smuts se boesemvriendin en vertroueling Margaret Clark-Gillett. Alfred Gillett Trust

Clark-Gillett, Alice Clark, koningin Frederika van Griekeland en lady Daphne Moore.[10] Margaret Clark-Gillett het die meeste briewe van hom gekry: 2 000 oor 40 jaar.[11]

Al het hy dikwels oor intieme geestelike dinge aan vroue geskryf, was sy ware liefdesbriewe net aan Isie gerig.[12] Dit was briewe vol teerheid waaruit die diepte van sy liefde en trou geblyk het. Hy het haar een keer beskryf as "die enigste siel wat ek ooit waarlik liefgehad het of ooit sal kan liefhê".[13]

Tog kon hy soms vreemd onsensitief teenoor Isie se gevoelens wees wanneer sy vroulike bewonderaars, sommige van hulle jonk en ongetroud, tuis by hom kom kuier het. Hy sou hulle dikwels nooi om aan te bly en sonder uitsondering het hy hulle op sy staptogte in die veld saamgeneem. As hierdie gewoonte Isie gehinder het, het sy dit nooit gewys nie. Die enigste keer wat sy laat blyk het dat sy seergemaak is, was toe sy uiteindelik van die stroom korrespondensie tussen haar man en sy vriendinne bewus geword het. In woede het sy haar eie briewe aan hom verbrand, en so die nageslag daarvan ontneem.[14]

Daar is reeds na Smuts se hegte vriendskap met Emily Hobhouse verwys. Dit was Hobhouse wat vroeg besef het dat hy buitengewone leierseienskappe en 'n briljante verstand het. Sy het nie net die internasionale aandag op hom gevestig deur op die regte oomblik hul korrespondensie aan *The Times* in Londen te gee nie, sy het hom ook aan baie van Brittanje se vooraanstaande Liberale politici bekendgestel. Sy het haar briewe aan "Oom Jannie" gerig en sy het tot haar dood in 1926 gereeld geskryf. Sy het kwistig raad en dikwels ongevraagde en skerp kritiek uitgedeel: Hoekom Smuts nie moet toelaat dat Jopie Fourie geskiet word nie, hoe om Gandhi te hanteer, waarom Suid-Afrika hom nie in die Eerste Wêreldoorlog by Brittanje moet skaar nie ... en so het dit aangegaan. Soms het hy na haar geluister, maar meestal nie. Hy het gedink Hobhouse is "'n bietjie mal", maar het haar altyd geëer vir haar onbaatsugtige werk vir die Boeresaak. Isie, aan die ander kant, het 'n renons in die passievolle Engelse vrou ontwikkel omdat sy soms sulke nare goed oor haar man gesê het.[15]

◆

Die skrywer Olive Schreiner was 15 jaar ouer as Smuts en ook een van sy lojaalste en langdurigste vriende. Hierdie vrypostige, aweregse vrydenker sonder enige formele onderwys het internasionaal bekend geword vir haar roman, *The Story of an African Farm,* wat sy op 26-jarige ouderdom geskryf het. Sy was sterk Afrikanergesind, het haar vir gelyke regte vir vroue beywer en was 'n uitgesproke teenstander van die Anglo-Boereoorlog. Nadat Smuts van haar skryfwerk geresenseer het, het sy aan hom geskryf en voorgestel dat hulle ontmoet "om 'n politieke geveg te hê". Hy het ingestem en hulle het dadelik vriende geword.[16]

As 'n ondersteuner van die Boeresaak het Schreiner ook met Isie vriende gemaak en tydens die Anglo-Boereoorlog het sy een en selfs twee keer elke week wat Smuts op kommando was aan Isie geskryf. In 1903 het sy in Sunnyside, Pretoria, by die Smutse gebly en vir tien jaar daarna noue kontak met hulle gehou. 'n Asmatiese Schreiner het in 1913 in Engeland gaan woon en toe Smuts tydens die Eerste Wêreldoorlog in 1917 daar aankom, het sy haar as 'n landgenoot by hom geskaar, al was sy teen die oorlog gekant. Smuts het haar meer as een keer saam met hom Cambridge toe geneem en ook 'n keer na Frankryk wanneer hy daar na oorlogsake moes omsien. Sy en Emily Hobhouse het Smuts albei op hul eie manier as die redder van die wêreld voorgehou, dit luid betreur wanneer hy nie doen wat hulle sê nie en hom met advies gebombardeer oor hoe om die oorlog te beëindig en vrede vir die mensdom te bewerkstellig.[17] In 'n voorwoord tot een van Schreiner se boeke het Smuts beskryf hoe sy in 1917 soms "letterlik op die grond voor hom neergeval, hom om sy knieë vasgegryp en met trane in haar oë gepleit het dat hy 'n einde aan die oorlog maak".[18]

◆

Emily Hobhouse se grootste geskenk aan Smuts was om hom aan haar sekretaresse, Margaret Clark (later Gillett), bekend te stel. Clark was die kleindogter van die Radikale en Liberale politikus en Kwaker, John Bright, een van Brittanje se mees vooraanstaande politieke figure van die 19de eeu. Die intelligente en aantreklike Clark het as jong vrou in 1905 saam met Hobhouse na Suid-Afrika gereis. Aan boord van dieselfde skip was DF Malan, wat hulle lesse in Afrikaans gegee het. Die twee vroue het in Sunnyside by die Smuts-gesin gaan bly, wat hulle gou tuis laat voel het. 'n Vriendskap het tussen die 35-jarige Smuts en die 24-jarige Clark ontstaan wat oor 45 jaar sou strek. Clark, haar vriende en familie sou Smuts beïnvloed en sy lewe, denke en geestelike uitkyk verander.

Hul vriendskap het vroeg in 1906 verdiep toe Smuts toevallig uitvind dat Clark ook op die Duitse skip is waarmee hy Engeland toe gereis het om Campbell-Bannerman te ontmoet. By hul aankoms in Dover het die Clarks, wat die Boeresaak gesteun het, Smuts genooi om die naweek by hul huis in die dorpie Street in Somerset deur te bring. Daardie Sondag het hulle hom na 'n Kwakervergadering geneem waar die gees hom geroer het om dankie te sê vir sy nuutgevonde Engelse vriende. Beukes beskou Smuts se verbintenis met die Clark-familie en sy gevolglike wisselwerking met die Kwakers as die "groot keerpunt in sy lewe".[19]

Die briewe tussen Smuts en Clark is 'n ryk bron van inligting vir historici wat die ontwikkeling van Smuts se denke wil naspeur en sy persoonlikheid wil verstaan. Die twee het menings oor digkuns, letterkunde, godsdiens en die politiek gewissel en mekaar op die hoogte gehou van wat in hul families gebeur. Sy het hom as "My liewe oom Jannie" aangespreek en hy het haar "My liewe ou Tante" genoem.[20] Kenneth Ingham meen dat Smuts in sommige opsigte gemakliker in sy briewe aan Margaret Clark was as wanneer hy aan sy eie vrou geskryf het. "Isie het sy Afrikaner-kant gedeel. Margaret ... het hom baie stewig aan die wyer wêreld buite Suid-Afrika verbind".[21]

In 1908 het Clark vir hom geskryf dat sy verloof geraak het aan 'n bankier, Arthur Gillett, net drie jaar jonger as Smuts. Hy het dadelik vir Gillett geskryf om hom geluk te wens dat hy iemand as vrou neem "met 'n goeie verstand en selfs 'n beter karakter".[22] Hy het hulle die beste toegewens en voortgegaan: "Ek ken haar nou al 'n paar jaar lank heel intiem; inderdaad, ek weet nie of ek 'n dierbaarder vriend in die wêreld het nie." ("Intiem" het vanselfsprekend destyds 'n onskuldiger konnotasie gehad as wat dit vandag het.) Ná hul troue het die Gilletts Oxford toe getrek en Smuts was 'n gereelde gas in hul huis wanneer hy Brittanje gedurende die Eerste Wêreldoorlog besoek het. Van 1919 af tot sy dood 31 jaar later het Margaret Clark-Gillett elke naweek vir Smuts geskryf en hy het so dikwels hy kon geantwoord. Hul merkwaardige korrespondensie word tot vandag toe ongeskonde bewaar. Beukes het geoordeel dat Clark-Gillett naas Isie die vrou was wat die langdurigste en belangrikste invloed op Smuts gehad het.[23]

In 1828 het die ryk en vrygewige Gilletts, besorg oor die gebrek aan 'n Kaapse woonplek vir Smuts, Isie en die kinders, 'n huis vir die gesin gekoop in Bowwoodweg, Claremont. Die huis, wat Tsalta (*at last* van agter af gespel) genoem is, het aan Smuts die privaatheid gegee wat hy nie altyd by sy vorige hoofkwartier, die Staatsdiensklub in die middestad, geniet het nie.

◆

Smuts het in 1892 'n onwaarskynlike vriendskap aangeknoop met 'n eensame ou Cambridge-dosent, HJ Wolstenholme. Dié het Smuts se toegewyde mansvriend geword en vele briewe van hom ontvang. Die afgesonderde dosent in Duits het sy kongregasionalistiese geloof verloor en sy toevlug tot sy boeke oor die filosofie, sosiologie en ekonomie geneem. Lank nadat Smuts weg is uit Cambridge het die twee nog gekorrespondeer – 'n halfdosyn of meer lang briewe van elkeen per jaar tot met Wolstenholme se dood in 1917. Dit was 'n geval van uiterstes wat tot mekaar aangetrokke was: Smuts, jonk, energiek en idealisties; Wolstenholme, middeljarig, lewensmoeg en ontnugter oor 'n heelal wat hy as doelloos en moreel middelmatig beskou het.[24] Die ouer man was 'n nuttige klankbord vir Smuts se metafisiese bepeinsing en het dit vir die res van sy lewe op homself geneem om die nuutste boeke oor die politiek, filosofie en ander esoteriese onderwerpe waarin albei belanggestel het uit Engeland aan Smuts te stuur.

◆

Margaret was nie die enigste lid van die Clark-familie wat 'n noue band met Smuts gehad het nie. Haar suster Alice het hom in 1906 tydens sy eerste besoek aan die Clarks ontmoet en het daarna baie jare in 'n sanatorium deurgebring in 'n poging om van haar tuberkulose ontslae te raak. Die twee het weer ontmoet toe Smuts in 1917 Engeland toe is. Alice Clark was hoogs intelligent. Sy het aan die London School of Economics gegradueer en 'n boek oor werkende vroue in die 17de eeu geskryf. Sy was 'n pasifis, 'n suffrajet en diep godsdienstig. 'n Mens sal kan sê dat sy verlief was op die man wat sy liefdevol "Oom Jannie" genoem het.

Hancock beskryf haar as 'n "pragtige vrou met 'n uitsonderlike gevoel vir skoonheid, 'n liefhebber van klein dingetjies sowel as belangrike kwessies, 'n helder denker ... wat op geniale wyse sowel simpatieke as kritiese begrip kon toon".[25] Smuts was alleen in sy hotel-suite tydens die laaste twee jaar van die oorlog, onaangeraak deur die heldeverering van dié om hom. Hy het Alice vir naweke Londen toe genooi en die twee het lang wandelinge in Richmond-park en op die Epsom-heuwelrug onderneem. Tussen haar besoeke het hulle gereeld gekorrespondeer. Later het Alice na Londen verhuis om nader aan Smuts en by mediese behandeling te wees. Hul verhouding is nooit vir Isie weggesteek nie.

Die tweede Clark-suster se intellek het hom so beïndruk dat hy 'n eksemplaar van die manuskrip wat later *Holism and Evolution* sou word aan haar gegee het. Wolstenholme het sy eksemplaar begin lees, maar ná 50 bladsye tou opgegooi. Alice het die hele manuskrip gelees[26] en met kritiek gebaseer op haar Kwakeroortuigings gereageer. Soos Hancock opmerk, Smuts het uiteindelik iemand gevind wat regtig sy filosofiese soeke en die plek wat dit in sy lewe ingeneem het, kon verstaan. Alice Clark was een van die min mense met wie hy sy verhouding met God kon bespreek, iets waarmee hy sy lewe lank geworstel het.

Hulle het deur die hele oorlog gekorrespondeer, maar die vriendskap het op die rotse geloop toe Smuts eerste minister word en die Randse staking, waarin honderde dood en gewond is, met geweld beëindig. Dit het 'n tweestryd in

Alice, 'n Kwaker en vriend van die werkersklas, ontketen. Sy het die res van haar lewe tot aan haar einde in 1936 aan die versorging van haar bejaarde ouers en welsynwerk gewy.

◆

Smuts se uitsonderlike vermoë om aantreklike en briljante vroue te betower was die opvallendste in die laaste tien jaar van sy lewe, toe hy hegte vriendskappe met prinses Frederika van Griekeland en lady Daphne Moore van Kenia aangeknoop het. Die Tweede Wêreldoorlog het die drie van hulle bymekaargebring. In 1941 het die Griekse koning, sy broer kroonprins Paul, en skoonsuster kroonprinses Frederika met hul twee klein kindertjies voor die aanstormende Duitse magte uit Athene na Egipte gevlug. Die koning het besluit om hom in Londen te vestig, maar Smuts is gevra of Paul en Frederika met hul gesin en hul gevolg buite gevaar in Suid-Afrika kon gaan bly. Die 24-jarige prinses, 'n hoogs intelligente en mooi ma van twee, was 'n kleindogter van die Duitse keiser en het vier broers in die Duitse leër gehad. Haar man, Paul, het besluit om hom in Egipte te stasioneer, maar oor die volgende twee jaar het hy sy vrou en kinders gereeld in Suid-Afrika besoek.

Frederika, haar twee kinders en haar bediendes is eers in Goewermentshuis in Westbrooke onderdak gegee, maar dit het een nag aan die brand geslaan en hulle moes noodgedwonge skuiling soek in die aangrensende Groote Schuur, wat in daardie stadium onbewoon was. Smuts het hulle toestemming gegee om daar te bly totdat hulle ander akkommodasie kon kry. Hulle is later in Highstead, die buurhuis en ampswoning van die minister van naturellesake, majoor Piet van der Byl, gevestig.

Smuts en Frederika was dadelik tot mekaar aangetrokke. Hy het gedink "sy was regtig 'n goeie Duitser wat Hitler en al sy dade en gedagtes gehaat het en 'n vrede wou hê wat 'n einde aan nazisme sou maak, maar haar mense sou spaar".[27] Sy het *Holism and Evolution* gelees en was gefassineer deur die idee van heelheid wat, soos Smuts aan haar verduidelik het, die leerstellinge van die Griekse filosofie en die Christelike geloof omvat het.

Wanneer hulle albei in die Kaap was, het sy en Smuts mekaar omtrent elke dag gesien. Hy het haar strand toe of op staptogte in sy geliefde berge geneem en die verloop van die oorlog in Europa en die komende vrede met haar

Prinses Frederika van Griekeland.

bespreek.[28] Hy het haar so goed hy kon probeer voorberei vir haar toekomstige rol as koningin van Griekeland. Sy raad was dat sy Grieks ordentlik leer praat as sy die harte van die mense wil wen (sy en Paul het Duits met mekaar gepraat, maar in Engels aan mekaar geskryf). Hy het haar drie keer saam met hom in militêre vliegtuie Egipte toe laat vlieg sodat sy haar man kon besoek.

Frederika was eensaam sonder Paul en het haar toevlug tot die Smuts-gesin geneem. Sy het hulle dikwels in Pretoria besoek en by dié geleenthede in Libertas eerder as in die veel ongerieflikker Doornkloof tuisgegaan. Wanneer sy en Smuts langer as 'n week uitmekaar was, het hulle lang briewe aan mekaar geskryf oor sake soos godsdiens, filosofie en die monargie, 'n korrespondensie wat voortgesit is lank nadat sy in 1943 na Athene teruggekeer het.

Gelukkig vir Smuts het Isie van "Freddie" gehou en dit geniet om die twee Griekse kindertjies om haar te hê. Soos Hancock droogweg opmerk, sy was teen dié tyd gewoond daaraan dat Smuts aantreklike vroue in hul huis inbring en "hierdie jong vrou het ten minste 'n man gehad vir wie sy baie lief was".[29] Nie verbasend nie, het die vriendskap tussen die nou bejaarde Smuts en die buitelandse prinses in haar twintigs die skindertonge lustig laat klap. Beukes, indertyd 'n inligtingsbeampte in die staatsdiens, onthou hoe gerugte woes die ronde gedoen het by openbare geleenthede, skemerpartytjies, private dinees en onthale.[30]

Besoekers aan Suid-Afrika het gevind dat die plaaslike gemeenskap baie meer geïnteresseerd was in wat die verliefde Oubaas en sy prinsessie nou weer aangevang het as in oorlogsnuus uit die Noorde. Smuts se vyande het elke brokkie opgeslurp en vertel dat die eerste minister weer eens voor koninklikes buig ten koste van sy eie gesin en sy mense.

Smuts het hom nie daaraan gesteur nie. Sy sublieme ongeërgdheid oor skinderstories, en sy gebrek aan sensitiwiteit vir sy vrou se gevoelens, was nooit meer opvallend nie as toe Isie 'n eredoktorsgraad by die Universiteit van die Witwatersrand ontvang het en hy, baie trots op sy vrou, Frederika na die plegtigheid genooi het. Gelukkig, skryf Hancock, het die kroonprinses op die laaste nippertjie besluit sy behoort nie die uitnodiging te aanvaar nie, "sy en Smuts sou onvermydelik die middelpunt van almal se aandag geword het en Ouma sou verneder gewees het".[31]

Ter verdediging van Smuts kan gesê word dat die las van leierskap van 'n bitterlik verdeelde nasie in oorlogstyd swaar op sy skouers gerus het en dat hy afleiding baie nodig gehad het. Volgens Hancock het Frederika sy "gees verfris" toe hy dit die meeste nodig gehad het. Op sy oudag kon hy die geselskap van 'n uitsonderlik aantreklike en intelligente jong vrou geniet, iemand met wie hy oor die ouderdomsgaping van 50 jaar heen die gawe van die wysheid kon deel wat hy op sy lang geestelike en politieke odussee versamel het.[32]

Ná die oorlog was Smuts instrumenteel om Churchill (altyd agterdogtig oor Frederika omdat sy Duits was) en die afgevaardigdes by die Vredeskonferensie van Parys te oorreed om die Griekse koning George op sy troon te herstel. Toe George skielik in 1947 dood is, het Paul koning geword en Frederika koningin. Dit was grootliks te danke aan haar verhouding met Smuts.[33]

Nadat Smuts onverwags die verkiesing van 1948 verloor het, het koningin Frederika hom na Athene genooi, waar hy ereburgerskap van die stad ontvang het en 'n straat na hom genoem is. Ná sy ernstige hartaanval op sy 80ste verjaardag het sy planne gemaak om hom in Doornkloof te besoek, maar hy is dood twee dae voordat sy na Suid-Afrika sou vertrek. Sy het haar hartseer in 'n Engelse sonnet tot sy eer verwoord.[34]

Nie lank ná Smuts se dood nie, het Frederika 'n gesant na Suid-Afrika gestuur om al die baie briewe wat sy tydens hul lang vriendskap aan Smuts geskryf het terug te eis. Toe Beukes later haar hulp met sy navorsing oor holisme vra, het sy hoflik geantwoord, maar "volstrek geweier" om enige van Smuts se briewe vir hom te stuur of toe te laat dat hy na Athene vlieg om hulle daar te lees. Niemand weet waar hierdie korrespondensie vandag is nie, sodat ons net kan bespiegel oor die ware aard van Smuts se intrigerende "koninklike verhouding".

◆

Lady Daphne Moore, die vrou van sir Henry Moore, die Britse goewerneur in Kenia en later goewerneur-generaal in Ceylon, was Smuts se grootste vriendin in die laaste nege jaar van sy lewe. Die twee het ontmoet toe Smuts se vlug Londen toe (in 'n vliegtuig verskaf deur Winston Churchill) soos gebruiklik in Nairobi onderbreek is. Beukes het lady Moore goed leer ken en soos hy dit vertel is Smuts se belangstelling geprikkel die oomblik toe hy hoor dat hierdie pragtige en duidelik intelligente 47-jarige vrou in Britstown, Suid-Afrika, gebore is.[35]

Beukes vra homself af hoekom Smuts nou juis lady Moore as 'n spesiale vriend en vertroueling gekies het, terwyl hy reeds gereeld met kroonprinses Frederika en Margaret Clark-Gillett gekorrespondeer het.[36] Hy kom dan tot die gevolgtrekking dat dit net so veel weens haar intellek en belangstellings was as weens haar bedrewenheid as briefskrywer. Smuts het die Moores na

Smuts met lady Daphne Moore. Museum Africa, Johannesburg

Suid-Afrika gebring, hulle in Groote Schuur en op Doornkloof laat bly en hulle vir 'n vakansie na die Kruger Nasionale Park geneem. Ná een langdurige verblyf op Doornkloof het lady Moore aan haar ma geskryf dat selfs prinses Frederika uiteindelik voor die Groothuis se sjarme geswig het, ten spyte van die "wanorde, geraas en estetiese afgryslikhede en die bitter koue van die Hoëveld wat deur die hout-en-sinkmure insypel".[37]

Lady Moore het haar indrukke van haar verblyf saam met ander gaste in Groote Schuur tydens die parlementsitting van 1943 in haar dagboek aangeteken.[38] Daarin was sy nie juis vleiend oor die Grieke koningsgesin nie. Sy het geskryf dat lede van die Smuts-gesin voel die Griekse besoekers "teer op oom Jannie". Al het sy en die kroonprinses meegeding om Smuts se aandag, het sy gedink Frederika en haar man is "baie natuurlik en sjarmant, en al is daar geen twyfel dat oom Jannie baie erg oor die prinses is nie, kan 'n mens hom nie kwalik neem nie, want sy is baie aantreklik – klein, met 'n krullebol, slim en net 25. Sy is uiters selfgesentreer en die meeste van haar gesprekke gaan oor haarself, haar gevoelens en menings, maar sy is baie verlief op haar 40-jarige man en hy op haar."[39]

Vir die volgende paar jaar tot sy dood in 1950 sou Smuts, Moore en Frederika se paaie dikwels kruis. Wanneer dit nie gebeur het nie, het hulle per brief kontak gehou. Hy het liries geskryf oor die vertroosting van sy herinneringe aan hulle, wat "dikwels groter/ryker as die werklike teenwoordigheid"[40] was. In Februarie 1947 het Moore Smuts bedank vir twee briewe "wat in afsondering geskryf is en van die liefflikste is wat ek nog van jou gelees het, selfs al gaan een van hulle meestal oor Frederika".[41]

Dat Daphne Moore nie Smuts se hegte verhouding met Frederika heeltemal goedgekeur het nie, blyk duidelik uit 'n brief wat sy vir hom geskryf het toe sy uitvind dat Frederika hom na prinses Elizabeth en prins Philip se troue in 1947 in Londen gaan vergesel. Sy het hom gewaarsku oor "die hernieude praatjies wat dit weer in Engeland, Suid-Afrika en Griekeland aan die gang gaan sit",[42] maar hy het hom nie daaraan gesteur nie. Hy het Frederika in Athene ontmoet en sy is saam met hom Londen toe vir die koninklike troue. Lady Moore het in 1949 haar laaste brief aan Smuts geskryf.[43] 'n Jaar later het sy vir Isie geskryf om te hoor hoe dit met Smuts se gesondheid gaan en gesê sy wil graag Doornkloof weer besoek om hulle albei te sien, maar dit het nooit gebeur nie. Die briewe tussen hulle is, in Beukes se woorde, 'n "blywende herinnering aan die vriendskap tussen Smuts en 'n merkwaardige vrou wat in die laaste jare van sy veelbewoë lewe sy dierbaarste vriendin geword het".[44]

◆

Daar was nog verskeie vroue wat in verskillende stadiums na aan Smuts was. Ethel Brown, sy stapmaat in Cambridge, is reeds genoem. Dr. Hilda Clark, Margaret en Alice se suster, het hom 'n paar keer in Brittanje en Suid-Afrika besoek, maar hulle het nooit veel aan mekaar geskryf nie. Florence Lamont, die pragtige vrou van die Amerikaanse bankier Tom Lamont, het saam met haar man sy "spesiale vriende" geword en die drie het deur die jare lang briewe vir mekaar geskryf. Hy was ook 'n soort oupafiguur vir lady Moore se jong dogters, Jo en Deidre, hy het hulle in Groote Schuur laat bly en op bergklimuitstappies geneem toe hulle onderskeidelik aan die universiteit van Oxford en Rhodes gestudeer het.

Nadat hy die duisende briewe van Smuts aan sy vriendinne ondersoek het, kom Piet Beukes tot die gevolgtrekking dat die kryger-staatsman diep in sy hart 'n groot romantikus was, en trots daarop.⁴⁵ Al was hy dikwels vir lang rukke weg van Isie, het hy nietemin deur al die baie jare van hul huwelik liefdevol en getrou gebly. Al was hy fisiek aangetrokke tot ander vroue, was sy verhoudings met hulle, amper soos dié van sy held, Goethe, platonies en merendeels intellektueel van aard. Die vriendskappe is meestal per brief in stand gehou en het hom in staat gestel om 'n veel sagter kant van sy karakter te openbaar, een wat hy verkies het om weg te hou van die manswêreld waarin hy beweeg het.

HOOFSTUK 22

Die soeke na orde in kompleksiteit

Smuts se spiritualiteit was die faset van sy karakter wat hom van die meeste van sy eweknieë onderskei het. Sy belangstelling in die geestelike is reeds in sy kinderdae as veewagter op die familieplaas aangewakker, en het hom lewenslank gelei, opgebeur en soms verbyster. Sy familie het gehoop hy sou 'n predikant in die NG Kerk word, maar op Stellenbosch is sy streng calvinistiese uitkyk getemper deur sy kennismaking met die digkuns van Shelley en Goethe, en later met die werk van Keats, Milton en Shakespeare. Aan die ander kant het sy nuutgevonde vaardigheid met Grieks hom in staat gestel om die Nuwe Testament in sy oorpronklike vorm te lees.

Dit was uiteindelik sy studie van die Amerikaanse digter Walt Whitman, 'n geesverwante soeker na universele waarhede, wat Smuts op Cambridge van baie vooropgesette idees bevry het, veral puriteinse idees oor sonde en skuld.[1] Soos Smuts is Whitman ook as kind sterk beïnvloed deur die skoonheid van die natuur. Sy wêreldbeskouing het sowel die natuur as God in ag geneem en het sy poëtiese geloof in die fundamentele eenheid van die ganse bestaan verwoord. Die Amerikaner se verse is diep persoonlik en gesentreer om homself as 'n toonbeeld van die algemene menslike persoonlikheid. Hy was vasbeslote om die talle moontlikhede wat in elke menslike wese opgesluit is, te ontdek. Dit was hierdie belangstelling in die wonder van persoonlikheid wat die jong Smuts gaande gehad het. Hy het Whitman as die beste voorbeeld beskou van die geïntegreerde persoonlikheid wat hy so bewonder het.[2] Hy het nogtans in die eerste hoofstuk van sy boek oor Whitman toegegee dat hy net so wel oor een van sy ander rolmodelle, Johann Wolfgang Goethe, kon geskryf het. Dit was nie soseer die persoon wat saak gemaak het nie as die mens oor die algemeen en die samestelling van die individu.[3] Whitman se vermoë om die teenstrydige impulse in sy eie persoonlikheid te versoen, het Smuts gehelp om sy eie liefde vir die natuur en sy godsdienstige oortuigings binne 'n heelal wat 'n "geordende en harmonieuse Geheel vorm" te sintetiseer.[4]

DIE SOEKE NA ORDE IN KOMPLEKSITEIT

Staatsake het Smuts lang ure besig gehou, maar hy het steeds tyd gemaak om vir ontspanning lang staptogte in die berge van die Kaap en Noord-Transvaal te onderneem.

In sy boek oor Whitman het Smuts gepoog om 'n metode vir die ontleding van persoonlikheid te demonstreer. Hy het gemeen wetenskaplikes word te maklik tevrede gestel met die studie van oorsprong en is dan geneig om menslike moraliteit te verduidelik deur na die beginsels wat in die dierewêreld geld te verwys. Daarteenoor, het hy geredeneer, maak sielkundiges die teenoorgestelde fout: hulle beskou die menslike gees as 'n afsonderlike en hoër entiteit, heeltemal onafhanklik van die natuurlike wêreld. Smuts het geglo die twee benaderings moet gesintetiseer word: elke mens moet in sy geheel beskou word.

Deur Whitman te bestudeer was die jong Smuts in werklikheid besig om sy eie karakter te ondersoek, en deur Whitman se persoonlikheid te ontleed het hy sy eie intellektuele en politieke kernoortuigings in oënskou geneem.[5]

In hierdie stadium van sy lewe is hy betower deur nog 'n grondverskuiwende denker, Charles Darwin, die vader van die evolusieteorie. Hy het gevind dat Darwin se geloof in 'n wêreld van voortdurende groei en ontwikkeling deur die kragte van variasie en natuurlike seleksie na immer hoër vorme in baie opsigte met sy eie ooreengestem het.

In *The Origin of the Species* het Darwin geskryf: "Dis interessant om jou 'n dig begroeide skuinste voor te stel – bedek met baie plante, van baie soorte; met voëls wat in die bosse sing, met 'n verskeidenheid insekte wat rondfladder en met wurms wat deur die klam grond kruip – en om daaraan te dink dat hierdie noukeurig gekonstrueerde vorme, almal so verskillend van mekaar en op so 'n komplekse manier van mekaar afhanklik, alles voortgebring is deur wette wat om ons funksioneer ... Daar is 'n grootsheid in hierdie beskouing van die lewe met sy onderskeie kragte: dat nadat die Skepper oorspronklik asem in nuwe vorme of in een nuwe vorm geblaas het en terwyl hierdie planeet volgens die vaste wet van die swaartekrag om sy baan bly sirkel, eindelose vorme, die mooiste en die wonderlikste, vanaf so 'n eenvoudige begin ontwikkel het en steeds ontwikkel."[6]

Smuts was baie lief vir dié gedeelte. Hy het later in *Holism and Evolution* geskryf: "Ek moet bieg dat daar min passasies in die groot wêreldletterkunde is wat my dieper raak as hierdie slotwoorde in Darwin se groot boek. Hulle het 'n krag en 'n skoonheid buite verhouding met die eenvoudige onversierde frasering. Hulle is die uitdrukking van 'n groot onselfsugtige siel wat vreesloos en heelhartig na die waarheid gesoek het en wat aan die einde 'n visie van die waarheid gegun is waarvan die volheid en grootsheid dalk nooit oortref sal word nie."[7]

◆

As jong man is Smuts se geloof in die dekade van 1896 tot 1906 tot die uiterste toe beproef in die draaikolk van die stryd tussen Boer en Brit, die verwoesting van die land, die haat en smart van die oorlog en die pyn van sy babaseun se dood. Op kommando is baie troue kamerade langs hom doodgeskiet en hy het self dikwels naelskraap aan die dood ontkom. Ná die vernedering van die Boere se neerlaag aan die hand van die Britte, moes hy die triomfalisme van sy nuwe heersers, Milner en die mynmagnate, verduur. En tog, terwyl die konflik van die Anglo-Boereoorlog en die nasleep daarvan hom tot in die diepste van sy siel geraak het, het dit ook tot die belangrikste verandering in sy lewe gelei: sy ontwikkeling van Boerevegter en -denker tot 'n groter, vollediger en ryker Suid-Afrikaner. "Ek het geleer om my kop voor die onvermydelike te buig," het hy jare later erken.[8]

Die transformasie van Smuts se filosofiese lewensbeskouing is klaarblyklik te danke aan die heilsame invloed van die Society of Friends, oftewel die Kwakers. In sy studie *The Holistic Smuts* hou Piet Beukes vol dat Smuts se toevallige ontmoeting met die Kwakers in 1906 in die Engelse dorpie Street in Somerset lotsbepalend vir hom was. Hy was nog onseker of hy ná die Anglo-Boereoorlog 'n "verbitterde Afrikaner of 'n samewerkende Suid-Afrikaner"[9] moet wees. In die sagmoedige en ondogmatiese Kwakergemeenskap, die geestelike tuiste van Emily Hobhouse en die pro-Boer Clark-familie, het hy 'n toevlugsoord ontdek. Daar het die belangrikste kragte in sy lewe – sy godsdiens, sy belangstelling in die geskrifte van digters, wetenskaplikes en filosowe en sy besorgdheid oor die mensdom – bymekaargekom. In sy middel-dertigs het Smuts nou sy eie ware missie in die lewe ontdek en nooit weer teruggekyk nie: om die sintetiseerder van idees en die versoener van mense te wees. Vir die res van sy lewe het hy sy verbintenis met die Kwakers behou. Al kon hy nie heeltemal hul pasifistiese oortuigings deel nie, het hy hul vorm van stille aanbidding ook syne gemaak.

Smuts het later oor die uitwerking van 'n "morele ontwaking" op enige lewe geskryf: "Dit is dan wanneer die klein sagte stem van die innerlike lewe na vore kom en die gewete en plig oorneem om matigheid, selfbeheer, sielerus en uiteindelik daardie vrede van God wat alle verstand te bowe gaan te bring. Dis dan wanneer 'n mens leer om met volmaakte eerlikheid, integriteit en opregtheid jouself te wees."[10]

In sy ontleding van Smuts se persoonlikheid merk Beukes op dat dit opoffering, karakter en dissipline vra van enigeen wat wegbreek van sy ras of groep om 'n breër lojaliteit te aanvaar – om nie te praat van die bereidheid om beledigings en wanvoorstellings te verduur nie. Dis 'n moeilike pad wat net buitengewoon karaktervolle mense kan bewandel. Dit is hierdie uitsonderlike mense, sê Beukes, wat die vryste en verligste is en op wie die meeste staatgemaak kan word in die groot konflikte en krisisse van die lewe.[11]

Een van Smuts se vroegste biograwe, N Levi, som in 1917 sy karakter so op: "Dis 'n duidelik omlynde persoonlikheid, ten spyte van die oënskynlike teenstrydigheid tussen die verskillende dele ... So sal jy in Smuts 'n minagting vir amateurs en teoretici en 'n sterk voorkeur vir materialisme, saam met 'n opregte geloof in suiwer wetenskap ontdek. Hy moet sweerlik die mees praktiese idealis, die veglustigste metafisikus ooit wees. Hy gee hom oor aan dagdrome, net om in die middel van die nag op te staan om hulle in feite te omskep. Die subtiele advokaat in hom het hom nie wetties gemaak nie. Hy is gevul met sentiment, maar daar is geen sentimentaliteit in hom nie. In die parlement het hy gewetensbeswaardes een keer die sout van die aarde genoem, maar daarbuite het hulle onder sy tong deurgeloop."[12]

Alan Paton, JH Hofmeyr se biograaf en geen bewonderaar van Smuts nie, het laasgenoemde se karakter pittig opgesom soos net hy dit kon doen. "Menige lewe," het Paton geskryf, "is tragies omdat 'n man nie weet wat hy is nie. Hy is 'n man van die materiële, maar hy wens hy was 'n digter. Hy is wêrelds, maar hy wens hy was meer godsdienstig. Hy is godsdienstig, maar hy wens hy was meer wêrelds. So – gebonde aan die een, maar met begerige oë gerig op die ander – is hy glad niks nie. Maar Smuts het dit alles omvat en gekombineer ... hy het alles besit, maar is nie daardeur besit nie. Hy was, soos ons sê, meester van homself."[13]

◆

Toe hy nie 'n uitgewer vir sy manuskrip oor Walt Whitman in Engeland kon kry nie, het Smuts eers weer in 1910 "die geheel" begin ondersoek – as afleiding te midde van die spanning rondom Uniewording in 'n gepolariseerde Suid-Afrika. Hy het die manuskrip van *An Inquiry into the Whole* aan sy ou Cambridge-vriend, HJ Wolstenholme, gestuur. Dié was nie beïndruk nie en het aanbeveel dat Smuts dit nie as veel meer as 'n ruwe konsep beskou nie, 'n konsep wat hersien sal moet word as hy ooit 'n uitgewer daarvoor wil vind. Wolstenholme het sy oudstudent aangeraai om geskiedenis te skryf en politiek te bedryf,[14] maar Smuts het oortuig gebly dat politiek en filosofie hand aan hand gaan.

Veertien jaar het verloop voordat Smuts teruggekeer het na wat hy geskryf het. Dit was nadat hy die premierskap aan Hertzog moes afstaan en vir 'n verandering tyd vir diep nadenke gehad het. In daardie voorafgaande 14 jaar het sommige aspekte van sy idee van "die geheel" verander. Van die begin van 1924 af het hy agt maande stil in sy studeerkamer deurgebring en sonder die hulp van 'n stenograaf self 'n nuwe weergawe van *Holism and Evolution* in sy slordige handskrif geskryf. Selfs toe kon hy nie net op dié taak fokus nie omdat hy telkens deur party- en parlementêre verpligtinge onderbreek is. Hy het uiteindelik die boek in 1925 klaargemaak en dis minder as 'n jaar later gepubliseer. Daar was uiteindelik drie uitgawes in Engeland en herdrukke in Amerika en Duitsland.

Ten spyte van die poëtiese taal is *Holism and Evolution*, soos Jannie Smuts met 'n kind se lojaliteit teenoor sy pa eufemisties sê, nie ontspanningsleesstof nie.[15] Smuts se politieke kollegas, Leslie Blackwell en Deneys Reitz, het teenoor mekaar erken dat hulle onderskeidelik tien en drie bladsye gelees het.[16] Smuts se grondliggende uitgangspunt was dat ons in 'n heelal leef waar elke lewende ding – atome, selle, plante, diere en mense – 'n geheel vorm. Elke geheel bestaan uit meer as sy dele en vorm saam met ander 'n selfs groter geheel. Die vorming van 'n geheel is 'n werklike, organiese, evolusionêre en skeppende proses. Dit gee aanleiding tot 'n progressie van geheel op geheel, van eenvoudige materie tot plante en diere tot mense en, nog hoër op, persoonlikheid en die geestelike wêreld. Hierdie progressie, laag op laag, vorm die struktuur van die heelal.

Smuts het aangevoer daar is verskeie stadiums in die proses waarin 'n geheel gevorm word: van die fisiese en materiële tot die lewende plantwêreld; van die wêreld van voëls en diere tot die bewuste wêreld van die mens; van menslike verhoudings tot gemeenskappe en state; en uiteindelik tot die wêreld van waarheid, skoonheid en goedheid wat orde in die heelal rugsteun. Soos die werk aan die geheel selfs hoër styg, kom dit nader aan die ideaal van volmaaktheid, die uiteindelike geheel – die einde van alle skepping.[17]

Met hierdie grondliggend optimistiese hipotese wou hy 'n patroon afdruk op die verstommende kompleksiteit van die wêreld om hom. Hy het geargumenteer daar moet rigtinggewende wette in die natuur en die wetenskap wees, as 'n mens hulle net kan kry. Synde self 'n wetenskaplike, het hy gedink die denkbeeld van skeppende evolusie was die wetenskap se merkwaardigste bydrae tot die wêreld van idees. Die heelal is nie klaar gemaak en volledig nie, het hy geglo, dis in 'n staat van konstante skeppende vloeibaarheid; dit groei en ontwikkel nes 'n mens. "'n Geheel besit nie goed nie; dit is 'n rangskikking. Die wetenskap het die uitgangspunt aanvaar dat die wêreld uit patrone bestaan, en daarvoor moet die wêreld uit 'gehele' bestaan," het hy geskryf.[18]

◆

Smuts se teorie is nie ver verwyderd van die teleologie van Teilhard de Chardin of die filosofie van Aristoteles nie, waarvolgens elke ding 'n bepaalde doel het. Dit het klanke van Thomas van Aquinas, wat 'n progressie gesien het van die een onvoltooide geheel na die volgende wat opwaarts na God lei.[19] Tog het Smuts verder gegaan as hierdie vermaarde denkers, selfs verder as Immanuel Kant, wat die ideaal van volmaakte kennis aan die Opperwese alleen toegeskryf het. Smuts het geargumenteer dat die mens die mag van "intuïtiewe begrip" het, 'n *sensus communis* of sesde sintuig, wat dit vir hom moontlik maak om die groot geheel te verstaan.[20]

'n Noodsaaklike element vir die ontwikkeling van enige organisme, het Smuts aangevoer, is die vryheid om homself te wees: dié vryheid is 'n lewensnoodsaaklike element in die proses van groei en ontwikkeling. "Vryheid dy uit in 'n wêreld van geleenthede. Die dier vind hy is nie meer in sy hok toegesluit soos die plant nie, hy begin rondbeweeg. Geleidelik leer hy die lesse van bestuur en selfbestuur. Die Groot Eksperiment van die lewe veronderstel immer wyer grade van vryheid, totdat vryheid uiteindelik in die menslike stadium van die progressie bewustelik beheer oor homself neem en die vrye etiese wêreld van die Gees begin skep."[21]

Hierdie wêreldbeskouing is in geen sin Panglossiaans (ooroptimisties) nie: Na aanleiding van die beproewinge van ou vriende het Smuts 'n keer geskryf: "Ek glo vas dat die heelal goed en vriendelik is, maar dat dit baie donker kolle het en die donker is dikwels baie naby die helder plekke. Maar wat is die nut van moralisering wanneer 'n mens met sulke menslike lyding gekonfronteer word? 'n Mens ... kan maar net in stomme simpatie toekyk, baie soos 'n hond wat by sy dooie baas staan."[22] Smuts het baie goed geweet dat die heelal ondenkbare pyn, boosheid en verskrikking kan toedien, maar het geglo dat geen mens homself heel en vry kan maak behalwe deur 'n voortdurende stryd met hierdie realiteite nie. "Daarom is die grootste mense gewoonlik die minste gelukkig, in die gewone sin van die woord. Maar weer eens oefen die Geheel sy gesonde, weldadige invloed uit en as kompensasie ervaar die grotes 'n geseëndheid wat onverstaanbaar en onbereikbaar vir kleiner geeste is."[23] Hy het natuurlik uit persoonlike ondervinding gepraat.

Smuts se filosofie van holisme het hom, soos Hancock sê, 'n sin van realisme, proporsionaliteit en doel gegee. Deur die tydskaal van die moderne wetenskap soos dit in die evolusionêre teorie uiteengesit word te kombineer met die leerstelling van God se soewereiniteit, waarmee hy van sy vroeë jeug af deurdrenk is, was hy in staat om die fisiese wêreld met die metafisiese te verbind en kon hy sodoende by 'n begrip van die heelal uitkom en die mens se plek daarin vind. Ongelukkig het dit hom nie met 'n praktiese oplossing vir Suid-Afrika se klaarblyklik hardnekkige rasseprobleme gehelp nie, soos ons in Hoofstuk 24 sal sien.

Die wonder van die menslike persoonlikheid het Smuts altyd gefassineer. Hy het dit heel boaan die opwaartse progressie van geheel ná geheel geplaas. Die hoogste prestasie van die evolusionêre proses was vir hom die "volronde" persoonlikheid, getoets en getemper in die vuur van die lewe en deurdrenk met energie en kreatiwiteit. Besorg oor die dreigende konflik in Europa, het hy in 1938 geskryf: "Ek kom nie weg van die oortuiging nie, in my ingedril deur 'n leeftyd van denke en aktiewe deelname aan sake, dat die weg na hervorming, die pad na redding, deur die versorging, suiwering en verryking van die menslike persoonlikheid lê. Daar skyn die Heilige Lig op sy helderste in die donker wêreld."[24]

◆

Wanneer hy die noodsaak van die sintese van gees en liggaam beklemtoon het, het Smuts dikwels bewonderend verwys na Jesus Christus se bydrae tot die evolusie van die persoonlikheid. Deur Jesus se leringe, het hy geredeneer, is die wettiese Romeinse konsep van die mens verweef met die waardigheid en onvervreembare regte van mense as kinders van God.[25] Ofskoon Smuts se mening oor die goddelikheid van Christus later in sy lewe aanleiding gegee het tot meningsverskil tussen dié naaste aan hom, het hy Jesus altyd beskou as 'n figuur van groot historiese belang – die hoogste uitdrukking van menslike persoonlikheid. In 'n brief aan 'n vriend in New York het hy Jesus as die "merkwaardige wonderwerk van ons menslike storie" beskryf.[26]

Min mense het die Bybel in sy oorspronklike tale noukeuriger as Smuts bestudeer. Sy Griekse Nuwe Testament was saam met hom op kommando en het altyd langs sy bed gelê. Volgens Jannie het dit hom gefassineer dat Jesus se lewe so besonder kort was en het hy erken dat hy nooit kon besluit hoeveel van die Nuwe Testament feite en hoeveel die produk van geloof, vroomheid en tradisie was nie.[27] As iemand wat self soveel met oorlog en vrede te doen gehad het, het hy met Jesus se nederigheid en pasifistiese voorskrifte geworstel. Nogtans het hy in tye van die grootste spanning sonder uitsondering troos in Christus se voorbeeld gesoek. In 'n brief aan die Gilletts tydens die donkerste dae van die Eerste Wêreldoorlog het hy geskryf dat die Galileër, indien hy nie goddelik was nie, so naby daaraan gekom het om soos God te wees as wat dit vir 'n mens moontlik is.[28]

Die afvalligheid van christelike dogma wat sy seun raakgesien het, is teenstrydig met die mening van Piet Beukes, wat Smuts se metafisiese oortuigings noukeurig in *The Holistic Smuts – A Study in Personality* ontleed. In dié boek kritiseer Beukes ander biograwe omdat hulle nie die rol wat godsdiens in Smuts se persoonlikheid gespeel het ten volle waardeer nie. Beukes, duidelik self 'n gelowige, doen groot moeite om 'n saak uit te maak daarvoor dat Smuts nooit ver van die leerstellinge van die ortodokse christendom afgedwaal het nie, maar hy voer nie onweerlegbare bewyse aan nie. Selfs by vandag se terugblik is dit nie duidelik wat Smuts werklik oor die godheid van Jesus geglo het nie.

◆

Soos sy politiek het Smuts se godsdienstige oortuigings tot openbare meningsverskil aanleiding gegee, en het dit onder kritiek van sy vyande deurgeloop. Weens sy geesdriftige voorspraak vir die evolusieteorie het die enger godsdiensleiers hom daarvan beskuldig dat hy die bestaan van God ontken. Die waarheid was baie komplekser. Al het sy geloof in God verby antropomorfisme beweeg, het hy altyd sy geloof in en vertroue op 'n holistiese Opperwese wie se wette die ganse skepping beheer bely. Dit was miskien nie die konvensionele godsdienstige leerstellings waarmee hy grootgeword het nie, maar vir hom was dit waar en prakties.

Die skerpsinnige en opmerksame Alan Paton het gemeen dat die godsdienstige Smuts eerder aan die Skepping as aan die Skepper diensbaar was. Smuts was gefassineer deur sowel die menslike verlede as die toekoms van die mensdom en "het geglo dat die heelal goed is, op pad na 'n goeie uitkoms", het Paton geskryf.[29]

In 'n poging om Smuts se bydrae tot die debat oor godsdiens en filosofie te evalueer, noem Beukes 'n lewendige meningswisseling tussen Smuts en sy vriend dr. FC Kolbe. Kolbe het hom die gramskap van sy eie familie op die hals gehaal deur uit sy protestantse agtergrond weg te breek en 'n Rooms-Katolieke priester te word[30] en hy was, naas Smuts se NG predikant teen die einde van sy lewe, die enigste Suid-Afrikaner met wie Smuts oor filosofie, godsdiens en ander geestelike sake gepraat het. Die priester het toegegee dat *Holism and Evolution* 'n studie in wetenskapsfilosofie was, nie 'n oefening in metafisika of filosofie nie, maar hy het verskil van Smuts se aanvaarding van Kant se gevierde argument dat geen gevolgtrekking oor God uit die feite van die natuur gemaak kan word nie. Kolbe het geargumenteer dat as iemand in 'n Opperwese glo, hy dit moet erken, of dit nou oor die wetenskap of die filosofie gaan.

Smuts het dit as geldige kritiek beskou, maar het daarop gewys dat hy nie binne die beperkte raamwerk van sy boek aan die toepassing van holisme op die godsdiens geraak het nie. In 1948, ná sy neerlaag by die stembus, het hy aan 'n Duitse akademikus geskryf dat hy baie graag sy gedagtes oor holisme wil hersien om die verwarring in die wetenskap, filosofie en godsdiens uit die weg te ruim en om 'n "filosofiese brug tussen die materiële en geestelike wêrelde te bou". Helaas, die aanspraak van die politiek op 'n 78-jarige man se beperkte tyd het verhinder dat hy daarby uitgekom het.[31]

◆

In hul ontledings van Smuts se godsdienstige beskouing verwys sowel Beukes as Ingham na die mate waarin hy homself as die gewete van sy mense, en later in sy lewe as die wyse gewete van die mensdom begin beskou het. Vanaf sy vroegste dae het hy 'n onwrikbare geloof gehad in sy beheersing van gebeure en, soos Woodrow Wilson, dat hy reg was.[32] Tog, meen Ingham, was dit holisme wat Smuts van sy calvinistiese herkoms bevry en hom in staat gestel het om die lewe van die intellek te kombineer met die aktivisme waarna hy altyd gehunker het.[33] Om sy filosofie oor aktivisme te regverdig, het hy die formele uitrusting van 'n staatsman of die uniform van 'n soldaat gekies as plaasvervanger vir die toga van die predikant waarvoor hy eens bestem was.

Die naaste wat Smuts daaraan gekom het om enige van sy kernoortuigings terug te trek was laat in sy lewe, ná die pynlike verlies van sy oudste seun, Japie. Hy het sy wroeging in 'n brief aan die Gilletts uitgestort: "Ons kan verstaan wanneer bejaardes gaan, hulle het hul kans gehad, ten goede of ten kwade. Maar hierdie sinlose ding is byna onvergeeflik en lyk na laster teen die Heelal. Deur dit alles heen loop die draad van die toevallige, die ontoerekenbare, die skandalige, die onvergeeflike ... Die enigste verskoning wat ek vir die heelal kan bied, is dat ons nie verstaan dat die geheimnis groter is as wat ons beperkte uitkyk kan verduidelik nie, en dat nederigheid meer gepas is as gewelddadige protes."[34]

Tog het hy hom nooit aan wanhoop oorgegee nie, want daar was ander aan wie hy moes dink. Die nuus van Japie se dood moet een van die pynlikste laagtepunte in sy lewe gewees het en hy het instinktief geestelike hulp gaan soek by sy plaaslike NG predikant, ds. Johan Reyneke, met wie hy dikwels holisme en godsdiens bespreek het. In Doornkloof, omring deur die rakke vol boeke langs sy studeerkamermure, het hy en Reyneke gekniel en gebid tot die God in wie elkeen op sy eie manier toegewyd geglo het.[35]

HOOFSTUK 23

Die wyse ekoloog

Smuts was van sy studentedae af geboei deur die bestaan van die menslike persoonlikheid binne 'n klaarblyklik onpersoonlike kosmos. Op Cambridge het hy gewonder wat soewerein is in die heelal: die wetenskap of die persoonlikheid, en hy het heen en weer tussen die twee standpunte beweeg.[1] Soos ons gesien het, was *Holism and Evolution* sy ambisieuse poging om 'n oorkoepelende eenheid tussen die wetenskappe van materie, die lewe en die gees te smee. Toe *Holism and Evolution* gepubliseer is, was die studie van die wetenskap 'n betreklik nuwe dissipline en die boek het Smuts 'n internasionale reputasie – ofskoon nie een wat universeel erken is nie – as 'n filosoof van die wetenskap gegee.

Sy politieke neerlaag in die verkiesing van 1924 en die gepaardgaande bevryding van die las van die premierskap het hom die tyd gebied waarna hy gesmag het om sy wetenskaplike belangstellings te ontwikkel, veral op die gebied van die botanie. Tydens die gebruiklike ses maande lange parlementêre reses daardie jaar kon hy wyd deur Suider-Afrika reis en eerstehands die streek se flora, fauna en paleontologie bestudeer.

Die geologie het hom sedert sy kinderjare geïnteresseer, toe hy gewonder het hoe die grootse berge van die Kaap ontstaan het. Tydens sy krygsdiens in Oos-Afrika is hy geïnspireer deur die Groot-Skeurvallei en hy was daarna veral aangetrokke tot Wegener se teorie van kontinentdrywing, waarvolgens Gondwanaland die moedermassa was waarvan die ander landmassas in die Suidelike Halfrond – Suid-Amerika, Madagaskar, Indië en Australasië – weggebreek het.[2]

Hy het volgehou dat Wegener se teorie nog onbewese was, maar het gedink dit vorm 'n nuttige grondslag vir wetenskaplike studie in die Suidelike Halfrond. Dit het sy eie mening bevestig dat Afrika 'n sleutelposisie onder die kontinente beklee en dat Suid-Afrika dalk vars perspektiewe aan die wetenskaplike wêreld kon verskaf. Dit kon help om die fokus van die evolusionêre wetenskap weg te skuif van sy wortels in die Noordelike Halfrond.³

Al was Europa die tuiste van die moderne wetenskaplike gees en van die meeste van die wêreld se wetenskaplike mannekrag en bronne, was "noordelike wetenskaplikes" geneig om hul navorsing langs 'n noord-suid-as te doen, terwyl Smuts geredeneer het dat 'n oos-wes-as net so lonend kon wees. Dit sou Suid-Afrika ook in die middelpunt van belangrike wetenskaplike navorsing plaas.⁴

Hy het geredeneer dat die teorie van kontinentdrywing die geologiese en biologiese ooreenkomste tussen kontinente wat nou deur oseane geskei word, kan verduidelik. Dit sou byvoorbeeld moontlik wees dat die Kaap se planteryk, so anders as ander flora in Suider-Afrika, sy oorsprong in die matige Noord-Europa het en suidwaarts gedryf is toe die laaste Groot Ystydperk aanbreek. Terselfdertyd toon die Kaapse flora ooreenkomste met dié van ander lande in die Suidelike Halfrond: Die rykdom van die heel endemiese plantvorms in die Suidwes-Kaap kon afkomstig wees van die oorblyfsels van 'n land wat in die suidelike oseaan tot by Antarktika gestrek het.⁵ Al hierdie ontdekkings het opwindende navorsingsgeleenthede vir wetenskaplikes gebied, het Smuts gemeen.

◆

Smuts se belangstelling in hominiede is geprikkel deur prof. Raymond Dart se ontdekking in 1924 van die Taung-skedel van *Australopithecus africanus*, die skedel van 'n babaskepsel, nóg aap nóg mens, maar "iewers tussenin" wat beskou is as die ontwykende "vermiste skakel". As die president van die Suid-Afrikaanse Vereniging vir die Bevordering van die Wetenskap het Smuts Dart in 'n brief gelukgewens met sy belangrike ontdekking: "U geesdrif en toegewyde belangstelling in die antropologie het gelei tot wat wel 'n epogmakende ontdekking kan wees, nie net vanuit die oogpunt van die antropologie nie, maar ook as goeie tydsberekening om die aandag op Suid-Afrika te vestig as die groot terrein vir wetenskaplike ontdekking wat dit sonder twyfel is."⁶ In 'n toespraak in 1925 voor die vereniging "Wetenskap vanuit 'n Suid-Afrikaanse oogpunt" het hy voorspel dat Suid-Afrika wel nog die Mekka van menslike paleontologie kon word.

Dit het profetiese woorde geblyk te wees, want 22 jaar ná Dart se ontdekking

Smuts in die veld saam met sy hegte vriend en buurman, die plantkundige dr. IB Pole Evans.

van die Taung-skedel, wat deur baie vooraanstaande wetenskaplikes in die buiteland afgelag is, het sy ou vriend, dr. Robert Broom, die volledige skedel van 'n volwasse *Australopithecus* ontdek. Dit was Smuts wat Broom beïnvloed het om sy mediese praktyk te laat vaar en 'n navorser in die Transvaalse Museum te word. Broom se ontdekking het gehelp om Suid-Afrika 'n wêreldleier op die gebied van die paleoantropologie te maak, 'n status wat tot vandag toe behoue gebly het.

Smuts het verskeie ander vooraanstaande wetenskaplikes na Suid-Afrika gebring, onder wie die Franse klimatoloog en antropoloog, Abbé Henri Breuil, om die Suid-Afrikaanse voorgeskiedenis te bestudeer. Hy was bevriend met plaaslike prehistorici, insluitend Clarence van Riet Lowe, vir wie hy oorreed het om die ingenieurswese te laat vaar en die departement argeologie aan die Universiteit van die Witwatersrand te stig.[7]

◆

Ná sy besoek aan Oxford in 1929 om die Rhodes-gedenklesing te lewer, was Smuts as spreker baie in aanvraag in Brittanje en Noord-Amerika. By sy terugkeer na Suid-Afrika ná twee maande se lesings in die buiteland het 'n besondere eer hom toegeval: hy is in die eeufeesjaar van Brittanje se

Association for the Advancement of Science die vereniging se presidentskap aangebied. Nasionaalgesinde koerante, vir wie die eer bloedweinig beteken het, het smalend na hom verwys as "professor Jan Smuts van Oxford".[8]

In sy presidentsrede voor die vereniging, getitel "Vandag se wetenskaplike wêreldbeeld" het hy 'n antwoord probeer verskaf op die vraag: "Hoe het waarde 'n realiteit geword?"[9] Hy het geredeneer dat die mens 'n dier is wat prente kan maak en wat omvattende beelde van sy bepaalde ervarings en oortuigings geskep het. Hierdie beelde verdien om wetenskaplik genoem te word weens die gedissiplineerde waarneming wat hulle verteenwoordig. Die fisiese wetenskap moet diep grawe, onder die vlak van dinge wat gesien kan word, om rekenskap te kan gee van die waargenome feite.

Al kon Smuts nie die uiteindelike konfrontasie tussen kosmiese disintegrasie en organiese evolusie wetenskaplik weerlê nie, het hy geweier om te aanvaar dat "ons oorsprong dus toevallig, ons posisie uitsonderlik, ons lot beseël en die aftakeling van die sonnestelsel onvermydelik" is. Hy het 'n uitdagende antwoord op daardie vooruitsig gehad: "Die menslike gees is nie 'n patetiese, dwalende skim in die heelal nie, maar is tuis en toon oral geestelike gasvryheid en sensitiwiteit. Ons diepste gedagtes en emosies is niks anders nie as reaksies op prikkelings wat na ons kom, nie vanaf 'n vreemde heelal nie, maar vanaf een wat grondliggend vriendelik en aan ons verwant is." In Hancock se woorde, dit was indrukwekkend, maar nie ware wetenskap nie. Tog het wetenskaplikes dekades later die vertolkende insig van Smuts se woorde geloof. Een vermaarde fisikus het sy toespraak beskryf as 'n "lewende bydrae tot denke wat verdien om 'n onmisbare deel van elke wetenskaplike se onderrig te word".[10]

◆

Op die seereis terug na Suid-Afrika saam met Van Riet Lowe het Smuts Louis Leakey se boek oor prehistoriese Oos-Afrika gelees en dadelik geïnteresseerd geraak in die onderwerp van klimaatskommelings en hul uitwerking op die eerste mense. Agtien maande later het hy sy gedagtes oor klimaat en die mens in Afrika by 'n vergadering van die Suid-Afrikaanse Vereniging vir die Bevordering van die Wetenskap in Durban aangebied. Sy hipotese dat die Pleistoseense skema van klimaatsverandering in Europa én in Afrika van

Saam met kollegas by Dongola. Nadat die Nasionaliste aan bewind gekom het, het hulle Smuts se proklamasie van die gebied as 'n nasionale park omgekeer. Al wat oorgebly het is die veel kleiner Mapungubwe.

toepassing is, is deur die vooraanstaande argeoloog John Goodwin bestempel as 'n "mylpaal in die geskiedenis van sowel die geologie as die klimatologie in hul verhouding tot die menslike geskiedenis".[11]

◆

Smuts se geliefkoosde stokperdjie, wat vanaf 1924 'n passie geword het, was die studie van plante. "Botanie is vir my wat brug of *patience* vir kaartspelers is. Natuurlik is dit ook veel meer," het hy geskryf. Naas bergklim was sy geliefkoosde vorm van oefening lang staptogte deur die veld om, vergrootglas in die hand, monsters van plante en grasse vir sy botaniese parser te versamel. Veral die Hoëveldgrasse rondom Doornkloof het hom opgewonde gemaak. Hy het nie naastenby soveel vir bome of eksotiese blomme omgegee nie en het nie baie in ander diere as sy opreggeteelde beeste belanggestel nie. As iemand wat in die Kaap grootgeword het, het hy nou die totaal ander plantestreek van die Transvaalse Hoëveld met sy grasveld ontdek.[12] "Gee my die grasse, die golwende veld, die Bosveld se grasvlakte met bosse en bome oral op die eindelose grastoneel in al sy verskeidenheid skaduwee en skakerings, met geure en die klanke van voëls daarby, en skaam diere wat deur die lang gras sluip. Dit is die graspatroon van die lewe, en niks fassineer meer as dit nie," het hy later geskryf.[13]

As nuwelingbotanis was hy gelukkig dat sy buurman in Irene dr. IB Pole Evans was, die hoofplantpatoloog van die departement van landbou; en in Kaapstad die plantkundige Rudolf Marloth, wat hom saam met dr. Harriet Bolus van die Kaapse herbarium gehelp het om die plante wat hy so geesdriftig versamel het te identifiseer en te rangskik. Soos gewoonlik het hy homself verdiep in die bibliografie van die botanie. Hy het botaniese werke uit Engeland en Duitsland gelees, asook die geskrifte van paleobotanici soos dr. Marie Stopes.[14]

Hy het vinnig geleer. In 1924 het hy die deskundiges verstom toe hy 'n blykbaar ongeïdentifiseerde grassoort op Doornkloof ontdek. Dit het die naam Smuts-vingergras (*Digitaria smutsii*) gekry.[15] Dit is eers as 'n nuwe spesie beskou, maar dit het later geblyk dat dit presies dieselfde was as 'n vroeëre ontdekking, die *Digitaria eriantha*. Sy botaniese navorsing het by sy fenomenale geheue gebaat. In 1927 het twee Amerikaanse plantkundiges wat Kilimanjaro uitgeklim het hom van 'n grassoort vertel wat hulle daar teen die berghang by die sneeulyn gekry het, maar waarvan hulle die naam vergeet het. Smuts het dadelik drie grasse onthou wat hy in 1916 daar gekry het.[16]

Van 1924 tot 1932 het sy navorsing hom na Tanganjika, Njassaland, die Victoria-waterval, die Zimbabwiese ruïnes en Portugees-Oos-Afrika en na die meeste bergreekse van die Kaap en Transvaal geneem.[17] Volgens sy seun is sommige van hierdie gebiede nog nooit deur versamelaars besoek nie, sodat die monsters wat hy saamgebring het groot belangstelling gewek het.

Kort voor sy dood in 1950 het hy baie vinnig en sonder die nodige naslaanwerke byderhand 'n voorwoord vir twee boeke, *Wild Flowers of the Cape of Good Hope* en *The Grasses and Pastures of South Africa* geskryf.[18] In laasgenoemde het hy geargumenteer: "Oor die algemeen kan ek sê dat mense nie besef hoe belangrik grasse vir die mens se lewe is nie. Al die belangrike graansoorte wat ons aan die lewe hou, soos koring, rys, mielies, babala en kafferkoring is grasse ... Ook vleis, deur diere [wat gras vreet], is 'n grasproduk. Direk en indirek is alle lewe dus gras, en dis nie net 'n geval van 'die mens, soos gras is sy dae' soos die digters sê nie. En as ons in ag neem hoe klein die aardbol is, en hoe vinnig die bevolking aanwas en dit oorbewoon, begin ons besef in watter mate die hele toekoms van die mens op hierdie aarde afhanklik is van ons vordering met die ontwikkeling van ons grasbronne deur bewaring en navorsing om nuwe en verbeterde vorms te vind."

Dié woorde, kort voor sy 80ste verjaardag, het volgens Beukes uit die kern van sy geestelik-intellektuele wese gekom en dit was sy laaste boodskap aan die mensdom.[19]

◆

Volgens dr. Pole Evans was Smuts die eerste Suid-Afrikaanse politieke leier wat die lewensbelangrike rol van grasse in die lewe van 'n land verstaan het, en hy het groot moeite gedoen om by landbouskoue en ander openbare geleenthede te beklemtoon hoe belangrik die natuurlike veld is, hoe dringend noodsaaklik dit is dat gronderosie voorkom word.[20] Hy het alle vertakkinge van botaniese navorsing aangemoedig en 'n groot rol gespeel in die stigting van die Nasionale Herbarium in Pretoria en die Botaniese Opname, wat die land se plantegroei gekarteer het. Hy het gras- en weidingsnavorsingstasies in verskeie dele van die land begin, asook die laetemperatuur-navorsingstasie vir die studie en bevordering van uitvoervrugte en tuinboukundige navorsingstasies in die Kaap en Transvaal om die belange van vrugteboere te bevorder.

Prof. JFV Phillips, gewese voorsitter van die departement botanie aan Wits en die skrywer van honderde wetenskaplike artikels, het Smuts beskryf as die wysste ekoloog wat hy ooit sal ken – weens sy unieke begrip van nie net die wetenskap van die ekologie nie, maar ook die praktiese toepassing daarvan op alle lewensterreine.[21] Op hul staptogte deur die veld het hy Phillips dit altyd op die hart gedruk dat die ekologie meer is as net die studie van die besonderhede van plante, diere en mense. Dis ook 'n benadering tot die kuns en wetenskap van die lewe, om meer daaroor te leer, en om sowel die filosofie as die godsdiens beter te kan waardeer. Soos holisme was die ekologie die kern van Smuts se denke, sy innerlike lewe, sy politiek en sy verhouding met die Goddelike.

HOOFSTUK 24

'n Onseker trompet

Historisisme, die idee dat elke individu of gemeenskap geoordeel moet word volgens die norme en waardes van sy tyd, word wyd aangebied as die rede vir en die regverdiging van Smuts se segregasionistiese oortuigings en beleidsrigtings. Dit mag wel waar wees, maar dit verklaar nie heeltemal hoekom so 'n versiende denker nie meer gedoen het om die pad vorentoe vir sy wit landgenote aan te toon nie. Dr. Edgar Brookes, een van die wysste akademici en politici van sy tyd, het geglo die historici van die 21ste eeu sal Smuts se onvermoë om die kleurvraagstuk te konfronteer as sy grootste tekortkoming beskou. Hy was wel altyd respekvol en hoflik teenoor mense van kleur en het, anders as sy opponente, hulle nooit pionne van die ideologie gemaak nie, maar hy het te min gegee, en wat hy wel gegee het, was meestal te laat. "Hy het nooit sy volgelinge met duidelike leiding opgeroep nie. Die trompet het 'n onseker klank laat hoor en niemand het homself vir die geveg gereed gemaak nie," het Brookes geskryf.[1]

Dr. Bernard Friedman, 'n eertydse lid van die Verenigde Party, se kritiek op Smuts as politieke leier was skerper en hy was smalend oor sy holistiese filosofie. Hy het opgemerk dat Smuts die onderskeie elemente van Suid-Afrika se multi-etniese samestelling in 'n allesomvattende geheel kon saamgesnoer het, maar in plaas daarvan het hy volgehou dat wit eenheid eerste moet kom en die "naturellevraagstuk" tot later moet wag. Sodoende het hy 'n teenstrydigheid ingevoer in sy eerste holistiese onderneming, die skepping van die Unie.[2] Op die gebied van die praktiese politiek het holisme Smuts geen spesiale insig, inspirasie of leiding gegee nie, het Friedman bevind.

Net so het prof. Keith Hancock, Smuts se voortreflike biograaf, nie raad geweet met die teenstrydigheid tussen sy onderwerp se holistiese filosofie, met die beklemtoning van die opperwaarde van die individu, en die toepassing daarvan op die Suid-Afrikaanse politiek nie. "Die biograaf kan nie 'n kortpad kry na die oplossing daarvan nie; meer spesifiek, hy kan geen bepaalde skema van rasseverhoudinge vind as 'n behoorlike teenstuk vir die *Inquiry into the Whole* nie. As 'n filosoof het Smuts die kosmologiese tydskaal gebruik; as 'n politikus moes hy tyd bereken van die een verkiesing na die volgende en soms van dag tot dag."[3]

Piet Beukes, 'n vurige bewonderaar van Smuts, het sy werkgewer se standpunte aan 'n dualiteit in sy karakter toegeskryf: "Teenoor al sy hoë ideale, groot intellek en die hoë waarde wat hy aan die menslike persoonlikheid geheg het, was hy ingebind deur sy omgewing en die beperkings – inderdaad, inperkings – van sy agtergrond as 'n Suid-Afrikaner."[4]

Soos Winston Churchill was hy 'n man van teenstrydighede en inkonsekwenthede. Dit het sy karakter sowel ontwykend as fassinerend gemaak. Churchill het vas in die demokrasie geglo, behalwe wanneer dit op Indië toegepas moes word. Smuts het eenheid tussen die rasse verkondig, maar het nie die "naturelle" behoorlik daarvoor oorweeg nie. Albei die mans was produkte van die Victoriaanse era waarin wit mense oor die algemeen hulself as verhewe bo alle ander rasse op aarde beskou het. In koloniale Suid-Afrika is Smuts in 'n diep konserwatiewe omgewing grootgemaak waar die baas-knegverhouding vanselfsprekend was en nooit bevraagteken is nie. Sy vroegste aanraking met ander rasse was met die bruin werkers op die familieplaas. In sy grootwordjare in die Wes-Kaap van die 1890's het hy weinig direkte kontak met swart mense gehad. Soos die meeste wit mense was hy bang dat, as sy landgenote nie verenig, sterk en waaksaam is nie, hulle eenvoudig oorspoel sal word deur 'n "oorweldigende meerderheid van teelkragtige barbarisme".[5] Hierdie vrees en besorgdheid is aangevuur deur jare se ondervinding van rassekonflik aan die Kaapse Oosgrens.

In Smuts se oë was wit en swart mense afsonderlik en daar kon nie en moes nie vermenging tussen hulle wees nie. Soos Ingham dit gestel het, die verhouding tussen die swart en wit rasse is eerder beskou as 'n bedreiging wat vermy moet word as wat dit gesien is as 'n probleem wat opgelos moet word.[6]

Baie van Smuts se standpunte is later in sy lewe getemper, maar sy oortuiging dat wit en swart apart gehou moet word, het nooit gewankel nie.

Natuurlik het die teenstrydigheid tussen sy ideale en sy politiek nie by hom verbygegaan nie, maar hy het nie 'n idee gehad hoe om iets daaraan te doen nie. "Wanneer ek aan die politieke toekoms van die naturelle in Suid-Afrika dink, moet ek sê dat ek in die skaduwees en die duister kyk, en dan voel ek geneig om die ondraaglike las om daardie sfinks van 'n probleem op te los na die breër skouers en sterker breinkrag van die toekoms oor te skuif. Elke dag [het genoeg aan sy eie kwaad], ensovoorts. My gevoel is dat sterker kragte aan die werk is wat Afrikanerhoudings teenoor die naturelle sal transformeer."[7] Dit was wensdenkery, soos die geskiedenis getoon het.

◆

Soos ons gesien het, was dit op Stellenbosch en later Cambridge dat Smuts die eerste keer in die openbaar sy mening oor die kleurvraagstuk gelug het. Die wit bevolking van Suid-Afrika behoort saam te staan, het hy gesê, want "die rassestryd is bestem om 'n omvang op die Afrika-vasteland aan te neem soos die wêreld nog nie gesien het nie ..."[8] Terug in die Kaap ná sy studie op Cambridge, was sy benadering tot die naturellebeleid wat deur die jare in die Kolonie ontwikkel het dogmaties en empiries. Daardie beleid was grootliks gebaseer op Rhodes se Glen Grey Wet, wat die reëls vir swart grondbesit neergelê, 'n beperkte vorm van selfregering in die Kaap ingestel en 'n belasting gehef het op elke swart mens wat nie drie maande per jaar gewerk het nie.

Smuts se eie instink was paternalisties en pragmaties eerder as outoritêr. Dit was die plig van die wit mense wat die politieke mag gehad het, het hy geargumenteer, om daardie mag "oordeelkundig en in 'n gees van verantwoordelikheid toe te pas".[9] Dit het onbetwisbaar gelyk dat die meerderheid van die swart mense "rou, barbaars en onbeskaaf" was en dus anders behandel moes word. Wit mense het 'n verpligting gehad om swart mense tot 'n "staat van beskawing te bring deur sistematiese werk en praktiese onderwys".[10]

Hy het 'n toekoms voorsien waarin Suid-Afrika deur twee fundamentele probleme in die gesig gestaar sal word: wit verdeeldheid en wit beleid teenoor ander rasse. Soos Hancock skryf, dit het vir hom vanselfsprekend gelyk dat die twee "Teutoniese groepe" versmelt of gekonsolideer moes word, maar oor die swart mense was sy jeugdige taal soms apokalipties en het dit verraai hoe groot sy vrees was: "Aan die suidelike uithoek van 'n groot kontinent, bewoon deur meer as 100 000 000 barbare, het 'n halfmiljoen wit mense plek ingeneem met die doel om nie net hul eie heil uit te werk nie, maar ook om daardie plek te gebruik as 'n basis vir die opheffing van daardie groot dooiegewig van onheuglike barbarisme en dierlike wreedaardigheid en om dit ontvanklik te maak vir die lig en seën van ordelike beskawing."[11]

'n Mens moet onthou dat in die destydse Westerse wêreld ongelykheid tussen swart en wit beswaarlik bevraagteken is. Rasseskeiding was algemeen, terwyl universele of algemene stemreg feitlik ongekend was. In die VSA het selfs Abraham Lincoln verplig gevoel om die kwessie van swart stemreg te skei van dié van slawerny. Tydens sy senaatsverkiesingsveldtog teen Stephen Douglas in 1858 het hy gesê: "Ek is nie en was nog nooit ten gunste daarvan om in enige mate sosiale en politieke gelykheid van die wit en swart rasse teweeg te bring nie; ek is nie en was nog nooit ten gunste daarvan om kiesers of jurielede van negers te maak nie, nog minder om hulle te kwalifiseer om in ampte te dien en toe te laat om met wit mense te trou. Ek sal hierby voeg dat daar 'n fisieke verskil is tussen die wit en swart rasse wat vir ewig sal voorkom dat die twee rasse in sosiale en politieke gelykheid saamleef. En terwyl hulle nie so kan leef nie, maar wel saam is, moet die posisies van meerdere en mindere geld. Ek is net so veel soos enige ander man ten gunste daarvan dat 'n hoër posisie aan die wit ras toegeken word."[12] Vyftig jaar later het Smuts en ander nog hierdie standpunte gehandhaaf.

Wêreldwyd was die stemreg destyds meestal beperk tot diegene wat eiendom of bates besit het, 'n minderheid van die bevolking dus. In Brittanje, wat deur die Kaap nagevolg is, het manlike burgers eers in 1918 volle stemreg gekry (toe Smuts al in sy veertigs was) en vroue 'n dekade later. Tog het die Kaapkolonie reeds in 1853 'n grondwet aanvaar wat so liberaal was soos enige ander een in die Britse Ryk. Dit het stemreg toegeken aan alle mans, wit, "gekleurd" en "naturel" wat eiendom ter waarde van £25 besit het. Elke burger wat gekwalifiseer het om te stem kon tot die parlement verkies word. Tog was baie min swart mense wat vir stemreg gekwalifiseer het in staat om te registreer of geneig om dit te doen. Daarteenoor het die noordelike kolonies 'n baie streng kleurskeidslyn in hul grondwette gehad sodat elkeen wat nie "Europees" was nie van die stemreg uitgesluit is.

◆

Dit was Milner, eerder as Smuts, wat eerste die "naturellevraagstuk" in Transvaal aangepak het. Die Lagden-kommissie wat hy in 1903 aangestel het, het in 1905 die stempel van goedkeuring op gebiedskeiding geplaas en voorgestel dat swart plakkers van hul blyplekke op wit plase verwyder word en regte in die "naturellereservate" kry. Die kommissie het ook aanbeveel dat die Kaapse stemreg vir swart mense afgeskaf en 'n beperkte aantal setels vir swart verteenwoordigers in elke koloniale parlement opsy gesit word.

Milner se opvolger, lord Selborne, was sterk ten gunste van ekonomiese opheffing en gekant teen sowel die paswette as die kleurskeidslyn in die nywerheid, maar hy het in 1908 in 'n memorandum aan Smuts en Botha geskryf dat "die swart man hoegenaamd nie in staat is om teen die wit man mee te ding nie ... Niemand kan die twee rasse enigsins ervaar sonder om die intrinsieke meerwaardigheid van die wit man aan te voel nie."[13] Soos Smuts het Selborne nie in politiek vir swart mense geglo nie en hy het gal gebraak oor hul "futiele" deelname aan die Kaapse verkiesings. Soos Hancock lakonies opmerk: "Die doktrine van afsonderlikheid, soos dit nou onder beskerming van lord Milner gedefinieer is, kon heel gemaklik saam met baasskap ingespan word."[14]

As 'n Transvaalse politikus het Smuts hom voor en ná die Anglo-Boereoorlog met die verbetering van die verhouding tussen Boer en Brit besig gehou. Dit was eers met die werk aan die grondwet vir die voorgestelde Unie dat hy verplig was om dieper oor die kleurvraagstuk te dink. Hy het 'n uitgerekte korrespondensie met John X Merriman in die Kaap begin. Merriman het saamgestem dat Suid-Afrika onder die Britse kroon verenig moet word, maar oor die stemreg het hy met Smuts verskil. Hy wou die Kaapse beperkte nierassige stemreg na die ander drie provinsies van die Unie uitbrei. Smuts het geweet dat 'n nierassige stemreg in daardie provinsies buite die kwessie was. Al wat hy kon doen, het hy aan sy liberale vriende verduidelik, was om die stemreg in die vier provinsies te laat soos dit was, dit in die nuwe grondwet te verskans en dit eers nadat die Unie gevestig is te heroorweeg.

◆

Die ink op die handtekeninge onderaan die Suid-Afrika Wet was nog nie mooi droog nie toe die Botha-regering vir 'n eenvormige naturellebeleid vir die hele Suid-Afrika, gebaseer op afsonderlikheid, begin voorbrand maak. Die Wet op Naturellegrond van 1913, wat swart mense verbied het om grond buite die bestaande reservate te koop, was die eerste fase van so 'n beleid. Die reservate het minder as agt persent van die land se grond beslaan. Die wet het 'n anomalie in die Kaap geskep, waar swart mense wat vir die stemreg gekwalifiseer het nie wetlik na hul eie gebiede verskuif kon word nie. Die voorstanders van afsonderlikheid het gewaarsku dat die dag sal kom wanneer daar meer swart as wit mense in die Kaap sal wees, daarom moes van die nierassige stemreg ontslae geraak word.

In die begindae van die Unie het Smuts min oor die naturellebeleid te sê gehad, want as minister van mynwese, verdediging, binnelandse sake en vir 'n kort rukkie finansies het hy oorgenoeg hooi op sy vurk gehad. As minister van binnelandse take was dit egter sy taak om weens Gandhi se betrokkenheid aandag aan die regte van Indiese immigrante te gee. Gandhi het dit veral gehad oor die wette wat sy eie rasgroep geraak het en het hom daarvan weerhou om hom vir algehele en onmiddellike gelykheid vir Suid-Afrika se Indiërbevolking of vir die regte van die swart meerderheid te beywer. Nietemin was hy vir die duur van sy verblyf in Suid-Afrika, en selfs nadat hy in 1914 weg is Engeland toe, vir Smuts 'n doring in die vlees. Veel later het Smuts in 'n brief aan hom sy houding oor Indiërs (en miskien ook oor swart mense) verduidelik: "Toe ek omtrent dieselfde tyd as jy in Engeland gestudeer het, het ek geen rasse- of kleurvooroordeel teen jou mense gehad nie. Om die waarheid te sê, as ons mekaar toe geken het, sou ons vriende gewees het. Hoe het dit gekom dat ons nou teenstanders met botsende belange geword het? … Hoe sal jy die probleem van die fundamentele verskille tussen ons kulture oplos? Ons kultuur kan nie deur joune oorspoel word nie. Dis hoekom ons ons na wetgewing moet wend wat effektief beperkings op jou plaas."[15]

◆

Al was hy as minister van mynwese en arbeid betrokke by beleid wat die swart mense geraak het, het Smuts glad nie aan parlementêre debatte oor naturellebeleid deelgeneem voordat hy in 1919 eerste minister geword het nie. Twee jaar tevore het hy wel sy gedagtes oor ras betreklik uitvoerig voor 'n gehoor in die Savoy Hotel in Londen uiteengesit. Daar het hy geargumenteer dat die Statebond, en Suid-Afrika in die besonder, 'n "beskawende missie" in Suid-Afrika het.[16] Hy het na die VSA verwys, wat ook 'n rasseprobleem gehad het, maar waar die getalleverhouding van wit tot swart die omgekeerde van dié in Suid-Afrika was. Hy het verduidelik dat Suid-Afrika se klein wit bevolking reeds vir meer as twee eeue 'n vastrapplek in Afrika probeer kry het. Twee fundamentele aksiomas het wit-swart-verhoudings gedefinieer: geen bloedvermenging tussen die twee rasse nie; en wit mense wat hul houding teenoor swart mense op die "granietbodem van die christelike morele kode" baseer.

'n Praktyk van "parallelle instellings" vir wit en swart mense het in sy land ontwikkel, het hy verduidelik: "Eerder as om swart en wit op die ou lukrake manier te vermeng, wat pleks dat dit die swart mens ophef, die wit man aftrek, probeer ons nou 'n beleid instel om hulle apart te hou in ons instellings. Dit kan wees dat ons met dié parallelle verdeling 'n probleem sal oplos wat andersins onoplosbaar sou gewees het ..."[17] In die voorsittersstoel was niemand anders as lord Selborne nie, wat 'n gehoor met bitter min kennis van Suid-Afrika in applous gelei het.

◆

Omdat hy geweet het hoe sentraal die kleurkwessie was en hy dit nie wou delegeer nie, het Smuts in 1919 die portefeulje van naturellesake by sy reeds veeleisende verantwoordelikhede as eerste minister gevoeg. Hy het geweet dat Botha sy bes gedoen het om die belofte onderliggend aan die Wet op Naturellegrond om meer grond vir swart bewoning beskikbaar te maak na te kom, maar die parlement het geweier om dit te doen – al het dit terselfdertyd Hertzog se eis gerepudieer dat die Kaapse stemreg afgeskaf word voordat swart mense op enige plek in die Unie nog grond kry.

'n Reeks stakings en betogings in 1919, asook 'n waarskuwing van die biskop van Pretoria aan Smuts dat dit gevaarlik is dat sy beleid so in die lug hang, het die Wet op Naturellesake van 1920 tot gevolg gehad. Dit het die Naturellesakekommissie in die lewe geroep en wye magte om aanbevelings te maak aan sy drie lede gegee. Naturellerade is vir die eerste keer ingestel en die goewerneurgeneraal is gemagtig om konferensies van kapteins en swart verteenwoordigende liggame byeen te roep. Die nuwe eerste minister het volgehou dat die gebrek aan "naturelleverteenwoordiging" die hoofoorsaak van die groeiende vervreemding tussen swart en wit was en dat dit niks goeds vir die land se toekoms ingehou het nie. Sy eie eenvoudige slagspreuk was "een tree op 'n slag".[18]

Die wetgewing het net so min die SA Native National Congress (later die ANC) as Creswell se Arbeiders en Hertzog se Nasionaliste tevrede gestel. Die

ANC was ten gunste van raadpleging, maar wou verteenwoordiging in die nasionale wetgewer hê; die Arbeiders en Nasionaliste het algehele skeiding van swart en wit geëis. Radikale en liberale in Brittanje het die nuwe maatreëls egter toegejuig as "beduidende vordering" en "die begin van 'n nuwe era in die betrekkinge tussen die wit mense en naturellerasse".[19]

Omdat hy besorg was oor die impak van industrialisasie op die swart mense se stamlewe het Smuts by die Naturellesakekommissie aangedring om die probleem te ondersoek. Dit het hulle twee jaar geneem en die uiteinde daarvan was die Naturelle (Stedelike Gebiede) Wet van 1923 wat voorsiening gemaak het vir die vestiging van "naturelledorpe en -townships". Die wetgewing het die stempel van outoritêre en paternalistiese beplanning gedra: dit het konsultasie met naturelleadviesrade verpligtend gemaak en beheer oor die beweging van swart mense in stedelike gebiede aan die munisipaliteite gegee. Tog was dit 'n voorwaartse stap en, ingenome met die gunstige ontvangs van die wetgewing, het 'n opgeruimde eerste minister in sy Kersboodskap verklaar: "Wit en swart het elk 'n behoorlike plek in Suid-Afrika. Albei het hul menseregte, en laat ons die probleme wat daaruit mag voortvloei in 'n gees van regverdigheid en nederigheid benader en werk om hierdie land 'n tuiste te maak waarin die twee rasse in vrede en vriendskap kan saamleef en hul heil in regverdigheid en geregtigheid kan uitwerk."[20]

◆

Daar het nietemin nie 'n parlementsitting verbygegaan sonder dat Hertzog, Creswell en ander vurig op segregasie aangedring het nie. Hulle het volgehou dis 'n kwessie van lewe en dood vir die wit beskawing. Enige wetgewing wat aan swart mense meer grond of blyplek aan die buitewyke van die stede en dorpe sou gee, is verwerp as die dun ent van die wig: kort voor lank sal die swart mense stemreg eis! In die verkiesing van 1924 het segregasionistiese beleid op groot skaal stemme gelok en dit was die primêre oorsaak van Smuts se neerlaag teen die Hertzog-Creswell Pakt.

As eerste minister het Hertzog soos Smuts voor hom die portefeulje van naturellesake, wat hy ook 12 jaar tevore in die Botha-regering beklee het, op sy skouers geneem. Nadat hy die pas vir meer as 'n jaar gemarkeer het, het hy aangekondig dat die swart mense die res van die grond moet kry wat in 1913 aan hulle beloof is. In 1926 het hy vier wetsontwerpe oor "naturellebeleid" ter tafel gelê en dit het 'n wrokkige Smuts die geleentheid gebied om tot die aanval oor te gaan. In 'n memorandum van 7 000 woorde het Smuts die voorstel om meer grond aan swart mense te gee namens sy party verdoem omdat dit sou beteken dat wit en swart gebiede deurmekaar geleë sou wees. Hy het die plan om swart mense van wit plase te verwyder verwerp omdat dit samedromming sou laat toeneem en plattelandse swart mense na die stede sou dwing. Heel opportunisties het hy die plan om swart mense sewe wit verteenwoordigers in die volksraad te gee aangeval omdat dit die magsbalans tussen die wit partye kon beïnvloed, maar hy moes die voorstel om die stemreg na die bruin mense uit te brei versigtiger hanteer omdat die SAP stemme in die Kaap kon verloor as hy dié maatreël sou teenstaan. Sy houding, soos Ingham suggereer, was minder liberaal as reaksionêr.[21]

Die naaste wat Smuts en Hertzog aan eenstemmigheid oor 'n rassebeleid gekom het, was hul reeks wydlopende samesprekings in 1928. Smuts het, ietwat ongewoon vir hom, algemene stemreg landwyd vir wit en swart voorgestel, met dieselfde eiendoms- en opvoedkundige kwalifikasies vir almal, maar dit moes hoog genoeg wees om te verseker dat die meerderheid swart mense uitgesluit sou wees. Hertzog het beloof om die voorstel te oorweeg, maar het Smuts by hul volgende ontmoeting meegedeel dat die noordelike provinsies nie daarvoor te vinde sou wees nie. Dis presies dieselfde antwoord wat Smuts 20 jaar tevore aan Merriman gegee het.[22]

◆

Ras was die oorheersende kwessie in die verkiesing van 1929. Hertzog het goed geweet dat hy nie die vereiste tweederdemeerderheid sal kry wat nodig was om die stemregvereistes in die Suid-Afrika Wet te verander nie, maar hy het nogtans twee wetsontwerpe ter tafel gelê wat voorsiening gemaak het daarvoor dat wit mense hul swart en bruin landgenote verteenwoordig. Die voorstel waarom alles gedraai het, was die afskaffing van die stemreg vir swart mense in die Kaap. Hertzog het gehoop dat hy met dié wetsontwerpe die "gevaar" wat wit kiesers in die gesig gestaar het en waarvan net die Nasionale Party hulle kon red sou dramatiseer. Deur die wetsontwerpe klousule vir klousule teen te staan en 'n nasionale konvensie te eis om die land se sosio-ekonomiese en politieke kompleksiteite te oorweeg, kon Smuts die indruk wek dat dit sy party was wat vir geregtigheid en die regverdige behandeling van swart mense staan,²³ maar die Nasionaliste het hom uitgeskel as "die man wat homself voordoen as die apostel van 'n swart kafferstaat ... van die Kaap tot in Egipte".²⁴ Teen dié kru propaganda kon die SAP homself nie doeltreffend verweer nie en al het hy die meeste stemme gekry, kon hy nie naastenby genoeg parlementêre setels wen nie.

So is Smuts dan weer verslaan, nie soseer deur sy teenstanders nie as deur die kiesstelsel, en hy het Oxford toe vertrek vir 'n reeks Rhodes-gedenklesings. Hy het by sy Britse gehore aangedring om Rhodes se voorbeeld te volg en Europese vestiging oor die hele Afrika aan te moedig as 'n manier om beskawing te bevorder – sonder onregverdigheid teenoor die naturel, 'n "kinderlike wese met 'n sorgelose geaardheid, maar geen dryfkrag om te verbeter nie".²⁵ In Suid-Afrika, het hy aan die hand gedoen, is die pad vorentoe 'n beleid van "parallelle instellings", waarvoor Rhodes die weg gebaan het en wat gebaseer is op "wit vestiging om die staalraamwerk en stimulus te verskaf vir blywende beskawing, en inheemse instellings om aan die bepaalde Afrika-karakter van die naturele in hul toekomstige ontwikkeling en beskawing uitdrukking te gee".²⁶ Sy eie regering het Rhodes se stelsel oor die hele Unie uitgebrei, het hy vertel, maar hy het toegegee dat net die swart mense wat "beskaaf en vereuropees" geraak het, kon aanspraak maak op die politieke regte van burgerskap. Die toon van sy lesings was paternalisties en ofskoon sy gehoor dit goed ontvang het, het dit gemengde reaksie in sowel Brittanje as Suid-Afrika uitgelok.²⁷

Terug in Suid-Afrika het Smuts 'n lid geword van die parlementêre gekose komitee wat Hertzog aangestel het om sy naturellewetsontwerpe weer eens te ondersoek. Gevoelig vir die liberale kritiek op sy standpunte, het Smuts die komitee se werksaamhede met 'n oper gemoed benader. In 'n brief aan Margaret Gillett het hy laat blyk dat hy daaraan begin dink om Hertzog se voorstelle vir die Kaap te aanvaar, gepaardgaande met die verwydering van die kleurskeidslyn in die Suid-Afrika Wet (sodat swart mense in die parlement kan sit) asook die aanvaarding van 'n bepaling dat swart mense met opvoedkundige kwalifikasies saam met wit mense sal kan stem. Die komitee het egter vasgeval en naturellebeleid is uitgestel na 'n toekomstige parlementsitting, maar teen daardie tyd was 'n herskikking van die wit politieke kragte aan die gang.

In die langdurige onderhandelinge oor koalisie en fusie het Hertzog en Smuts en hul onderskeie ondersteuners bly vassit oor rassebeleid. Hertzog het nie 'n duim gewyk van sy plan om swart mense van die algemene kieserslys te verwyder en wit beheer oor die land se politieke struktuur te versterk nie. Smuts, wat konsekwent die Kaap se eeu oue stemreg verdedig het, het volgehou dat dit 'n fout sou wees om die Unie se grondwet te verander of om te probeer om enige enkele omvattende oplossing vir die land se komplekse sosio-ekonomiese situasie en rassevraagstuk te probeer vind. Hertzog se nuwe orde, het hy voorspel, sou die begin van 'n "nuwe onordelikheid"[28] wees. Maar Smuts het toenemend uit voeling geraak met sy party se regtervleuel, waar onversetlikes soos Heaton Nicholls van Natal en CF Stallard van Transvaal Hertzog se weg vir hom gebaan het. Smuts was self geen liberaal nie, maar in die betrokke gekose komitee van die parlement het hy in die ongemaklike situasie beland waar hy swart stemreg verdedig en teen sy eie party se reaksionêre gestem het.

Fusie het Hertzog se politieke gesag oor Smuts in die nuwe Verenigde Party versterk. Hertzog het besef dat daar baie sluimerende steun vir sy gewysigde naturellewetsontwerpe in die ou SAP was. Hy het hulle dus in 1935 en weer in 1936 in die parlement ter tafel gelê. Hy het nou voorgestel dat die Kaap se swart mense op 'n afsonderlike kieserslys geplaas word, maar drie wit verteenwoordigers in die volksraad en 'n Naturelle Verteenwoordigersraad kry. Ingevolge die Naturelle Trust en Grond Wetsontwerp sou hulle meer grond kry. Smuts was nou in 'n moeilike situasie en op 'n gesamentlike sitting van albei huise van die parlement het hy ten gunste van die voorstelle gestem en dit aan sy luitenant JH Hofmeyr oorgelaat om die liberale opposisie teen die wetgewing te lei. Uiteindelik het 168 lede vir die wetsontwerpe gestem met net 11 teenstemme. Stallard was een van die 11, omdat hy gemeen het Hertzog was heeltemal te "liberaal".

Smuts het sy prysgawe van 'n kosbare beginsel verdedig deur na 'n "golf van reaksie" te verwys waarteen diegene wat soos hy gevoel het magteloos was.[29] Al was die wetgewing nie ideaal nie, het hy geargumenteer, het dit "die elemente van geregtigheid en regverdigheid bevat en die belofte ingehou dat dit in die toekoms kan vrugte dra". Dit het 'n basis verskaf van waar vir swart vooruitgang gewerk kon word. Oor sy eie besluit het hy gesê: "Natuurlik kon ek by wyse van spreke in die laaste loopgraaf omgekom het. Ek kon gesê het: 'Ek veg tot die bittereinde vir die Kaap se naturellestemreg,' maar wat sou die gevolg gewees het? Dit sou nie ek gewees het wat omgekom het nie, maar die naturelle, metafories gesproke."[30]

Daar was al baie teorieë oor Smuts se ommeswaai in die historiese debat van 1936. Bernard Friedman meen Hofmeyr se uitdagende toespraak was die een wat sy leier eintlik moes gemaak het.[31] Dit was 'n weerklank van Smuts se idealistiese lesing by die Universiteit van St. Andrews, het liberale waardes bevestig en het gevra dat moed aan die dag gelê word om vryheid en geregtigheid te verdedig. Hoekom, word dikwels gevra, het die beginselvaste Smuts so noodlottig oorgegee?[32] Die antwoord moet sekerlik in Smuts se evolusionêre benadering tot die politiek en in sy neiging tot kompromis gesoek word. Hy het besef dat sy teenkanting as adjunkleier teen Hertzog se wetgewing die Verenigde Party in twee kon skeur en hom in die politieke wildernis kon laat beland juis toe die spanning in Europa aan die toeneem was. Hy het dus gedoen wat die meeste partypolitici doen wanneer hulle voor 'n konflik te staan kom: plaas pragmatisme voor beginsels.

◆

Nie baie jare later nie het die ongemaklike alliansie tussen Hertzog en Smuts op die rotse geloop oor die tweede kwessie waaroor hulle altyd verskil het: Suid-Afrika se verpligting teenoor die Britse Ryk in die geval van oorlog. Vir Smuts het die internasionale gevare swaarder geweeg as binnelandse belange; vir Hertzog het die teenoorgestelde gegeld.[33] Toe hy weer eerste minister word, het Smuts Hertzog se rassebeleid geërf. Sy ministers het verkies om nie segregasie verder af te dwing nie, maar om dit bloot te laat stoom verloor – grootliks weens 'n arbeidstekort wat die nuwe wette onprakties gemaak het vir 'n snelontwikkelende nywerheidsekonomie. Nog 'n rede hoekom segregasie vertraag is, was die teenwoordigheid in die parlement van die drie hoogs doeltreffende naturelleverteenwoordigers – mnre. Edgar Brookes en Donald Molteno en mev. Margaret Ballinger – wat toegesien het dat die swart mense se eise op die tafel bly. In 1942 het 'n verslapping in die toepassing van die paswette egter onvermydelik tot 'n sterk Nasionale teenaanval gelei. Dit kon nietemin nie die

Verenigde Party in die 1943-verkiesing uit die kussings lig nie.

Smuts se groot oorlogstydse uitspraak oor kleurbeleid was 'n toespraak in 1942 voor die Instituut van Rassebetrekkinge in Kaapstad. Sy tema was Suid-Afrika se ekonomiese ontwikkeling en die maatskaplike gevolge daarvan. Dit is nogal verrassend dat hy die teorie dat wit en swart mense in afsonderlike gebiede gekompartementaliseer kan word, toe verwerp het: "Die hele neiging in hierdie land en deur die hele Afrika is in die teenoorgestelde rigting ... Isolasie het verdwyn en segregasie is op die afdraande pad ... 'n mens kan net sowel probeer om die see met 'n besem terug te vee."[34]

Maatskaplike beleid, het hy geredeneer, moet na alle rasse uitgebrei word. Oor dit wat hom later van die toekomstige argitekte van apartheid sou onderskei, het hy verklaar: "Wanneer mense my vra wat die bevolking van Suid-Afrika is, sê ek nooit twee miljoen nie. Ek dink dit sal 'n skande wees om dit te sê. Hierdie land het 'n bevolking van meer as tien miljoen, en daardie beskouing wat die naturel behandel asof hy nie tel nie, is die aakligste fout waaraan jy kan dink. As hy dan nie veel meer is nie, is hy steeds die pakesel; hy is die werker en jy het hom nodig. Hy dra hierdie land op sy rug."[35]

Tog, soos die historikus Saul Dubow daarop wys, het dit vir Smuts by hierdie geleentheid minder om die erkenning van die tekortkomings van segregasie gegaan as om weer eens die idee van wit "trusteeskap" te bevestig, 'n begrip wat na die tyd van Cecil John Rhodes teruggegryp het en wat sedertdien deur die Volkebond onderskryf is.[36]

Smuts was alte bewus van sy verantwoordelikheid teenoor die land se swart bevolking en het uit sy pad gegaan om opbouende kritiek van die naturelleverteenwoordigers in die parlement te vra. Hulle het geesdriftig op die uitnodiging gereageer, maar dit het sy kritici 'n lat in die hand gegee om hom te looi.[37] Sy reaksionêre teenstanders het hom daarvan beskuldig dat hy onoordeelkundige integrasie bevorder. Die liberale weer, het gekla dat hy nie die daad by die woord voeg nie. In reaksie op 'n formidabele lys eise van Margaret Ballinger en haar kollegas, het die regering maatskaplike pensioene na alle rasse uitgebrei en die besteding aan swart onderwys, gesondheid en behuising beduidend verhoog. Dit het die land se oorlogstydse ekonomie onder bykomende druk geplaas.

◆

Teen die einde van die Tweede Wêreldoorlog het 'n uitgeputte en ontnugterde Smuts bekommerd geraak oor die groeiende gaping tussen sy regering en die Naturelle Verteenwoordigersraad (NVR), wat 'n klinkende Verklaring van Regte uitgereik het waarin gelykheid tussen swart en wit mense voor die reg en in die politiek en die gemeenskap geëis word. Terwyl Smuts by die Vredeskonferensie van Parys was, het die NVR in 'n resolusie gekla oor die regering se "voortsetting van 'n beleid van fascisme wat die antitese is van die letter en gees van die Atlantiese Handves en die Handves van die Verenigde Nasies".[38] Die resolusie het die NVR in pas gebring met die African National Congress en die Indian National Congress en het die internasionale kritiek teen Smuts laat toeneem. Hy het sy frustrasies in 'n brief aan sy vriende met eerstehandse kennis van die lewe in Afrika, die Moores, gelug. "Die wêreld," het hy geskryf, "slinger tussen die twee pole van Wit en Kleur."[39] Hy het geglo sy eie plig was om Suid-Afrika stabiel te hou, maar op watter basis en hoe? Aan die een kant was hy 'n humanis en die skrywer van die aanhef tot die VN se Handves, aan die ander kant was hy 'n Suid-Afrikaner van Europese afkoms, trots op sy beskawing en vasbeslote om dit te behou. Daarvoor is hy by die VN as skynheilig gebrandmerk.[40]

Lady Moore het teruggeskryf dat 'n kompromis oor die kleurvraagstuk onmoontlik is: "Die probleem is dat dit moeilik is om logies oor die onderwerp te wees weens die onderliggende vrees, afkeer of wat dit ook al is wat die wit man oor die swart man voel en wat vir julle in Suid-Afrika, met generasies van kleurstryd in jul bloed, 'n essensiële element van jul karakters is waarvan julle byna onbewus is ... Engelse mense met hul handboekspreuke en selftevrede humanitêre teorieë kan nie die instink verstaan wat oorgeërf is van die voorvaders wat ter wille van hul voortbestaan teen die swart rasse moes veg nie ... Hoe kan 'n praktiese kompromis moontlik wees?"[41]

◆

Hoe verduidelik 'n mens die teenstrydigheid tussen Smuts se steun vir segregasie en politieke ongelykheid en sy pleidooi aan die einde van die oorlog dat menseregte wêreldwyd erken word? Twee akademici van Pretoria, Christof Heyns en Willem Gravett, gee die waarskynlikste verduideliking: Smuts se besorgdheid oor menseregte spruit uit sy ervaring in die Anglo-Boereoorlog en

Prof. ZK Matthews.
Drum Social Histories/Baileys African History Archive/Africa Media Online

die twee wêreldoorloë. Vir hom het menseregte basiese behoeftes soos sekuriteit, veiligheid, vryheid van spraak en godsdiensvryheid beteken – waardes waarvan die skending tot verwoestende oorloë gelei het. Vir hom het dit nooit beteken dat menseregte sinoniem is met politieke regte of rassegelykheid nie.[42]

Dit was ondenkbaar vir Smuts, meen Heyns en Gravett, dat die opstellers van die VN-handves ooit kon bedoel het dat politieke regte 'n fundamentele mensereg is. "Om dit te doen, sou die einde van vooruitgang beteken in lande waar die 'minder gevorderde rasse' die meerderheid vorm."[43] Dis hoekom Smuts by die VN so heftig teenoor mev. Pandit volgehou het dat Suid-Afrika geeneen van die Handves se menseregte geskend het nie. Dit verduidelik ook hoekom hy saam met Australië 'n klousule in die Handves bepleit het om te verseker dat die VN nie in die huishoudelike sake van ledestate sal inmeng nie. Hy was nie soseer besorg oor die beskerming van individue teen inmenging deur hul eie regerings nie, maar om volke veilig te hou teen die skade wat ander state hulle kon aandoen.

Die waarheid is dat die bejaarde Smuts ná die Eerste Wêreldoorlog nog aan die verouderde 19de-eeuse idee vasgehou het dat "vryheid" die verskansing van Westerse christelike waardes beteken waarvolgens die sterker, meer gevorderde nasies 'n plig het om na die swakkes om te sien. Dis nie sy idees wat in die loop van sy lang openbare lewe verander het nie, maar die naoorlogse internasionale wêreld om hom.

'n Praktiese kompromis oor ras sou Smuts altyd ontwyk – soos elke ander politikus van die middel-20ste eeu. Terug van die VN, waar hy Suid-Afrika verteenwoordig het, moes hy uitvind dat die betrekkinge tussen sy regering en die NVR 'n dooiepunt bereik het. Om die saak te probeer red, het hy in 1947 in samesprekings met prof. ZK Matthews en ander aangedui dat hy daaraan dink om die politieke regte van swart mense aansienlik uit te brei – maar hy het steeds nie onderneem dat swart mense tot die parlement verkies sou word nie.[44] Die NVR was glad nie beïndruk nie en het besluit om onderhandelinge op te skort tot ná die verkiesing van 1948. Dis nooit hervat nie.

Smuts se laaste poging om voor die naderende verkiesing 'n weg vorentoe uit te stippel, was om namens sy party die bevindings van die Kommissie van Ondersoek na Naturelle Wette onder voorsitterskap van advokaat Henry Fagan te bekragtig. Die Fagan-verslag se vernaamste bevindings was dat die segregasie van Suid-Afrikaners 'n bedrieglike droom was, dat die migrasiestelsel verouderd was en dat swart Suid-Afrikaners as 'n permanente deel van die stedelike bevolking aanvaar moet word. Vier dae later het die Nasionaliste hul eie pro-segregasie-bloudruk uitgereik, die Sauer-verslag, wat hulle gebruik het om die verkiesing van 1948 te veg en te wen.

◆

Die Britse politikus Enoch Powell het 'n keer gekla dat alle politieke lewens in mislukking eindig, tensy hulle in die middel van die stroom deur 'n gelukkige sameloop van omstandighede kortgeknip word. Dis gewoon die aard van die politiek en menslike doen en late.[45] Smuts se politieke lewe was geen uitsondering nie. Sy mislukking was nie net dat hy in 1948 toegelaat het dat die mag uit sy hande glip toe hy dit kon voorkom het nie. Dit was ook dat hy, as iemand wat hoër standaarde aan homself as aan ander gestel het, nie die een vraagstuk wat hy vir so 'n groot deel van sy politieke lewe probeer ontwyk het en wat so 'n lang skaduwee oor sy skitterende reputasie werp, kragtiger kon hanteer nie.

HOOFSTUK 25

Raadgewer van konings en staatslui

In 'n bespreking van sy biografie van Woodrow Wilson sê die Amerikaanse skrywer Andrew Scott Berg dat 'n mens nie die Verenigde State van die 20ste eeu kan verstaan sonder 'n begrip van sy 28ste president nie.[1] Dieselfde kan van Suid-Afrika en Jan Smuts gesê word. Daar is buitengewone ooreenkomste tussen Wilson en Suid-Afrika se prominentste figuur van daardie tyd. Albei was wonderkinders wat in eenvoudige godsdienstige huise grootgeword het (albei protestants, en Smuts ook calvinisties) wie se volwasse lewens deurtrek was van 'n sin van moraliteit en piëteit en wie se intellektuele vitaliteit nie 'n diepgesetelde ambisie kon verdoesel om geskiedenislesse te gee én om geskiedenis te maak nie.

Albei was mense van die Suide wat grootgeword het in gesegregeerde gemeenskappe wat in burgeroorloë verslaan is, met verwoesting en vernedering tot gevolg. Albei was toegewyde christene met 'n sterk rassebewussyn wat gedink het dat skeiding in die beste belang van swart en wit mense was en wat nie gedink het rasseskeiding is enigsins onbillik nie. Wilson, sê Scott Berg, het gevoel hy "was so reg soos wat hy regverdig was" en het gehoop om die "nederige doktrine van diens aan die mensdom 'n kardinale en leidende beginsel van die wêreldpolitiek te maak".[2] Dis ook wat Smuts gedink het.

In haar hoog aangeprese boek *Peace – Six Months that Changed the World*, vestig die Kanadese historikus Margaret MacMillan ook die aandag op ooreenkomste tussen Wilson en Smuts.[3] Albei was idealistiese denkers wat graag oor groot vraagstukke gedink het," skryf sy, "met diep godsdienstige en etiese oortuigings en 'n begeerte om die wêreld 'n beter plek te maak ... albei was nugter en op die oog af terughoudend, maar diep binne-in was hulle passievol en sensitief. Albei was eiegeregtig en uitermate ambisieus, gou om teenstrydighede in ander raak te sien, maar blind vir hul eie".[4] Mark Mazower beskryf die twee leiers as "instinktiewe moraliste wat die krag van gemeenskaplike etiek geïdealiseer het, eerder as die selfsugtige najaag van staats- of seksionele

Smuts en president Woodrow Wilson van die VSA gedurende die Eerste Wêreldoorlog.
Museum Africa, Johannesburg

belange en bowenal oortuig was dat alle bronne van konflik verdwyn wanneer mans met 'n verhewe oordeelsin dinge as 'n geheel benader".[5]

Scott Berg sê van Wilson, "Hy was aan niemand iets verskuldig nie, hy het sy posisie deur breinkrag bereik. Hy het die kompleksiteit van sy intellek met die eenvoud van sy geloof gekombineer, beginsels voor die politiek geplaas en sy gewete gevolg sonder om ooit eers na die openbare mening te vra. Hy het net namens homself gepraat, en hy het gevind dat 'n groot deel van die nasie saamstem met wat hy te sê het."[6] Hy was 'n voormalige president van die Universiteit van Princeton en 'n intellektueel soos Smuts en het daarin geslaag om sy inwaarts gekeerde land met 'n beperkte verdedigingsvermoë in 'n doeltreffende militêre mag te omskep. Maar soos in die geval van Smuts was sy landgenote se mening oor hom verdeeld; baie het gedink hy is te verhewe en hulle het geen erg gehad aan sy utopiese skema vir 'n nuwe en beter naoorlogse wêreldorde nie. Daar is vertel dat wanneer Wilson eers met 'n besluit oor 'n vraagstuk vorendag gekom het, veral een wat sy strewe om te presteer gemobiliseer het, "sy gemoed toegeklap het. In sulke gevalle het hy gevoel dat sy besluit die enigste moontlike een was, sowel moreel as intellektueel." Waar die idealistiese Wilson wel van Smuts verskil het, was in sy onvermoë om tot praktiese oplossings in te stem of kompromisse aan te gaan met dié wat nie met hom saamgestem het nie.[7]

Gedurende die Eerste Wêreldoorlog het Smuts 'n geesgenoot in Wilson ontdek: "Dit is hierdie morele idealisme en hierdie visie van 'n beter wêreld wat ons deur die donker nag van die oorlog gedra het," het hy oor die Amerikaner gesê. "Dit is vir ons om aan die herskepping van daardie wêreld te werk om by 'n beter einddoel uit te kom, om die internasionale reorganisasie daarvan binne die raamwerk van internasionale vryheid en geregtigheid te beplan en om daardie welwillendheid tussen die klasse en nasies te vestig wat die enigste vaste fondament vir enige internasionale stelsel is."[8]

Met 'n selfvertroue wat in retrospek verstommend is, het Smuts dit op homself geneem om Wilson se "bra vae gedagtes"[9] vir 'n volkebond in 'n samehangende vorm te giet. In Desember 1918, vyf weke nadat die wapenstilstandooreenkoms onderteken is, het hy 'n voorlegging vir die oorlogskabinet geskryf wat deur Lloyd George beskryf is as "een van die knapste staatsdokumente wat ek nog ooit gelees het".[10] Dis gepubliseer onder die titel "The League of Nations – A Practical Suggestion" en aan Wilson gestuur, wat baie daarvan gehou het, veral van die skrywer se voorstel dat die stigting van die bond die eerste taak van die Vredeskonferensie van Parys moet wees. Hy het Smuts as 'n rots[11] bestempel en baie van sy idees, insluitend die idee van mandate vir die voormalige Duitse kolonies, in sy eie voorstelle vir die bond ingesluit. Dit was 'n triomf vir Smuts dat die Amerikaner sy voorstel vir 'n stelsel van mandate aanvaar het, want Wilson sou dit dalk nooit gedoen het as dit uit 'n ander oord gekom het nie.[12]

Dit het gelyk of Smuts effe geamuseer was oor die manier waarop die Amerikaanse president sy idees vir homself toegeëien het. In 'n brief aan Margaret Gillett in Januarie 1919 spreek hy sy tevredenheid met die verloop van sake uit: "Daar word vinnig met die Volkebond gevorder. Lloyd George sê Wilson praat van die skema asof hy dit uitgedink het, en mag dit dalk nog as sy eie spesiale maaksel aan die wêreld gee. Wie gee om, solank die werk gedoen word."[13]

Smuts se geesdrif vir die Amerikaner het nietemin vinnig getaan toe hy nie tydens die uitgerekte vredesonderhandelinge in Parys vir Wilson of Lloyd George kon oortuig dat dit dwaas, kortsigtig en teenproduktief sou wees om onmoontlike eise aan die oorwonne Duitsland te stel nie.[14] Nadat hy Wilson

245

gewaarsku het dat daar verskriklike ontnugtering sal wees as "die mense begin dink dat ons nie 'n Wilson-vrede sluit nie, dat ons nie ons beloftes aan die wêreld nakom of die vertroue van die publiek respekteer nie",[15] het hy radeloos aan Alice Clark geskryf: "... ek kry geen steun van Wilson nie. Ek weet nie eens of hy regtig met my saamstem nie."[16] Hy het sy teleurstelling in Wilson en Lloyd George uitgespreek en hulle beskryf as "kleiner mense as wat ek ooit kon dink". Soos Ingham opmerk, al het Wilson dieselfde eienskappe van "idealisme, intellek en 'n prediker se vuur" as Smuts gehad, het hy in hierdie geval verkondig wat Smuts as 'n ketterse doktrine[17] beskou het.

En tog, toe 'n ontnugterde en siek Wilson sy amp neerlê nadat hy nie die VSA se senaat se steun kon kry vir die Volkebond nie, het Smuts in 'n wyd gesindikeerde artikel in die *New York Evening Post* geskryf dat die handves van die Volkebond waarvoor Wilson gestry en wat hy beskerm het, "een van die groot skeppende dokumente van die menslike geskiedenis"[18] is. Hy het voorspel dat die Amerikaners die uittredende president nog eendag so hoog soos Washington en Lincoln sou ag en dat Wilson se naam 'n honderd jaar later "een van die grootstes in die geskiedenis"[19] sal wees, 'n oordeel wat die geskiedenis nie heeltemal bevestig het nie.

Smuts was baie hartseer oor Wilson se dood in 1924 en hy het geskryf dat "hierdie heroïese figuur steeds helderder sal uitstaan en sy werk erken sal word as een van Amerika se grootste bydraes in die wêreld".[20] Sy evaluering van Wilson se invloedryke bydrae tot die VSA se buitelandse beleid het sedertdien dikwels weerklank gevind, onder meer by Henry Kissinger.[21]

◆

Al het hulle nie altyd saamgestem nie, het Brittanje se befaamdste staatsman van die vroeë 20ste eeu, David Lloyd George, ook besondere agting vir Smuts gehad. Hulle het mekaar die eerste keer in 1906 teengekom, tydens Smuts se démarche namens Transvaal aan lede van Campbell-Bannerman se kabinet. Hulle het weer met Smuts se triomfantlike aankoms in Londen in 1917 ontmoet, toe die Britse eerste minister, alte bewus van die vermoëns van die "Boeregeneraal" (en sy propagandawaarde), hom in die Britse oorlogskabinet aangestel en 'n verskeidenheid moeilike take aan hom eerder as aan sy eie ministers opgedra het.

Hy het Smuts beskryf as "die begaafde en veelsydige Hollander wat met veiligheid vertrou kan word om die ingewikkeldhede van ons veelvuldige probleme te ondersoek, te ontsyfer en uit te stryk".[22] Smuts se gedetailleerde memorandum aan die kabinet oor hoe Brittanje die oorlog behoort te voer en Lloyd George se ontevredenheid met sy eie generaals het daartoe gelei dat Smuts die opperbevel van die Britse magte in Palestina aangebied is, 'n aanbod wat hy met spyt van die hand gewys het.

Hancock vat die ooreenkomste tussen Smuts en Lloyd George goed vas: "Albei mans het die gawe gehad om die oorlogsprobleme omvattend te visualiseer, nie net as 'n stapel los stukkies en brokkies nie ... Lloyd George was, soos Smuts, waaghalsig, eksperimenteel en veerkragtig. Albei het die vermoë gehad om die dag se werk elke keer vars te benader ... [maar] waar Smuts nooit tevrede was tensy hy sy daaglikse take in diep perspektief gesien het nie, was Lloyd George op die onmiddellike oppervlak gerig. Smuts, het Merriman gesê, was 'n 'genadelose filosoof'. Niemand sou Lloyd George ooit daarvan beskuldig het dat hy filosofies was nie."[23]

Dit spreek vanself dat die intellektuele en temperamentele verskille tussen die twee vroeër of later moes kop uitsteek, en so was dit dan ook by die Vredeskonferensie van Parys. Lloyd George moes 'n ontevrede en wraakgierige kieserskorps tevrede stel en was vasberade om reparasies uit die verloorders te wurg. Teen dié tyd was Smuts nie meer 'n lid van die oorlogskabinet nie en wat hy bo alles wou gehad het, was 'n blywende vrede. Hy het hom nie deur die Groot Vier in Parys – Wilson, Lloyd George, Georges Clemenceau van Frankryk en Vittorio Orlando van Italië – laat intimideer nie en het met slegs die steun van John Maynard Keynes die Britse eerste minister so ver gekry om die oorlogskabinet en leiers van die dominiums saam te roep om Duitsland se reaksie op die Geallieerdes se vredesvoorwaardes te bespreek. Lloyd George het die nodige magtiging gekry, maar nogtans geweier om die voorwaardes te wysig. 'n Woedende Smuts is alleen in sy teenstand teen die voorwaardes gelaat. Sy verhouding met Lloyd George het nooit herstel nie.

◆

Smuts en John Maynard Keynes, die 20ste eeu se prominentste ekonoom, het in die aanloop tot die Vredeskonferensie van Parys in 1919 vriende en bondgenote geword. Albei was visionêre denkers wat verstaan het dat die mensdom op die een of ander manier gered moet word van die buitensporighede en barbaarsheid van oorlog. Hulle het geglo 'n vredeskikking vereis twee dinge: 'n ekonomiese en finansiële plan om die Europese ekonomie te laat herleef en die vestiging van 'n nuwe internasionale orde om geskille op te los. Keynes was net so ontsteld soos Smuts oor die omvang van die reparasies wat die seëvierende Geallieerdes geëis het. Hy het volgehou dat 'n te hoë kompensasie nie net die Duitse ekonomie sou seermaak nie, maar ook dié van Europa en die res van die wêreld.

Hy en Smuts het teenoor mekaar gekla oor hul onvermoë om die Geallieerdes se leiers oor te haal om soos hulle te dink. Smuts het beskryf hoe die twee van hulle dikwels ná 'n goeie aandete saamgesit en "teen die wêreld en die huidige vloed" uitgevaar het.[24] Hy het dan vir Keynes gesê al wat vir hulle oorbly is om te bid soos die ou Griekwa-kaptein wie se stam in ernstige gevaar was: Here, red u mense. Here, ons is verlore tensy u ons red. Here, dis nie werk vir kinders nie. Dis nie hierdie keer genoeg om u Seun te stuur nie. Here, u moet self kom. "En dan lag ons, maar agter die lag lê Hoover se vreeslike beeld van 30 miljoen mense wat sal sterf tensy daar drasties ingegryp word," het Smuts wanhopig geskryf.[25]

Smuts het by Keynes aangedring om 'n genadelose frontaanval op die bepalings van die Vredesverdrag van Parys te doen, maar hy het hom bedink en in 'n afskeidsbrief voordat hy huis toe is gesê dat konstruktiewe, eerder as destruktiewe optrede dalk beter sal wees.[26] Keynes het hom nie daaraan gesteur nie. Sy invloedryke boek *The Economic Consequences of the Peace* het 'n aardskuddende uitwerking op die Verdrag van Versailles gehad, dit het die Duitsers gesterk en oor die algemeen internasionale vertroue 'n knou gegee.

◆

Die rapport tussen Smuts en Winston Churchill het oor byna 50 jaar gestrek. "Tussen hierdie twee vriende," het Jannie Smuts onthou, "was daar 'n hartlikheid en wedersydse bewondering wat aandoenlik was om te sien. In die openbaar was dit 'Eerste Minister' en 'Veldmaarskalk', maar andersins was dit eenvoudig 'Winston' en 'Jan'."[27] Hul uiteenlopende karakters in ag genome, kan 'n mens sê dit was 'n geval van teenoorgesteldes wat mekaar aangetrek

RAADGEWER VAN KONINGS EN STAATSLUI

Smuts en sy seun Jannie saam met Winston en Clementine Churchill gedurende die Tweede Wêreldoorlog. Museum Africa Johanensburg

het. Churchill was 'n Falstaff-tipe karakter wat geen oefening gedoen het nie en baie gerook en gedrink het. Hy het tot diep in die nag gewerk en het eers teen die middel van die oggend weer by sy lessenaar uitgekom. Smuts was 'n askeet, 'n nie-roker wat net af en toe iets gedrink het. Hy het graag gestap en vroeg gaan slaap en vroeg opgestaan. Daar word vertel dat Smuts die enigste mens was wat Churchill tydens die Britse oorlogsleier se lang alleensprake in die rede kon val en aankondig dat hy gaan slaap.

Soos Lloyd George was Churchill 'n lid van die Liberale Party se kabinet by wie Smuts in 1906 steun vir Transvaal se saak gaan werf het. Die twee het egter eers ná die Eerste Wêreldoorlog regtig na aan mekaar gekom toe Churchill, wat sy kabinetspos ná Gallipoli verloor het, in ere herstel is as minister van oorlog met spesiale verantwoordelikheid vir die koninklike lugmag. Dis waar hy bewondering en respek vir Smuts se vermoëns gekry het. Ná die oorlog het die twee met ongereelde tussenposes gekorrespondeer. Hul briewe is deurspek van opregte meelewing met mekaar se politieke lotgevalle en groot dosisse vleitaal. Nadat Smuts in die 1922-mynstaking vir koeëls moes koes, het Churchill die volgende telegram (in telegramstyl) aan hom gestuur: "Hartlik geluk jou ontsnapping. Dring aan dat jy goed na jouself kyk. Jou lewe van onskatbare waarde vir Suid-Afrika en Britse Ryk."[28] Dieselfde jaar, nadat Churchill sy parlementêre setel in Dundee verloor het, het Smuts sy simpatie in 'n kabelgram betoon en dit só afgesluit: "Maar miskien is dit goed dat jy 'n kort rukkie kan rus ná al jou harde werk van die afgelope tyd. Ek vertrou dat dit gou weer goed met jou sal gaan des te meer om die groot werk wat nog op jou wag te doen."[29]

Churchill het 'n eksemplaar van sy boek oor die Eerste Wêreldoorlog aan Smuts gestuur en sy gepaardgaande brief afgesluit met die woorde: "Jou vriendskap is altyd vir my kosbaar."[30] In sy antwoord het Smuts die kwas diep in die heuningpot gedruk: "Ek beny jou jou groot gawe om 'n man van aksie en terselfdertyd 'n groot skrywer te wees. Julius Caesar was ook so 'n rare kombinasie. En al is jy nie so Frankofobies soos wat hy was nie, sal jou boek sy man kan staan in 'n vergelyking met die Galliese Oorlog!"[31]

Die Tweede Wêreldoorlog het Churchill en Smuts selfs nader aan mekaar gebring. In die aanloop tot die oorlog het albei mans elk op sy eie manier die Britse volk probeer waarsku oor die oorlogswolke wat oor die Europese vasteland saampak. In sy rektorsrede by die Universiteit van St. Andrews in 1934 het Smuts versiende gewaarsku dat nazisme en fascisme die Britte se kosbare essensiële vryhede begin bedreig. Churchill het vir die grootste deel van die 1930's, soos die historikus Lawrence James dit stel, aanhoudend en met reg wolf-wolf oor Hitler geskree, omdat "hy die aard van die dier en sy dieet van die begin af verstaan het".[32] Op die eerste kabinetsvergadering ná die belangrike stemming in die parlement ten gunste van deelname aan die oorlog, het Smuts die volgende telegram van Churchill ontvang: "Van die hoof van die admiraalskap aan generaal Smuts. Ek is verheug om te voel dat ons weer eens saam op kommando gaan wees."[33]

Deur die hele oorlog het Churchill Smuts gereeld oor militêre strategie en die aanstelling van sleutelpersoneel geraadpleeg. "Wanneer Smuts Engeland toe gekom het," het John Colville, Churchill se private sekretaris, geskryf, "het Churchill alles net so gelos en na daardie woorde van wysheid geluister wat uit die Suid-Afrikaanse patriarg gevloei het oor alle aspekte van die huidige en toekomstige beleid, in sy swaar aksent en sy hoë staccato-stemtoon ... Min van Churchill se kollegas in die Britse regering se woorde het dieselfde gewig gedra."[34] Lord Moran, Churchill se persoonlike dokter met die skerp tong, het geskryf: "Hy [Smuts] is die enigste man wat enige invloed op die eerste minister het, om die waarheid te sê, hy is die enigste bondgenoot wat ek het om die eerste minister na raad en gesonde verstand te laat luister. Smuts sien so duidelik dat Winston onvervangbaar is dat hy dalk sal probeer om hom te oortuig dat hy verstandig moet wees."[35] 'n Kabinetslid, Harold Macmillan, het gesê dit was goed dat Churchill 'n kollega gehad het wat ouer as hy was en oor wie hy nie sommer kon loop nie.[36]

Churchill se regterhand, Lord Alanbrooke, skryf in sy *War Diaries* hoe Smuts meer as enigiemand anders besef het hoe naby die Britse leier in 1943 aan 'n ineenstorting was.[37] Smuts het Alanbrooke aan die einde van 'n aandete in Egipte eenkant toe geroep en gesê hy voel glad nie gelukkig oor die eerste minister se toestand nie. Churchill het te hard gewerk, hy het homself ooreis en moes dan op drank staatmaak om hom te stimuleer. Hy het getwyfel of Churchill tot die einde toe aan die gang sou kon bly. Dit was ook Alanbrooke se vrees, maar dis op die ou end nie bewaarheid nie.

Ná die oorlog is Churchill en Smuts op dieselfde onverwagte en verstommende wyse deur hul kiesers verwerp. Churchill se verlies van die premierskap in 1945 was 'n wrede skok vir Smuts, wat gemeen het die nuwe Arbeidersregering het nie die nodige ervaring en begrip van internasionale sake nie. In 'n brief aan Margaret Clark het hy opgemerk dat Brittanje 'n leier verloor het "wat regtig nie konserwatief is nie, maar 'n groot mens met breë ervaring en verreikende simpatieë ... om so beslissend in die uur van oorwinning verwerp te word deur die mense wat hy deur sy moed en ontsaglike inspanning gered het, is waarlik die grootste klap in die gesig denkbaar."[38]

Smuts het voorspel wat ook op hom wag: "Ek ken my lot weens wat ná die laaste oorlog gebeur het. Verwerping en veroordeling sal weer eens die hoofstuk afsluit en die glorie beëindig. Dit sal geen harte breek nie ... niks kan iets wegneem van of byvoeg tot wat gedane sake is nie. En ek sal dit wat moet kom sonder 'n nors gesig in die oë kyk."[39] Hy het by sy woord gehou. Sy hoë kommissaris in Londen, Leif Egeland, onthou 'n middagete in Cambridge minder as twee weke ná sy onverwagte neerlaag aan die hand van DF Malan, toe 'n ontspanne Smuts, nadat hy 'n eredoktorsgraad aan 'n duidelik neerslagtige Churchill toegeken het, sy ou oorlogskollega geterg het: "Kyk net vir hom, daar sit hy. Hulle het ons uitgeskop. Dis goed dat ou omies uitgeskop word. Maar ek noem hom Demogorgon ['n ou Griekse god]

– hy het saam met die noodlot gemarsjeer, laat ons dit nooit vergeet nie."[40]

◆

Nog 'n wêreldfiguur met wie Smuts lank bevriend was, was dr. Chaim Weizmann, die stigter en eerste president van Israel. Saam met Lloyd George en Arthur Balfour was Smuts die dryfkrag agter die verklaring van Balfour in 1917, waarvolgens Palestina eendag 'n tuiste vir die Joodse mense sou wees. Smuts het die voorstel weens die bybelse implikasies gesteun en omdat hy as 'n Afrikaner die verlangens van 'n "onderdrukte volk" verstaan het. In 1922 het hy die plan vir 'n Joodse tuisland beskryf as "een van die merkwaardigste gevolge van die Groot Oorlog en een van die grootste reparasiedade in die geskiedenis van die wêreld".[41]

In 1930, ná die publikasie van 'n witskrif in Brittanje wat volgens die sioniste op 'n afwyking van die verklaring van Balfour gedui het, het Smuts op Weizmann se versoek die saak met die nuwe Arbeiderspremier, Ramsay MacDonald, asook sy voorganger, Lloyd George, bespreek. MacDonald het ontken dat daar teruggekrabbel is, maar Smuts was nie tevrede nie en hy het die korrespondensie aan die pers gegee om seker te maak dat die Britse regering nie sy beloftes sal verbreek nie. In Suid-Afrika het hy die Verenigde Party gekry om eenparig, maar tevergeefs, saam te staan teen die Hertzog-regering se wetgewing om Joodse immigrasie te beperk.

In 'n brief aan Weizmann in 1944 het Smuts met hom gesimpatiseer oor die Jode se onvermoë om hul tuisland te vestig en gesê dat Arabiese druk die Britse regering dwing om langsaam te beweeg. In 1947 het hy op 'n "treurige brief" van Weizmann gereageer deur te sê dat, hoe hy [Smuts] ook al 'n onverdeelde Palestina begeer, partisie na die enigste uitweg lyk.

Nadat die VN 'n paar maande later 'n partisieplan goedgekeur het, het Weizmann aan Smuts geskryf: "By hierdie mylpaal in die Joodse geskiedenis dink ek met diep dankbaarheid aan jou edele vriendskap en onwankelbare steun vir my mense se saak deur al die jare vanaf 1917. Mag God jou seën en bewaar! In vriendskap."[42] Daarop het Smuts geantwoord: "Jou vriendelike kabelgram uit New York ná die aanvaarding van die partisiemosie het my diep geraak ... my diens aan die saak was gering, maar dit was deur alles heen altyd heelhartig."[43] Op die vooraand van sy verkiesingsneerlaag in 1948 het Smuts aangekondig dat Suid-Afrika die staat van Israel erken, een van die eerste lande wat dit gedoen het.

Vier maande later het 'n siek Smuts teen die sin van sy familie na Londen gevlieg om by 'n dinee ter ere van Weizmann te praat en 'n fonds te begin sodat 'n woud in Israel aangeplant en na Weizmann vernoem kon word. Hy het die lof besing van "Chaim Weizmann, die wetenskaplike, die groot sionis, die onbedwingbare leier wat, nadat sy mense feitlik uitgewis is in die grootste menseslagting in die geskiedenis, die oorblyfsels bymekaar gemaak en te midde van die sterkste opposisie hulle terug na hul antieke tuisland gelei en hulle weer eens in 'n soewereine staat onder die nasies verenig het. Hierdie prestasie kan waarlik met Moses vergelyk word."[44]

◆

Frankryk het nie 'n alte hoë agting vir Smuts gehad nie. Die Franse kon nooit verstaan hoekom Brittanje 'n Statebondspolitikus toelaat om in Europa se sake in te meng nie. In 1917, toe Lloyd George Smuts in die geheim gestuur het om met 'n Amerikaanse gesant in Switserland te beraadslaag, is gehoor hoe Georges Clemenceau sê: "Lloyd George is 'n gek, en 'n nog groter gek om Smuts, wat nie eens weet waar Oostenryk is nie, te stuur."[45] Franse afkeer van Smuts het toegeneem by die Vredeskonferensie van Parys, waar Clemenceau vasbeslote was om Duitsland se ekonomie te vernietig en die magsbalans in Europa in sy land se guns te swaai. Smuts se voorskrif vir Europese vrede was presies die teenoorgestelde: hy het volgehou dat Europa net voorspoedig kan wees deur Duitsland en sy ekonomie weer op te bou. Clemenceau het smalend na Smuts verwys as *le saboteur du Traité de Versailles*[46] en het hom as 'n verraaier van die Franse saak beskou.

Smuts was net so bevooroordeeld teenoor die Franse. Ná Versailles het hy in 'n brief aan die nuwe Britse premier, Bonar Law, sy vrees uitgespreek dat Brittanje te ver ten gunste van Frankryk kon oorleun: "Eeue lank was Franse beleid die vloek van Europa en dit was net die opkoms van Duitsland wat sy houding verander het. Nou is Duitsland op sy knieë en is Frankryk weer eens die leier op die vasteland, met al sy ou slegte instinkte wat kop uitsteek".[47] Hy het voorspel dat 'n Frankryk wat herleef 'n bedreiging vir die Britse Ryk sal wees en voorgestel dat "ons met 'n skerp oog in daardie rigting bly kyk".

In 1942 het hy aan koning George VI gesê: "Ons kan die Franse nooit vertrou nie, want hulle kan nooit vergeet dat hulle vir meer as 200 jaar die meesters van Europa was nie."[48]

As 'n lid van Churchill se binnekring van adviseurs in die Tweede Wêreldoorlog, het Smuts in aanraking gekom met Frankryk se de facto-leier in ballingskap, generaal Charles de Gaulle, berug vir sy liggeraaktheid. Betrekkinge tussen De Gaulle, die Britte en die Amerikaners was maar altyd geneig om los te torring en Smuts, wat geglo het dat Geallieerde eenheid lewensnoodsaaklik was, het aangebied om as tussenganger op te tree. In 1942 het hy in 'n brief aan De Gaulle die geleentheid om weer kontak te maak verwelkom en daarop gewys dat kleinlike verskille nie toegelaat moet word om inbreuk te maak op die samewerking tussen die Geallieerdes nie.[49] Hy het De Gaulle van Churchill se welwillendheid verseker en voorgestel die twee ontmoet om die lug te suiwer: "Tussen twee sulke mans soos u en mnr. Churchill behoort daar in hierdie krisis absolute eerlikheid en wedersydse vertroue te wees en enige geskilletjies behoort in persoonlike gesprekke uit die weg geruim te word."[50]

Tog kon Smuts soms nie sy ergernis met die Franse wegsteek nie. Toe hy sien hoe Frankryk Duitsland vrye deurgang deur Tunis gee om Rommel se Afrika-korps van voorrade te voorsien, het hy geskryf: "As God tog net 'n vrou na hulle wil stuur, nog 'n Johanna van Arkel, want die mans het haar gefaal."[51] Laat in 1942 het hy regtig te ver gegaan, in elk geval wat die Franse betref, toe hy in sy sogenaamde "Explosive Speech" voor die Empire Parliamentary Association, onder die indruk dat hy 'n geslote vergadering toespreek 'n pessimistiese ontleding van Frankryk se toekoms gegee het: "'n Nasie wat eers deur 'n katastrofe oorval is soos dié wat haar getref en tot in die fondamente van haar nasieskap gereik het, sal nie maklik weer haar ou plek kan inneem nie. Ons het te doen met een van die grootste en verreikendste katastrofes in die geskiedenis, ek het nog nie iewers oor die gelyke daarvan gelees nie. Die tog terug boontoe sal lank en bitter wees. Vir ons tyd en moontlik baie lank hierna is dit klaarpraat met Frankryk."[52] Toe die Britse pers oor hierdie aanmerkings berig, was daar, begryplik genoeg, woede aan die ander kant van die kanaal.

◆

Net soos Nelson Mandela baie jare ná hom was Smuts 'n Suid-Afrikaner wat in 'n eenvoudige landelike omgewing grootgeword het en later deur die gekroonde hoofde van Brittanje en Europa opgehemel, amper verafgod is. Tydens sy eerste besoek aan Londen gedurende die Eerste Wêreldoorlog het hy ontuis gevoel en het hy eerder as om die uitnodigings van die grotes en vernames te aanvaar die geselskap van die Gilletts en die Clarks op die Engelse platteland opgesoek. Mettertyd het hy ontdooi en die vermoë ontwikkel om met alle soorte mans en vroue te meng, insluitend "dié in hoë plekke".[53] In 1918 het koning George V in sy dagboek aangeteken dat Smuts 'n "baie aangename en interessante man" is.[54] Die koning was so beïndruk deur sy vermoëns as 'n lid van die oorlogskabinet dat hy hom in 1921 gevra het om die troonrede vir die opening van die Ierse parlement te skryf. Daarna was Smuts 'n gereelde naweekbesoeker by die Windsor-kasteel en ander koninklike paleise. Selfs toe hy die leier van die opposisie in Suid-Afrika was en nie meer eerste minister nie, het koning George V en koningin Mary hom wanneer hy in Londen was nog altyd na Windsor en Sandringham genooi.

Hy het die vrymoedigheid gehad om persoonlike briewe aan die koning en koningin te skryf en te midde van 'n krisis in die MacDonald-kabinet in die 1930's het George V hom weer eens om raad gevra. Agterna het Smuts geskryf: "Dit wys watter vertroue die liewe ou koning in my het en hoeveel hy daarvan hou om hom na my te wend vir hulp en advies."[55] Die koning het ná al Smuts se besoeke aantekeninge in sy dagboek gemaak en hy verwys 'n paar keer na lang en interessante gesprekke tussen hulle oor "die Ryk".[56]

Smuts het selfs 'n groter vriend geword van koning George VI, koningin Elizabeth en hul twee dogters, Elizabeth en Margaret. Dit was weer eens oorlog wat hulle bymekaar gebring het. Soos sy pa het die koning dikwels Smuts se raad gevra en hom wanneer hy in Brittanje was, genooi om naweke by die koninklike familie deur te bring. Jare later het wyle David Rattray, die KwaZulu-Natalse historikus, raconteur en 'n vriend van die koninklike familie, dikwels vertel hoe die bejaarde koninginmoeder in heeltemal gangbare Afrikaans gedeeltes van "Sarie Marais" gesing het, die liedjie wat Smuts haar by Balmoral geleer het en wat by haar begrafnis gesing moes word. Churchill het dus George VI sonder moeite oorreed om Smuts 'n Britse veldmaarskalk te maak. Die eer het Smuts plesier verskaf, maar die Nasionale koerante in Suid-Afrika het dit nog meer geniet. Hulle het nooit nagelaat om die titel ironies te gebruik om te wys dat "veldmaarskalk" Smuts eerder 'n Brit as 'n Afrikaner was nie.

Toe Smuts in 1947 die koninklike familie uitnooi om Suid-Afrika te besoek, het dit 'n dubbele doel gedien – om die koning 'n blaaskans te gee ná die spanning van die oorlogsjare en om met die oog op die komende Suid-Afrikaanse verkiesing sy eie steun onder Engelssprekende kiesers te konsolideer. Op sy beurt was die koning gretig om Smuts te help om die sessesionistiese agitasie van DF Malan en sy kollegas te temper. Op 21 Februarie 1947 het George VI die Suid-Afrikaanse parlement geopen, die eerste keer in die geskiedenis van die Statebond dat die monarg 'n parlement buite Brittanje geopen het. Die koning het die kans benut om 'n uitsonderlike eer aan Smuts toe te ken: lidmaatskap van die Order of Merit, wat nooit meer as 24 lede op 'n keer het nie.

Brittanje was nie die enigste land wie se koninklike familie iets aan Smuts te danke gehad het nie. Soos ons gesien het, het Smuts in 1941 'n heenkome gebied aan George VI se neef, George II van Griekeland en 'n groot gevolg familielede, onder wie sy broer en skoonsuster, Paul en Frederika, nadat die Nazi's Griekeland ingeval het. Smuts het een van sy kabinetslede, majoor Piet van der Byl, aangestel om na die koning, wat later sy hoofkwartier in Londen en daarna in Egipte gemaak het, om te sien. Die versiende Smuts het geglo dat die behoud en herstel van die monargie in Griekeland belangrik was, nie net ter wille van daardie land se naoorlogse stabiliteit nie, maar ook vir die "lewensbelangrike Mediterreense belange van die Britse Statebond".[57] Ná die oorlog was dit grootliks op aandrang van Smuts dat die monargie in Griekeland herstel is.

Onder die koninklikes en die boonste lae van die Europese samelewing was 'n toe reeds bejaarde Smuts tydens die Tweede Wêreldoorlog bekend as 'n "wyse ou uil",[58] 'n stoere vriend van Brittanje en Britse belange. Toe lord Alanbrooke hom die eerste keer ontmoet, in 1942 in Kaïro, het hy geskryf: "Ek sien Smuts as een van die grootste van die natuur se here wat ek teengekom het. 'n Wonderlike helder begrip van alles, saam met die uitsonderlikste sjarme. Geïnteresseerd in alle dinge, begaaf en met die wonderlikste oordeelsvermoë."[59]

Dit help verduidelik hoekom konings en nie-adellikes hulle tot Smuts die staatsman gewend het.

HOOFSTUK 26

Envoi

In sy boek *Die laaste Afrikanerleiers* noem die historikus Hermann Giliomee sommige van die vrae wat biograwe moet antwoord wanneer hulle politieke leiers evalueer. Wat het hulle in gedagte gehad toe hulle beleid gemaak het? Watter rol het visie in hul denke gespeel? En hoe behoort ons, met die voordeel van die terugblik, hul prestasies vandag te waardeer?[1]

In sy opmerklik nugter boek oor Jan Smuts se lewe wat in die 1980's gepubliseer is, kom die Britse Afrika-historikus, Kenneth Ingham, tot die gevolgtrekking dat dit verkeerd sal wees om Smuts se segregasionistiese standpunte te oorbeklemtoon wanneer daar oor hom geskryf word.[2] In die eerste helfte van die 20ste eeu was ras nie so 'n sensitiewe kwessie nie en daar is nie verwag dat dit later so 'n probleem sou word nie. In *Long Walk to Freedom* skryf Nelson Mandela hoe opgewonde hy was om in 1939 by 'n Fort Hare-gradeplegtigheid na Smuts te kon luister. Hy het gedink Smuts was 'n "simpatieke figuur" wie se Engelse aksent byna so swak soos sy eie was. "Dit was vir my veel belangriker dat hy gehelp het om die Volkebond te stig en sodoende vryheid wêreldwyd te bevorder as dat hy tuis vryheid onderdruk het ... Saam met my klasmaats het ek hartlik hande geklap en Smuts se oproep om hier in ons eie land vir die vryheid in Europa te veg toegejuig en skoon vergeet dat ons in ons eie land nie daardie vryheid het nie."[3]

In sy tyd was Smuts se paternalistiese houding glad nie ongewoon nie en baie lede van sy eie party was baie minder simpatiek teenoor ander rasse as hy. Vir die tegnologies gevorderde "Europeërs" van daardie tyd het dit ondenkbaar gelyk dat swart mense oor die algemeen as hul gelykes aanvaar kon word. Dit het etlike dekades, en twee wêreldoorloë, geduur voordat houdings begin verander het.

Selfs vandag word die idee dat die geskiedenis 'n verhaal is van menslike vordering waarin sommige rasse verder as ander gekom het nog wyd aangehang. Soos die historikus van die Britse Ryk, Lawrence James, opmerk,

Westerse idees van meerderwaardigheid het nog nie heeltemal verdwyn nie; die predikasies aan die "Derde Wêreld" oor menseregte is nog deurtrek daarvan en hulle vorm die grondslag van die verkleinerende moderne konsep van die "mislukte staat".[4]

Waar Smuts gefouteer het, is dat hy nie in sy filosofie en politieke uitkyk vir gekultiveerde swart mense soos DDT Jabavu en ZK Matthews en baie ander voorsiening gemaak het nie. Hulle het immers aan die onderwysvereistes en die "beskawingsstandaarde" waarop hy altyd so aangedring het, voldoen. Met sy teensinnige aanvaarding van Hertzog se skrapping van die nierassige stemreg in 1936 het hy die steun van opgevoede swart mense prysgegee, die een groep wat dalk sy idee van 'n gekwalifiseerde stemreg kon gesteun en die stemreg in verantwoordelike hande sou gehou het. Hier was die holte in die hart van holisme wat Smuts nooit kon vul nie.

Tog het hy (en ook Hertzog, om die waarheid te sê) aanvaar dat swart mense burgers van 'n onverdeelde Suid-Afrika is wat in 'n oorkoepelende politieke raamwerk geakkommodeer moet word. Al het sy benadering van geleidelikheid geen aanduiding gegee van waarheen segregasie Suid-Afrika kon lei nie, het hy besef dat die Nasionaliste se soort apartheid die toekoms van wit mense eerder sou bedreig as beveilig. In sy hart der harte het hy geweet dat JH Hofmeyr, en nie DF Malan nie, reg was. Dis hoekom hy sy luitenant teen die reaksionêre in sy eie geledere verdedig het. Sy vertroueling EG Malherbe het geglo dat Smuts 'n "nuwe oriëntasie" ná die verkiesing van 1948 wou gehad het, maar dat hy te oud en moeg was vir die reusetaak om 'n nuwe, meer toekomsgerigte party te bou.[5] Om een van Smuts se geliefkoosde aforismes aan te pas, die honde het geblaf en die karavaan het voortbeweeg.

Ná Smuts se dood het sy eens magtige Verenigde Party geleidelik, maar huiwerig wegbeweeg van outydse segregasie. Dit het wel altyd vir "wit leierskap" gestaan, maar het 'n uitbreiding van swart politieke regte en die inlywing van alle rasse in die ekonomie bepleit. In 1959 was daar 'n konfrontasie oor Verwoerd se plan om ingevolge die wetgewing van 1936 meer grond vir die swart mense te gee, maar dit aan onafhanklikheid vir die reservate te koppel. Dit het daartoe gelei dat 11 van die VP se 53 LV's uit die party gestap en die Progressiewe Party gestig het wat mettertyd 'n vorm van gekwalifiseerde stemreg voorgestel het. Dit was soortgelyk aan wat Smuts 30 jaar tevore aan Hertzog voorgehou het, 'n idee wat nie veel steun by wit kiesers gekry het nie.

ENVOI

Die res van die VP kon nie 'n oortuigende alternatief vir apartheid vind nie en Smuts se ou party het in irrelevansie versink totdat dit in 1977 ontbind het. Sou Smuts dit kon of wou red as hy jonger was? Dis een van daardie tergende politieke vrae waaroor altyd gegis sal word.

◆

Suid-Afrika was gelukkig om in kritieke stadiums in sy relatiewe kort geskiedenis 'n handvol inspirerende leiers voort te bring wat nie net die landsake toegewyd en vaardig bestuur het nie, maar ook hul stempel op die wyer wêreld afgedruk het. Ná die Anglo-Boereoorlog was dit die Afrikaner-generaals Botha en Smuts en later ook Hertzog wat hul wit landgenote probeer oortuig het om hul diepgesetelde vyandige gevoelens te laat vaar en 'n nasie te bou. Byna 'n eeu later, toe die apartheidsregime wankel, het Nelson Mandela, Thabo Mbeki en ander die kans benut om 'n politieke skikking met hul historiese vyande te onderhandel.

Hierdie nasieboupogings, minder as 'n eeu uitmekaar, het politieke leierskap van die hoogste orde vereis. Hulle het die talente van vier uitsonderlike individue na vore gebring, van wie twee Suid-Afrika se politieke en ekonomiese ontwikkeling meer as enigiemand anders beïnvloed het. Smuts se ou oorlogskameraad, Louis Botha, het hom nader getrek om die jong Unie van Suid-Afrika se regering te bestuur. Mettertyd was hy nie net aan die spits van Suid-Afrika se sake nie, maar is hy wêreldwyd as 'n staatsman erken. Baie jare later het Mandela 'n veel jonger Mbeki sy adjunkpresident en de facto uitvoerende hoof van die regering gemaak. Mbeki het nie net sy stempel op postapartheid Suid-Afrika afgedruk nie, hy het hom ten doel gestel om die Afrika-vasteland te laat herlewe. Soos Smuts was hy instrumenteel in die bepaling van die soort nasie wat die nuwe Suid-Afrika sou word en in die definiëring van die rol wat hy geglo het die land in Afrika en in internasionale sake moet speel. Soos Smuts sal sy erflating, ten goede of ten kwade, voortbestaan, lank nadat hy van die politieke verhoog vertrek het.

'n Vergelyking tussen die twee het beperkinge, weens die verskille in hul agtergrond, temperament en prestasies, maar Smuts en Mbeki het bowenal een ding gemeen. Nie een van hulle word vandag met besondere toegeneentheid deur die meeste Suid-Afrikaners onthou nie. Smuts se beskouings oor ras maak hom 'n gruwel in die oë van die huidige postapartheid-generasie. Om heeltemal ander redes beskou die huidige regime en sy volgelinge Mbeki, wat so oneervol uit sy amp verdryf is, nie in 'n vriendelike lig nie. Sy erflating aan die land is 'n leierskapsvakuum en daar is tans geen teken dat dit gevul word nie.

Daar is ander ooreenkomste tussen hierdie twee eens magtige individue. Afgesien daarvan dat hulle vaandeldraers vir twee veel gewilder persoonlikhede was (Louis Botha in Smuts se geval en Nelson Mandela in Mbeki s'n), het albei in hul strewe na 'n politieke skikking te staan gekom teen die militante in hul eie geledere wat onwillig was om die wapens neer te lê. Albei is vir 'n ruk wêreldwyd weens hul prestasies opgehemel, albei het lang rukke buite die land deurgebring om ander se probleme te probeer oplos, net om deur hul teenstanders daarvan beskuldig te word dat hulle hul verpligtinge by die huis verwaarloos. Albei het hul binnelandse ondersteuners uit die oog verloor en is onverhoeds uit hul amp gestoot. Gevolglik word nie een van hierdie twee stigtersfigure soveel vereer soos wat die geval in vandag se Suid-Afrika kon gewees het nie.

◆

In Smuts se geval bly dit selfs by die terugblik buitengewoon dat so baie van sy landgenote hom nie regtig as 'n ware Afrikaner geag het nie en hom beskou het as 'n man wat nie die belange van sy mense op die hart dra nie. So groot was baie Boere se bitterheid oor sy toenadering tot die Britte in 'n tyd toe die wonde van die Anglo-Boereoorlog nog rou was, dat hy vir die grootste deel van die tweede helfte van sy lewe deur baie van sy eertydse bewonderaars gehaat is. Hy is daarvan beskuldig dat hy sy taal en kultuur versaak het ter wille van die roem en glorie wat sy eie land hom nie kon gee nie. Dit het ook aan die Afrikanersiel geknaag dat hy hom nooit ernstig vereenselwig het met die stryd om die erkenning van die Afrikaanse taal nie.[6]

Hierdie kritici het nooit begrip gehad vir sy Olimpiese filosofie dat die mens se evolusionêre pad een van genesing, heiligheid en heelheid is nie – die uiteenlopende dele se geleidelike progressie na 'n groter geheel. Of as hulle dit verstaan het, het hulle dit nie geredelik aanvaar nie. In praktiese politieke terme sou dit eenheid tussen Afrikaner en Engelsman beteken; vryheid en

Die obelisk op Smuts-koppie, Doornkloof.

sekuriteit vir die Unie binne die Ryk, en die erkenning van Suid-Afrika se onafhanklikheid in 'n wyer wêreld. Sy teenstanders, eers onder leiding van Hertzog en daarna van Malan, het vanaf 'n baie meer inwaartse punt begin en hy en hulle sou nooit werklik kon saamstem nie.

Sy intellektualisme en ontoeganklike openbare persona het ook nie gehelp nie. Politieke gewildheid is meer as om abstrak te teoretiseer en aanspraak te maak op die goeie inbors van die kiesers: dit vereis die vermoë om die hart en siel te raak. Smuts kon na die Engelssprekendes uitreik, van wie duisende agter hom aan die twee wêreldoorloë in is, maar na net een seksie van die Afrikanerdom. Ná die Anglo-Boereoorlog kon hy nooit sy meer onversoenlike landgenote na sy kant toe oorhaal nie. Hertzog het sy mede-Afrikaners as 'n groep gesien wie se primêre taak dit was om hul eie identiteit te vestig. Smuts wou gehad het dat die Afrikaner deel van 'n baie groter entiteit word, die diverse Britse Ryk, wat baie rasse en oortuigings omsluit het.

Tog was die groot paradoks van sy lewe, soos Leif Egeland daarop wys, dat Smuts juis omdat hy 'n Afrikaner en 'n Boeresoldaat was so 'n formidabele wêreldwye reputasie opgebou het. Op sy baie besoeke aan die buiteland, en in sy persoonlike lewe, het hy die beeld van die Boeregeneraal lewend gehou, "een van die dapperste en romantieste figure in die geskiedenis".[7] Baie van sy landgenote het hom as 'n Engelsman uitgekryt, maar in Brittanje en wêreldwyd is "generaal Smuts" gerespekteer en geëer as 'n ware patriotiese Afrikaner – die beste voorbeeld van sy mense.

Notas

VOORWOORD

1. William Hazlitt, "Characteristics, in the manner of Rochefoucauld's maxims", 158 (1823).

PROLOOG

1. Sir Louis Blom-Cooper, "Jan Christiaan Smuts (1870–1950): Middle Templar extraordinary", in *Advocate*, Augustus 2013, bl. 40.
2. Winston Churchill, aangehaal deur lord Moran in *Diaries*, bl. 317.
3. Alan Paton, aangehaal deur Louis Blom-Cooper, "Jan Christiaan Smuts", bl. 40.
4. Piet Beukes, *The Holistic Smuts: A Study in Personality*, bl. 41.
5. Alan Paton, *The Forum*, September 1952, aangehaal deur Beukes, ibid, bl. 38.
6. RW Emerson, *Essays, History*.
7. Winston Churchill, House of Commons, 26 Junie 1952.

HOOFSTUK I
TOTSIENS, OUBAAS

1. *Rand Daily Mail*, 12 September 1950.
2. Ibid.
3. DF Malan, *Rand Daily Mail*, 13 September 1950.
4. Clement Attlee, *The Times*, 12 September 1950.
5. Winston Churchill, *Rand Daily Mail*, 14 September 1950.
6. *Die Transvaler*, soos aangehaal in die *Rand Daily Mail*, 13 September 1950.
7. *The Star*, 14 September 1950.
8. Pika Zulu, *Rand Daily Mail*, 13 September 1950.
9. *Rand Daily Mail*, 14 September 1950.
10. Ds. Johan Reyneke, *Rand Daily Mail*, 16 September 1950.
11. *Rand Daily Mail*, 16 September 1950.
12. *The Times* (Londen), 12 September 1950.
13. *Rand Daily Mail*, 12 September 1950.
14. *The Star*, 12 September 1950.

HOOFSTUK 2
'N EIENAARDIGE KÊRELTJIE

1. Ofskoon hy later bekend was as Jan Christian Smuts, is sy tweede naam volgens die doopregister met twee a's gespel.
2. FS Crafford, *Jan Smuts: A Biography*, bl. 5.
3. JC Smuts, *Jan Christian Smuts*, bl. 9.
4. WK Hancock, *Smuts: The Sanguine Years 1870–1919*, bl. 11.
5. Ibid, bl. 10.
6. Ibid, bl. 13.
7. Ibid, bl. 15.
8. Smuts, *Jan Christian Smuts*, bl. 12.
9. Crafford, *Jan Smuts*, bl. 11.
10. Piet Beukes, *The Romantic Smuts*, bl. 19.
11. Hancock, *Smuts: The Sanguine Years*, bl. 16.
12. Beukes, *The Romantic Smuts*, bl. 20.
13. Smuts en Rhodes het nooit persoonlik ontmoet nie. Dié ontmoeting was hul enigste, indirekte, kontak.
14. Piet Meiring, *Smuts the Patriot*, bl. 17.
15. Trewhella Cameron, *Jan Smuts: An Illustrated Biography*, bl. 21.
16. Ibid.
17. Hancock, *Smuts: The Sanguine Years*, bl. 42.
18. Ibid, bl. 50.
19. Meiring, *Smuts the Patriot*, bl. 22.
20. Hancock, *Smuts: The Sanguine Years*, bl. 43-44.

21 Ibid, bl. 44.
22 Meiring, *Smuts the Patriot*, bl. 23.
23 Ibid, bl. 21.
24 Dis uiteindelik in 1973 deur Wayne State University Press, Detroit as 'n fotogekopieerde manuskrip gepubliseer.

HOOFSTUK 3
BRUISEND VAN IDEALISME

1 FS Crafford, *Jan Smuts: A Biography*, bl. 14.
2 O Geyser, *Jan Smuts and his International Contemporaries*, bl. 6.
3 Piet Meiring, *Smuts the Patriot*, bl. 26.
4 WK Hancock, *Smuts: The Sanguine Years 1870–1919*, bl. 58.
5 Kenneth Ingham, *Jan Christian Smuts: The Conscience of a South African*, bl. 16.
6 JC Smuts, *Jan Christian Smuts*, bl. 37.
7 Crafford, *Jan Smuts*, bl. 29.
8 Charles van Onselen, *The Fox and the Flies*, bl. 162.
9 Crafford, *Jan Smuts*, bl. 28.
10 Meiring, *Smuts the Patriot*, bl. 38.
11 HC Armstrong, *Grey Steel: JC Smuts – A Study in Arrogance*, bl. 73.
12 Walter Nimocks, *Milner's Young Men*, bl. 12.
13 Ibid, bl. 9.
14 Nimocks, *Milner's Young Men*, bl. 18.
15 Trewhella Cameron, *Jan Smuts: An Illustrated Biography*, bl. 27.
16 Crafford, *Jan Smuts*, bl. 37.
17 Ibid, bl. 36.
18 Ibid, bl. 36.

HOOFSTUK 4
BOERESTRATEEG

1 Ook bekend as die Suid-Afrikaanse Oorlog en die Tweede Vryheidsoorlog.
2 Martin Meredith, *Diamonds, Gold and War: The Making of South Africa*, bl. 417.
3 WK Hancock, *Smuts: The Sanguine Years 1870–1919*, bl. 110.
4 FS Crafford, *Jan Smuts: A Biography*, bl. 39.
5 Kenneth Ingham: *Jan Christian Smuts: The Conscience of a South African*, bl. 34.
6 Crafford, *Jan Smuts*, bl. 40.
7 Hancock, *Smuts: The Sanguine Years*, bl. 107.
8 JC Smuts, *Jan Christian Smuts*, bl. 51.
9 Ibid, bl. 50.
10 Arthur G Barlow, *Almost in Confidence*, bl. 85.
11 Meredith, *Diamonds, Gold and War*, bl. 434.
12 Ibid, bl. 435.
13 Smuts, *Jan Christian Smuts*, bl. 53.
14 Ibid, bl. 57.
15 Ibid, bl. 58.
16 Ibid, bl. 62.
17 Thomas Packenham, *The Boer War*, bl. 473.
18 Ibid, bl. 235.
19 Hancock, *Smuts: The Sanguine Years*, bl. 125.
20 Ibid, bl. 126.
21 Trewhella Cameron, *Jan Smuts: An Illustrated Biography*, bl. 37.

HOOFSTUK 5
NA DIE KAAPKOLONIE

1 FS Crafford, *Jan Smuts: A Biography*, bl. 46.
2 JC Smuts, *Jan Christian Smuts*, bl. 66.
3 Thomas Pakenham, *The Boer War*, bl. 522.
4 Deneys Reitz, *Commando: A Boer Journal of the Boer War*, bl. 210.
5 Ibid, bl. 221.
6 WK Hancock, *Smuts: The Sanguine Years 1870–1919*, bl. 139.
7 Reitz, *Commando*, bl. 223.
8 Pakenham, *The Boer War*, bl. 523.
9 Reitz, *Commando*, bl. 230.
10 Pakenham, *The Boer War*, bl. 525.
11 Hancock, *Smuts: The Sanguine Years*, bl. 140.
12 Ibid.
13 Reitz, *Commando*, bl. 299.
14 Piet Meiring, *Smuts the Patriot*, bl. 47.
15 Reitz, *Commando*, bl. 240.
16 Crafford, *Jan Smuts*, bl. 55.

17 Hancock, *Smuts: The Sanguine Years*, bl. 142.
18 Ibid.
19 Ibid, bl. 143.
20 Meredith, *Diamonds, Gold and War*, bl. 459.
21 Crafford, *Jan Smuts*, bl. 57.
22 Reitz, *Commando*, bl. 320.
23 Hancock, *Smuts: The Sanguine Years*, bl. 151.
24 Crafford, *Jan Smuts*, bl. 61.
25 Trewhella Cameron, *Jan Smuts: An Illustrated Biography*, bl. 43.

HOOFSTUK 6
NASLEEP

1 HC Armstrong, *Grey Steel: JC Smuts – A Study in Arrogance*, bl. 149.
2 Mark Mazower, *No Enchanted Palace: The End of Empire and the Ideological Origins of the United Nations*, bl. 20.
3 RW Johnson, *South Africa: The First Man, The Last Nation*, bl. 106.
4 Piet Beukes, *The Romantic Smuts*, bl. 35.
5 Ibid, bl. 29.
6 Armstrong, *Grey Steel*, bl. 158.
7 Ibid, bl. 159.
8 JC Smuts, *Jan Christian Smuts*, bl. 96.
9 Antony Lentin, *Jan Smuts: Man of Courage and Vision*, bl. 21.
10 WK Hancock, *Smuts: The Sanguine Years 1870–1919*, bl. 215.
11 Lentin, *Jan Smuts*, bl. 21.
12 Piet Beukes, *The Holistic Smuts: A Study in Personality*, bl. 142.
13 Hancock, *Smuts: The Sanguine Years*, bl. 228.

HOOFSTUK 7
NASIEBOUER

1 Piet Beukes, *The Holistic Smuts: A Study in Personality*, bl. 145.
2 *The Star*, Johannesburg, aangehaal deur Beukes, ibid, bl. 144.
3 FS Crafford, *Jan Smuts: A Biography*, bl. 73.
4 WK Hancock, *Smuts: The Sanguine Years 1870–1919*, bl. 233.
5 Crafford, *Jan Smuts*, bl. 76.
6 Piet Meiring, *Smuts the Patriot*, bl. 67.
7 Ibid, bl. 71.
8 Hancock, *Smuts the Sanguine Years*, bl. 231.
9 GHL le May, aangeghaal deur O Geyser, *Jan Smuts and his International Contemporaries*, bl. 67.
10 Basil Williams, *Botha, Smuts and South Africa*, bl. 57.
11 Hancock, *Smuts: The Sanguine Years*, bl. 250.
12 Ibid, bl. 247.
13 Martin Meredith, *Diamonds, Gold and War: The Making of South Africa*, bl. 512.
14 Ibid, bl. 513.
15 Hancock, *Smuts: The Sanguine Years*, bl. 221.
16 Bernard Friedman, *Smuts: A Reappraisal*, bl. 20.
17 Hancock, *Smuts: The Sanguine Years*, bl. 256.
18 Ibid, bl. 253.
19 Ibid.
20 Ibid, bl. 233.
21 HC Armstrong, *Grey Steel: JC Smuts – A Study in Arrogance*, bl. 211.
22 Friedman, *Smuts*, bl. 33.
23 Crafford, *Jan Smuts*, bl. 85.
24 Hermann Giliomee, *The Afrikaners: A Biography of a People*, bl. 276.
25 Crafford, *Jan Smuts*, bl. 87.
26 Meredith, *Diamonds, Gold and War*, bl. 515.
27 Hermann Giliomee en Bernard Mbenga, *New History of South Africa*, bl. 231.
28 Hancock, *Smuts: The Sanguine* Years, bl. 280.
29 Meredith, *Diamonds, Gold and War*, bl. 517.
30 Ibid.
31 Ibid.
32 Ibid, bl. 519.
33 Sarah Gertrude Millin, *General Smuts*, bl. 251.

HOOFSTUK 8
REBELLIE

1. FS Crafford, *Jan Smuts: A Biography*, bl. 95.
2. Sarah Gertrude Millin, *General Smuts*, bl. 260.
3. WK Hancock, *Smuts: The Sanguine Years, 1870–1919*, bl. 243.
4. Ibid, bl. 357.
5. Ibid, bl. 358.
6. In 1912-13 sou hy die portefeuljes van mynwese en binnelandse sake vir dié van finansies verruil.
7. Millin, *General Smuts*, bl. 237.
8. Crafford, *Jan Smuts*, bl. 77.
9. Hancock, *Smuts: The Sanguine Years*, bl. 324.
10. O Geyser, *Jan Smuts and his International Contemporaries*, bl. 120.
11. Ibid, bl. 132.
12. Hancock, *Smuts: The Sanguine Years*, bl. 345.
13. Ibid, bl. 364.
14. Crafford, *Jan Smuts*, bl. 103.
15. Ibid.
16. Volgens Crafford (ibid, bl. 105) het vier van die gedeporteerdes later teruggekeer. Een het selfs 'n partyorganiseerder vir Smuts geword; nog een was later 'n prominente lid van die Kamer van Mynwese; die derde een het 'n staatsamptenaar en die vierde 'n LV geword.
17. Ibid.
18. Hancock, *Smuts: The Sanguine Years*, bl. 380.
19. Crafford, *Smuts*, bl. 107.
20. Ibid, bl. 381.
21. Hermann Giliomee en Bernard Mbenga, *New History of South Africa*, bl. 237.
22. Bill Nasson, *WW1 and the People of South Africa*, bl. 80.
23. Hancock, *Smuts: The Sanguine Years*, bl. 383.
24. Giliomee en Mbenga, *New History of South Africa*, bl. 239.
25. Meiring, *Smuts the Patriot*, bl. 84.
26. Basil Williams, *Botha, Smuts and South Africa*, bl. 92.
27. Ibid.

HOOFSTUK 9
AAN BRITTANJE SE KANT

1. WK Hancock, *Smuts: The Sanguine Years 1870–1919*, bl. 378.
2. Gerald L'Ange, *Urgent Imperial Service, South African Forces in German South West Africa 1914–1915*, bl. 3.
3. Ibid, bl. 4.
4. JC Smuts, *Jan Christian Smuts*, bl. 156.
5. David Williams, *Springboks, Troepies and Cadres: Stories of the South African Army 1912–2012*, bl. 4.
6. Hancock, *Smuts: The Sanguine Years*, bl. 400.
7. Bill Nasson, "Jan Smuts, His Different Dominion, and the Great War", Smuts-gedenklesing, Kaapstad, 12 September 2014.
8. L'Ange, *Urgent Imperial Service*, bl. 333.
9. Ibid, bl. 330.
10. Hermann Giliomee en Bernard Mbenga, *New History of South Africa*, bl. 240.
11. Hancock, *Smuts: The Sanguine Years*, bl. 401.
12. Smuts, *Jan Christian Smuts*, bl. 159.
13. Hancock, *Smuts: The Sanguine Years*, bl. 402.
14. Sarah Gertrude Millin, *General Smuts*, bl. 334.
15. Kenneth Ingham, *Jan Christian Smuts: The Conscience of a South African*, bl. 84.
16. Lawrence James, *Churchill and Empire: Portrait of an Imperialist*, bl. 92.
17. Ross Anderson, aangehaal deur David Williams, *Springboks, Troepies and Cadres*, bl. 20.
18. FS Crafford, *Jan Smuts: A Biography*, bl. 125.
19. Ibid, bl. 124.
20. HC Armstrong: *Grey Steel: JC Smuts – A Study in Arrogance*, bl. 261.
21. Ibid, bl. 263.
22. Hancock, *Smuts: The Sanguine Years*, bl. 414.
23. Ingham, *Jan Christian Smuts*, bl. 84.
24. Crafford, *Jan Smuts*, bl. 130.

25 Ibid, bl. 131.
26 Nasson, lees nota 7.
27 Ibid.
28 Hancock, *Smuts: The Sanguine Years*, bl. 421.
29 Ingham, *Jan Christian Smuts*, bl. 86.
30 Crafford, *Jan Smuts*, bl. 125.
31 Von Lettow-Vorbeck het die res van die oorlog daarin geslaag om gevangeneming te vermy. Op 13 November, twee dae nadat oor die wapenstilstand in Europa ooreengekom is, het hy tot 'n skietstaking ingestem en op 23 November 1918 met sy leër oorgegee.
32 Hancock, *Smuts: The Sanguine Years*, bl. 412, 416.
33 Ibid, bl. 419.
34 Ross Anderson, aangehaal deur David Williams, *Springboks, Troepies and Cadres*, bl. 26.
35 Piet Meiring, *Smuts the Patriot*, bl. 133.
36 Crafford, *Jan Smuts*, bl. 133.

HOOFSTUK 10
"IN DIENS VAN DIE MENSDOM"

1 FS Crafford, *Jan Smuts: A Biography*, bl. 134.
2 Ibid.
3 WK Hancock, *Smuts: The Sanguine Years 1870–1919*, bl. 438.
4 Kenneth Ingham, *Jan Christian Smuts: The Conscience of a South African*, bl. 90.
5 Trewhella Cameron, *Jan Smuts*, bl. 77.
6 Antony Lentin, *Jan Smuts, Man of Courage and Vision*, bl. 37.
7 Joan Joseph, *South African Statesman: Jan Christiaan Smuts*, bl. 127.
8 Lentin, *Jan Smuts*, bl. 34.
9 O Geyser, *Jan Smuts and his International Contemporaries*, bl. 79.
10 Hancock, *Smuts: The Sanguine Years*, bl. 430.
11 Ibid, bl. 431.
12 Ibid.
13 Crafford, *Jan Smuts: A Biography*, bl. 137.
14 Hancock, *Smuts: The Sanguine Years*, bl. 432.
15 Ibid, bl. 433.
16 Ibid. bl. 435.
17 Ibid, bl. 436.
18 Ibid, bl. 437.
19 Crafford, *Jan Smuts*, bl. 147.
20 Geyser, *Jan Smuts and his International Contemporaries*, bl. 85.
21 Crafford, *Jan Smuts*, bl. 151.
22 Ibid, bl. 146.
23 Hancock, *Smuts: The Sanguine Years*, bl. 456.
24 Ibid, bl. 477.
25 Crafford, bl. 158.
26 FP Walters, *A History of the League of Nations*, vol. 1, bl. 27.
27 Mark Mazower, *No Enchanted Palace: The End of Empire and the Ideological Origins of the United Nations*, bl. 20.

HOOFSTUK 11
DIE VREDE WORD VERLOOR

1 WK Hancock, *Smuts: The Sanguine Years 1870–1919*, bl. 507.
2 Antony Lentin, *Jan Smuts: Man of Courage and Vision*, bl. 60.
3 Ibid, bl. 62.
4 Hancock, *Smuts: The Sanguine Years*, bl. 517.
5 Margaret MacMillan, *Peacemakers – Six Months that Changed the World*, bl. 190.
6 Frank Welsh, *A History of South Africa*, bl. 387.
7 Lentin, *Jan Smuts: Man of Courage and Vision*, bl. 77.
8 Hancock, *Smuts: The Sanguine Years*, bl. 512.
9 Ibid, bl. 528.
10 WK Hancock en J van der Poel, *Selections from the Smuts Papers*, vol. IV, bl. 218.
11 Ibid, bl. 221.
12 Hancock, *Smuts: The Sanguine Years*, bl. 532.
13 HC Armstrong, *Grey Steel: JC Smuts – A Study in Arrogance*, bl. 315.
14 Joan Joseph, *South African Statesman: Jan Christiaan Smuts*, bl. 137.

15 Ibid, bl.138.
16 Hancock, *Smuts: The Sanguine Years*, bl. 555.
17 Ibid, bl. 557.
18 Hancock en Van der Poel, *Selections from the Smuts Papers*, vol. IV, bl. 288.

HOOFSTUK 12
'N TEENSINNIGE EERSTE MINISTER

1 JC Smuts, *Jan Christian Smuts*, bl. 244.
2 Ibid.
3 Kenneth Ingham, *Jan Christian Smuts: The Conscience of a South African*, bl. 118.
4 Trewhella Cameron, *Jan Smuts: An Illustrated Biography*, bl. 83.
5 FS Crafford, *Jan Smuts: A Biography*, bl. 187.
6 Ibid, bl. 83.
7 WK Hancock, *Smuts: The Sanguine Years 1870–1919*, bl. 558.
8 Smuts, *Jan Christian Smuts*, bl. 248.
9 Crafford, *Jan Smuts*, bl. 188.
10 Ingham, *Jan Christian Smuts*, bl. 122.
11 Smuts, *Jan Christian Smuts*, bl. 248.
12 Crafford, *Jan Smuts*, bl. 198.
13 TRH Davenport, *South Africa: A Modern History*, bl. 252.
14 Ingham, *Jan Christian Smuts*, bl. 126.
15 WK Hancock, *Smuts: The Fields of Force 1919–1950*, bl. 38.
16 Ibid, bl. 41.
17 Mark Mazower, *No Enchanted Palace: The End of Empire and the Ideological Origins of the United Nations*, bl. 34.
18 Hancock, *Smuts: The Fields of Force*, bl. 41–42.
19 Ingham, *Jan Christian Smuts*, bl. 127.
20 Geyser, *Jan Smuts and his International Contemporaries*, bl. 150.
21 Smuts, *Jan Christian Smuts*, bl. 252.
22 Ingham, *Jan Christian Smuts*, bl. 128.
23 Antony Lentin, *Jan Smuts: Man of Courage and Vision*, bl. 126.
24 Hancock, *Smuts: The Fields of Force*, bl. 44.
25 Cameron, *Jan Smuts*, bl. 87.
26 Ibid, bl. 59.
27 Crafford, *Jan Smuts*, bl. 217.
28 Ibid, bl. 220.
29 Hancock, *Smuts: The Fields of Force*, bl. 84.
30 Ibid, bl. 35.
31 Ibid, bl. 155.
32 Ibid, bl. 156.
33 Crafford, *Jan Smuts*, bl. 233.
34 Cameron, *Jan Smuts*, bl. 96.
35 Crafford, *Jan Smuts*, bl. 234.
36 Cameron, *Jan Smuts*, bl. 97.

HOOFSTUK 13
'N TOONBEELD VAN SELFBEHEERSING

1 WK Hancock, *Smuts: The Fields of Force 1919–1950*, bl. 189.
2 http://en.wikipedia.org/wiki/Jan Smuts.
3 Hancock, *Smuts: The Fields of Force*, bl. 191.
4 Roy Campbell, uit "The Wayzgooze", (1928).
5 JC Smuts, *Jan Christian Smuts*, bl. 288.
6 Ibid, bl. 290.
7 FS Crafford, *Jan Smuts: A Biography*, bl. 237.
8 Trewhella Cameron, *Jan Smuts: An Illustrated Biography*, bl. 110.
9 Hancock, *Smuts: The Fields of Force*, bl. 199.
10 Crafford, *Jan Smuts*, bl. 242.
11 Hancock, *Smuts: The Fields of Force*, bl. 200.
12 Herman Giliomee en Bernard Mbenga, *New History of South Africa*, bl. 252.
13 Hancock, *Smuts: The Fields of Force*, bl. 209.
14 Cameron, *Jan Smuts*, bl. 113.
15 Kenneth Ingham, *Jan Christian Smuts*, bl. 170.
16 Hancock, *Smuts: The Fields of Force*, bl. 238.
17 Lindie Koorts, *DF Malan and the Rise of Afrikaner Nationalism*, bl. 242.
18 Cameron, *Jan Smuts*, bl. 115.
19 Ibid.
20 Ibid.
21 Ibid.
22 *Cape Times*, aangehaal deur Kenneth Ingham, *Jan Christian Smuts*, bl. 164.

23 Smuts, *Jan Christian Smuts*, bl. 298.
24 Crafford, *Jan Smuts*, bl. 259.
25 Smuts, *Jan Christian Smuts*, bl. 314.
26 Ibid, bl. 314.
27 Hancock, *Smuts: The Fields of Force*, bl. 234.
28 "Climate and Man in Africa," *South African Journal of Science*, vol. 29, 1932.
29 Ibid, bl. 236.

HOOFSTUK 14
DIE ONDENKBARE GEBEUR

1 Trewhella Cameron, *Jan Smuts: An Illustrated Biography*, bl. 118.
2 Hermann Giliomee, *The Afrikaners: Biography of a People*, bl. 336.
3 WK Hancock, *Smuts: The Fields of Force, 1919–1950*, bl. 237.
4 Ibid.
5 JC Smuts, *Jan Christian Smuts*, bl. 341.
6 Aangehaal deur Basil Williams, *Botha, Smuts and South Africa*, bl. 147.
7 Hermann Giliomee en Bernard Mbenga, *New History of South Africa*, bl. 285.
8 Kenneth Ingham, *Jan Christian Smuts: The Conscience of a South African*, bl. 182.
9 Hancock, *Smuts: The Fields of Force*, bl. 286.
10 Giliomee, *The Afrikaners*, bl. 346.
11 Basil Williams, *Botha, Smuts and South Africa*, bl. 147.
12 Smuts, *Jan Christian Smuts*, bl. 345.
13 Ibid, bl. 357.
14 Ibid, bl. 362.
15 Ibid, bl. 364.
16 FS Crafford, *Jan Smuts: A Biography*, bl. 277.
17 Cameron, *Jan Smuts*, bl. 130.
18 Hancock, *Smuts: The Fields of Force*, bl. 259.
19 Ibid, bl. 231.
20 Ingham, *Jan Christian Smuts*, bl. 188.
21 Cameron, *Jan Smuts*, bl. 131.
22 Smuts, *Jan Christian Smuts*, bl. 372.
23 Cameron, *Jan Smuts*, bl. 135.
24 Crafford, *Jan Smuts*, bl. 282.

HOOFSTUK 15
LEIER IN 'N TYD VAN OORLOG

1 WK Hancock, *Smuts: The Fields of Force, 1919–1950*, bl. 329.
2 Ibid, bl. 331.
3 Ibid.
4 Ibid, bl. 333.
5 Hermann Giliomee en Bernard Mbenga, *New History of South Africa*, bl. 259.
6 Ibid, bl. 301.
7 Hancock, *Smuts: The Fields of Force*, bl. 338.
8 FS Crafford, *Jan Smuts: A Biography*, bl. 288.
9 Lindie Koorts, *DF Malan and the Rise of Afrikaner Nationalism*, bl. 350.
10 Giliomee en Mbenga, *New History of South Africa*, bl. 301.
11 Crafford, *Jan Smuts*, bl. 306.
12 Trewhella Cameron, *Jan Smuts: An Illustrated Biography*, bl. 142–43.
13 Ibid, bl. 143.
14 Kenneth Ingham, *Jan Christian Smuts: The Conscience of a South-African*, bl. 210.
15 Hancock, *Smuts: The Fields of Force*, bl. 355.
16 JC Smuts, *Jan Christian Smuts*, bl. 404-405.
17 Ibid, bl. 414.
18 Ibid, bl. 419.
19 Cameron, *Jan Smuts*, bl. 147.
20 Smuts, *Jan Christian Smuts*, bl. 403.
21 Koorts, *DF Malan*, bl. 346.
22 Crafford, *Jan Smuts*, bl. 321.
23 Smuts, *Jan Christian Smuts*, bl. 416.
24 Ibid.
25 Ibid, bl. 420.
26 Crafford, *Jan Smuts*, bl. 316.
27 Cameron, *Jan Smuts*, bl. 149.
28 Crafford, *Jan Smuts*, bl. 319.
29 Smuts, *Jan Christian Smuts*, bl. 426.
30 Crafford, *Jan Smuts*, bl. 322.
31 Hancock, *Smuts: The Fields of Force*, bl. 370.
32 Ibid, bl. 372.
33 Ibid, bl. 381.
34 Ibid, bl. 382.
35 Cameron, Jan Smuts, bl. 152.
36 Hancock, *Smuts: The Fields of War*, bl. 384.

37 Ibid.
38 Ibid, bl. 385.

HOOFSTUK 16
"ONS, DIE VERENIGDE NASIES"

1. WK Hancock, *Smuts: The Fields of Force, 1919–1950*, bl. 415.
2. David Reynolds, *In Command of History*, bl. 377.
3. JC Smuts, *Jan Christian Smuts*, bl. 442.
4. Trewhella Cameron, *Jan Smuts: An Illustrated Biography*, bl. 154.
5. Smuts, *Jan Christian Smuts*, bl. 442.
6. O Geyser, *Jan Smuts and his International Contemporaries*, bl. 185.
7. Smuts, *Jan Christian Smuts*, bl. 448.
8. Ibid, bl. 251.
9. Ibid, bl. 452.
10. Ibid, bl. 435.
11. Ibid, bl. 456.
12. Ibid.
13. Ibid, bl. 457.
14. Cameron, *Jan Smuts*, bl. 155.
15. Hancock, *Smuts: The Fields of Force*, bl. 422.
16. Cameron, *Jan Smuts*, bl. 156.
17. Kenneth Ingham, *Jan Christian Smuts: The Conscience of a South African*, bl. 231.
18. Cameron, *Jan Smuts*, bl. 157.
19. Smuts, *Jan Christian Smuts*, bl. 461.
20. Hancock, *Smuts: The Fields of Force*, bl. 421.
21. Smuts, *Jan Christian Smuts*, bl. 462.
22. Mark Mazower: *No Enchanted Palace: The End of Empire and the Ideological Origins of the United Nations*, bl. 128.
23. Hancock, *Smuts: The Fields of Force*, bl. 432.
24. Ibid.
25. Mazower, *No Enchanted Palace*, bl. 29.
26. Ibid, bl. 433.
27. Smuts, *Jan Christian Smuts*, bl. 469.
28. Ibid, bl. 472.
29. Mazower, *No Enchanted Palace*, bl. 31.
30. Ibid.
31. Cameron, *Jan Smuts*, bl. 159.
32. Smuts, *Jan Christian Smuts*, bl. 475.
33. Cameron, *Jan Smuts*, bl. 158.
34. Ibid, bl. 159.
35. Mazower, *No Enchanted Palace*, bl. 65.
36. Ibid.
37. Smuts, *Jan Christian Smuts*, bl. 484.

HOOFSTUK 17
'N HARTSEERJAAR

1. WK Hancock, *Smuts: The Fields of Force 1919–1950*, bl. 444.
2. Trewhella Cameron, *Jan Smuts: An Illustrated Biography*, bl. 163.
3. Ibid, bl. 169.
4. JC Smuts, *Jan Christian Smuts*, bl. 489.
5. Mark Mazower, *No Enchanted Palace: The End of Empire and the Ideological Origins of the United Nations*, bl. 189.
6. Ibid, bl. 28.
7. Ibid, bl. 29.
8. Kenneth Ingham, *Jan Christian Smuts: The Conscience of a South African*, bl. 237.
9. Smuts, *Jan Christian Smuts*, bl. 500.
10. Hancock, *Smuts: The Fields of Force*, bl. 470.
11. Ingham, *Jan Christian Smuts*, bl. 238.
12. Cameron, *Jan Smuts*, bl. 163.
13. Ibid, bl. 164.
14. TRH Davenport, *South Africa: A Modern History*, bl. 320.
15. Cameron, *Jan Smuts*, bl. 163.
16. Ibid.
17. Hancock, *Smuts: The Fields of Force*, bl. 497.
18. Ibid, bl. 500.
19. Smuts, *Jan Christian Smuts*, bl. 506.
20. Arthur Herman, *Gandhi & Churchill: The Epic Rivalry that Destroyed an Empire and Forged our Age*, bl. 601.
21. Hancock, *Smuts: The Fields of Force*, bl. 502.
22. Piet van der Byl, *The Shadows Lengthen*, bl. 63.
23. Ibid, bl. 60.
24. Ibid, bl. 63.
25. Cameron, *Jan Smuts*, bl. 175.
26. Ibid.

HOOFSTUK 18
TEEN DIE LAASTE BERG UIT

1. WK Hancock, *Smuts: The Fields of Force 1919–1950*, bl. 508.
2. Ibid, bl. 511.
3. JC Smuts, *Jan Christian Smuts*, bl. 513.
4. Hancock, *Smuts: The Fields of Force*, bl. 517.
5. Smuts, *Jan Christian Smuts*, bl. 513.
6. Hancock, *Smuts: The Fields of Force*, bl. 513.
7. Trewhella Cameron, *Jan Smuts: An Illustrated Biography*, bl. 180.
8. Ibid.
9. Ibid, bl. 179.
10. Smuts, *Jan Christian Smuts*, bl. 521.
11. Ibid.
12. Hancock, *Smuts: The Fields of Force*, bl. 522.
13. Ibid, bl. 525.
14. Cameron, *Jan Smuts*, bl. 186.
15. Ibid.
16. Smuts, *Jan Christian Smuts*, bl. 523.
17. Ibid, bl. 527.

HOOFSTUK 19
UIT STAAL GESMEE

1. Leif Egeland, in Zelda Friedlander, *Jan Smuts Remembered*, bl. 28.
2. HC Armstrong, *Grey Steel: JC Smuts – A Study in Arrogance*, bl. 10.
3. "Smuts – The Man Behind the Legend", *Reader's Digest*, vol. 123, Oktober 1982, bl. 57.
4. Gail Nattrass en SB Spies, *Jan Smuts: Memoirs of the Boer War*, bl. 19.
5. Edgar Brookes, in Zelda Friedlander, *Jan Smuts Remembered*, bl. 19.
6. Ibid.
7. WK Hancock, *Smuts: The Sanguine Years, 1870–1919*, bl. 80.
8. Leslie Blackwell, *Blackwell Remembers*, bl. 97.
9. Harry Lawrence, in Zelda Friedlander, *Jan Smuts Remembered*, bl. 50.
10. JC Smuts, *Jan Christian Smuts*, bl. 26.
11. Ibid, bl. 241.
12. Kathleen Mincher, *I Lived in his Shadow*, bl. 34.
13. JC Smuts, *Jan Christian Smuts*, bl. 328.
14. Sarah Gertrude Millin, *General Smuts*, bl. 17.
15. Daphne Moore, in Zelda Friedlander, *Jan Smuts Remembered*, bl. 59.
16. Kenneth Ingham, *Jan Christian Smuts: The Conscience of a South African*, bl. 211.
17. JC Smuts, *Jan Christian Smuts*, xv-xvi.
18. Millin, *General Smuts*, bl. 19.
19. Mincher, *I Lived in his Shadow*, bl. 91.
20. Harry Lawrence, in Zelda Friedlander, *Jan Smuts Remembered*, bl. 51.
21. JC Smuts, *Jan Christian Smuts*, bl. 401.
22. Ibid, bl. 264.
23. Piet Beukes, *The Holistic Smuts: A Study in Personality*, bl. 38.
24. FS Crafford, *Jan Smuts: A Biography*, bl. 109.
25. Smuts, *Jan Christian Smuts*, bl. 236.
26. Crafford, *Smuts: A Biography*, bl. 219.
27. Beukes, *The Holistic Smuts*, bl. 37.
28. Alan Paton, aangehaal deur Beukes, ibid, bl. 37.
29. Inham, *Jan Christian Smuts*, bl. 7.
30. Ibid, bl. 23.
31. Piet Meiring, *Smuts the Patriot*, bl. 179.
32. Leif Egeland, in Zelda Friedlander, *Jan Smuts Remembered*, bl. 33.
33. Piet van der Byl, *The Shadows Lengthen*, bl. 63.
34. EG Malherbe, *Never a Dull Moment*, bl. 278.
35. Beukes, *The Holistic Smuts*, bl. 186.
36. Ibid, bl. 187.
37. Ibid, bl. 186.
38. Ibid, bl. 190.
39. Ibid, bl. 191.

HOOFSTUK 20
'N TOEVLUG VIR STOÏSYNE

1. JC Smuts, *Jan Christian Smuts*, bl. 120.
2. Ibid, bl. 122.
3. Ibid, bl. 121.
4. Ibid.
5. Ibid, bl. 271.

6 Skrywer se onderhoude met kleindogters Mary Hehir en Mary Smuts.
7 Smuts, *Jan Christian Smuts*, bl. 271.
8 FS Crafford, *Jan Smuts: A Biography*, bl. 246.
9 Smuts, *Jan Christian Smuts*, bl. 276.
10 Kathleen Mincher, *I Lived in his Shadow*, bl. 33.
11 Sarah Gertrude Millin, *General Smuts*, bl. 265.
12 Ibid, bl. 266.
13 Ibid.
14 Mincher, *I Lived in his Shadow*, bl. 35.
15 Piet Beukes, *The Romantic Smuts*, bl. 126.
16 WK Hancock, *Smuts: The Fields of Force, 1919–1950*, bl. 342.
17 Kenneth Ingham, *Jan Smuts: The Conscience of a South African*, bl. 242.
18 Trewhella Cameron, *Jan Smuts: An Illustrated Biography*, bl. 141.
19 Crafford, *Jan Smuts*, bl. 250.

HOOFSTUK 21
GEMAKLIK BY VROUE

1 Piet Beukes, *The Romantic Smuts*, bl. 7.
2 Ibid.
3 Basil Williams, *Botha, Smuts and South Africa*, bl. 126.
4 JC Smuts, *Jan Christian Smuts*, bl. 244.
5 Piet Beukes, *The Holistic Smuts: A Study in Personality*, bl. 67.
6 Smuts, *Jan Christian Smuts*, bl. 119.
7 FV Engelenburg, aangehaal in Beukes, *The Holistic Smuts*, bl. 71.
8 Beukes, *The Romantic Smuts*, bl. 16.
9 Ibid, bl. 24.
10 Ibid, bl. 9.
11 Ibid.
12 Ibid, bl. 15.
13 Ibid, bl. 30.
14 Ibid, bl. 8.
15 Smuts, *Jan Christian Smuts*, bl. 95.
16 Beukes, *The Romantic Smuts*, bl. 146.
17 WK Hancock, *Smuts: The Sanguine Years 1870–1919*, bl. 460.
18 Ibid. In September 1920 het 'n siek Schreiner skielik na Suid-Afrika teruggekeer en drie maande later in erge pyn weens haar siekte op die ouderdom van 65 alleen in Wynberg, Kaapstad, gesterf.
19 Beukes, *The Romantic Smuts*, bl. 55.
20 Ibid, bl. 56.
21 Kenneth Ingham, *Jan Christian Smuts: The Conscience of a South African*, bl. 51.
22 Beukes, *The Romantic Smuts*, bl. 65.
23 Ibid, bl. 50.
24 Hancock, *Smuts: The Sanguine Years*, bl. 44.
25 Ibid, bl. 443.
26 Ibid.
27 Ibid, bl. 403.
28 WK Hancock, *Smuts: The Fields of Force: 1919–1950*, bl. 404.
29 Ibid, bl. 405.
30 Beukes, *The Romantic Smuts*, bl. 117.
31 Hancock, *Smuts: The Fields of Force*, bl. 405.
32 Ibid, bl. 406.
33 Beukes, *The Romantic Smuts*, bl. 119.
34 Hancock, *Smuts: The Fields of Force*, voetnoot, bl. 406.
35 Beukes, *The Romantic Smuts*, bl. 12.
36 Ibid, bl. 124.
37 Daphne Moore, aangehaal deur Beukes, ibid, bl. 126.
38 Beukes, ibid, bl. 127-128.
39 Ibid, bl. 128.
40 Ibid, bl. 139.
41 Ibid.
42 Ibid, bl. 140.
43 Ibid, bl. 142
44 Ibid.
45 Ibid, bl. 158 et seq.

HOOFSTUK 22
DIE SOEKE NA ORDE IN KOMPLEKSITEIT

1 Piet Beukes, *The Holistic Smuts: A Study in Personality*, bl. 46.
2 Ibid, bl. 46.
3 WK Hancock, *Smuts: The Sanguine years 1870–1919*, bl. 49.
4 Ibid, bl. 5.
5 Beukes, *The Holistic Smuts*, bl. 60.
6 Charles Darwin, aangehaal deur Beukes, ibid, bl. 62.
7 Ibid, bl. 62.

8 Ibid, bl. 84.
9 Ibid, bl. 73.
10 Ibid, bl. 87.
11 Ibid, bl. 88.
12 N Levi, *Jan Smuts*, aangehaal deur Beukes, ibid, bl. 89.
13 Alan Paton, *Hofmeyr*, bl. 92.
14 Hancock, *Smuts: The Sanguine Years*, bl. 170.
15 JC Smuts, *Jan Christian Smuts*, bl. 287.
16 Leslie Blackwell, *Blackwell Remembers*, bl. 98.
17 Beukes, *The Holistic Smuts*, bl. 115.
18 Smuts, *Jan Christian Smuts*, bl. 290.
19 Hancock, *Smuts: The Sanguine Years*, bl. 306.
20 Ibid, bl. 300.
21 Beukes, *The Holistic Smuts*, bl. 123.
22 WK Hancock, *Smuts: The Fields of Force 1919–1950*, bl. 170.
23 Hancock, *Smuts: The Sanguine Years*, bl. 307.
24 Beukes, *The Holistic Smuts*, bl. 128.
25 Ibid, bl. 133.
26 Ibid, bl. 209.
27 Smuts, *Jan Christian Smuts*, bl. 292.
28 Kenneth Ingham, *Jan Christian Smuts: The Conscience of a South African*, bl. 222.
29 Alan Paton, *Hofmeyr*, bl. 64–65.
30 Beukes, *The Holistic Smuts*, bl. 198–99.
31 Ibid, bl. 202.
32 Ibid, bl. 37.
33 Ingham, *Jan Christian Smuts*, bl. 7.
34 Hancock, *Smuts: The Fields of Force*, bl. 509.
35 Ds. Reyneke, in Zelda Friedlander, *Jan Smuts Remembered*, bl. 72.

HOOFSTUK 23
DIE WYSE EKOLOOG

1 WK Hancock, *Smuts: The Fields of Force 1919–1950*, bl. 177.
2 JC Smuts, *Jan Christian Smuts*, bl. 331.
3 Hancock, *Smuts: The Fields of Force*, bl. 174.
4 Ibid.
5 Smuts, *Jan Christian Smuts*, bl. 333.
6 Trewhella Cameron, *Jan Smuts: An Illustrated Biography*, bl. 101.
7 Smuts, *Jan Christian Smuts*, bl. 335–36.
8 Hancock, *Smuts: The Fields of Force*, bl. 222.
9 Ibid, bl. 232–35.
10 Ibid, bl. 235.
11 Ibid, bl. 236.
12 Piet Beukes, *Smuts the Botanist*, bl. 101.
13 Ibid, bl. 84.
14 Smuts, *Jan Christian Smuts*, bl. 339.
15 Beukes, *Smuts the Botanist*, bl. 87.
16 Cameron, *Jan Smuts*, bl. 101.
17 Smuts, *Jan Christian Smuts*, bl. 335.
18 Beukes, *Smuts the Botanist*, bl. 83.
19 Ibid.
20 Dr. IB Pole Evans, aangehaal deur Cameron, *Jan Smuts*, bl. 103.
21 Prof. JFV Phillips, in Zelda Friedlander, *Jan Smuts Remembered*, bl. 63.

HOOFSTUK 24
'N ONSEKER TROMPET

1 Edgar Brookes, in Zelda Friedlander, *Jan Smuts Remembered*, bl. 20.
2 Bernard Friedman: *Smuts: A Reappraisal*, bl. 86.
3 WK Hancock, *Smuts: The Sanguine Years 1870–1919*, bl. 311–12.
4 Piet Beukes, *The Holistic Smuts: A Study in Personality*, bl. 120.
5 Hancock, *Smuts: The Sanguine Years*, bl. 56.
6 Kenneth Ingham, *Jan Christian Smuts: The Conscience of a South African*, bl. 9.
7 Beukes, *The Holistic Smuts*, bl. 191.
8 Hancock, *Smuts: The Sanguine Years*, bl. 30.
9 Ibid, bl. 57.
10 Ingham, *Jan Christian Smuts*, bl. 14.
11 Hancock, *Smuts: The Sanguine Years*, bl. 55.
12 Die Lincoln-Douglas-debat, Charleston, Illinois, 18 September 1858, http://en.wikipedia.org/wik/Lincoln%E2%80%93Douglas_debates.

13 Hancock, *Smuts: The Sanguine Years*, bl. 317.
14 Ibid, bl. 316.
15 Beukes, *The Holistic Smuts*, bl. 192
16 JC Smuts, *Jan Christian Smuts*, bl. 192-196.
17 WK Hancock, *Smuts: The Fields of Force 1919–1950*, bl. 113.
18 Ibid, bl. 120.
19 Ibid, bl. 121.
20 Ibid, bl. 126.
21 Ingham, *Jan Christian Smuts*, bl. 154.
22 Hancock, *Smuts: The Fields of Force*, bl. 213.
23 Ingham, *Jan Christian Smuts*, bl. 160.
24 Trewhella Cameron, *Jan Smuts: An Illustrated Biography*, bl. 113.
25 Ibid, bl. 115.
26 Ibid.
27 Ibid.
28 Hancock, *Smuts: The Fields of Force*, bl. 259.
29 Cameron, *Jan Smuts*, bl. 131.
30 Ibid.
31 Friedman, *Smuts*, bl. 118.
32 Ibid, bl. 119.
33 TRH Davenport, *South Africa: A Modern History*, bl. 297.
34 Hancock, *Smuts: The Fields of Force*, bl. 475.
35 Ibid, bl. 476.
36 Saul Dubow, "Smuts, the United Nations and the Rhetoric of Race and Rights", *Journal of Contemporary History*, vol. 43 (1), bl. 43–72.
37 Hancock, *Smuts: The Fields of Force*, bl. 476.
38 Ibid, bl. 485.
39 Ibid, bl. 486.
40 Ibid, bl. 487.
41 Ibid.
42 Christof Heyns en Willem Gravett, Fakulteit Regte, Universiteit van Pretoria, konsepartikel, vir publikasie voorgelê in 2014.
43 Ibid.
44 Hancock, *Smuts: The Fields of Force*, bl. 489.
45 Enoch Powell, *Joseph Chamberlain*, bl. 151.

HOOFSTUK 25
RAADGEWER VAN KONINGS EN STAATSLUI

1 A Scott Berg, *Wilson*
2 Ibid, bl. 11.
3 Nog 'n vreemde ooreenkoms tussen Smuts en Wilson was dat albei hegte, maar kuise verhoudings geniet het met getroude vroue wat nie hul eggenotes was nie. Wilson het gereeld aan Mary Hulbert Peck geskryf oor sensitiewe sake wat hy nie gevoel het hy met sy vrou of ander mans kon bespreek nie.
4 Margaret MacMillan, *Peacemakers: Six Months that Changed the World*, bl. 97.
5 Mark Mazower, *No Enchanted Palace: The End of Empire and the Ideological Origins of the United Nations*, bl. 44.
6 Berg, *Wilson*, bl. 9.
7 Uit Alexander I George en Juliette L George, *Woodrow Wilson and Colonel House: A Personality Study*, bl. 120.
8 MacMillan, *Peacemakers*, bl. 99.
9 Ibid, bl. 98.
10 Kenneth Ingham, *Jan Christian Smuts*, bl. 101.
11 MacMillan, *Peacemakers*, bl. 99.
12 Ingham, *Jan Christian Smuts*, bl. 161.
13 Hancock & Van der Poel, *Selections from the Smuts Papers*, vol. IV, bl. 42.
14 In werklikheid het Wilson net soos Smuts vas geglo dat vernietigende eise aan Duitsland tot nog 'n oorlog sou lei, maar hy kon nie deur Clemenceau en kie se weerstand breek nie en moes hom berus by wat JM Keynes beskryf het as 'n "Kartagiaanse vrede", dit wil sê, die vernietiging van die Duitse ekonomie.
15 WK Hancock en J Van der Poel, *Selections from the Smuts Papers*, vol. IV, bl. 209.
16 Ingham, *Jan Christian Smuts*, bl. 109.
17 Ibid, bl. 115.
18 Scott Berg, *Wilson*, bl. 705.
19 Ibid.
20 WK Hancock, *Smuts: The Fields of Force 1919–1950*, bl. 128.

21 Henry Kissinger, *World order*, bl. 256 et seq.
22 Trewhella Cameron, *Jan Smuts: An Illustrated Biography*, bl. 176.
23 WK Hancock, *Smuts: The Sanguine Years 1870–1919*, bl. 444.
24 Ibid, bl. 521.
25 Ibid.
26 Ibid, bl. 539-48.
27 JC Smuts, *Jan Christian Smuts*, bl. 432.
28 O Geyser, *Jan Smuts and his International Contemporaries*, bl. 99.
29 Ibid.
30 Ibid, bl. 100.
31 Ibid, bl. 101.
32 Lawrence James, *Churchill and Empire: Portrait of an Imperialist*, bl. 217.
33 Geyser, *Jan Smuts and his Contemporaries*, bl. 104. Op Churchill se lessenaar in die studeerkamer in Chartwell, sy plattelandse tuiste, word verskeie familiefoto's bewaar. Die enigste een wat nie van 'n familielid is nie, is van Smuts.
34 John Colville, aangehaal in Geyser, ibid, bl. 194.
35 Lord Moran, aangehaal in Geyser, ibid, bl. 107.
36 Harold Macmillan, aangehaal in Geyser, ibid, bl. 108.
37 Lord Alanbrooke, *War Diaries 1939–45*, bl. 493–95.
38 Cameron, *Jan Smuts*, bl. 160.
39 Ibid, bl. 161.
40 Leif Egeland, in Zelda Friedlander, *Jan Smuts Remembered*, bl. 31.
41 Cameron, *Jan Smuts*, bl. 117.
42 Ibid, bl. 172.
43 Ibid.
44 Hancock, *Smuts: The Fields of Force*, bl. 520.
45 FS Crafford, *Smuts: A Biography*, bl. 153.
46 Geyser, *Jan Smuts and his International Contemporaries*, bl. 185.
47 Hancock, *Smuts: The Fields of Force*, bl. 130.
48 Antony Lentin, *Jan Smuts: Man of Courage and Vision*, bl. 145.
49 Geyser, *Jan Smuts and his International Contemporaries*, bl. 193.
50 Ibid, bl. 194-95.
51 Ibid, bl. 195.
52 Ibid, bl. 198.
53 Hancock, *Smuts: The Fields of Force*, bl. 407.
54 Geyser, *Jan Smuts and his International Contemporaries*, bl. 161.
55 Ibid, bl. 162.
56 Ibid, bl. 166.
57 Ibid, bl. 174.
58 Hancock, *Smuts: The Fields of Force*, bl. 407.
59 Ibid, bl. 408.

HOOFSTUK 26
ENVOI

1 Hermann Giliomee, *Die laaste Afrikanerleiers: 'n Opperste toets van mag*, bl. 13.
2 Kenneth Ingham, *Jan Christian Smuts: The Conscience of a South African*, bl. xi.
3 Nelson Mandela, *Long Walk to Freedom*, bl. 47.
4 Lawrence James, *Churchill and Empire: Portrait of an Imperialist*, bl. 183.
5 EG Malherbe, *Never a Dull Moment*, bl. 283.
6 Piet Meiring, *Smuts the Patriot*, bl. 2.
7 Ibid, bl. 195.

Geselekteerde bibliografie

Alanbrooke, Veldmaarskalk Lord, *War Diaries 1930–1945* (Londen, 2001).
Armstrong, HC, *Grey Steel: JC Smuts – A Study in Arrogance* (Londen, 1937).
Barlow, Arthur G, *Almost in Confidence* (Kaapstad en Johannesburg, 1952).
Bateman, Philip, *Smuts: The Man Behind the Legend* (Reader's Digest, vol. 123, 1982).
Berg, A Scott, *Wilson* (Groot Brittanje, 2013).
Beukes, Piet, *Smuts the Botanist: The Cape Flora and the Grasses of Africa* (Kaapstad, 1996).
Beukes, Piet, *The Holistic Smuts: A Study in Personality* (Kaapstad, 1989).
Beukes, Piet, *The Romantic Smuts: Women and Love in his Life* (Kaapstad, 1992).
Blackwell, Leslie, *Blackwell Remembers* (Kaapstad, 1971).
Blom-Cooper QC, Louis, "Jan Christiaan Smuts (1870–1950): Middle Templar Extraordinary", artikel in *Advocate* (Londen, 2013).
Cameron, Trewhella, *Jan Smuts: An Illustrated Biography* (Kaapstad, 1994).
Colville, Sir John, *The Fringes of Power: Downing Street Diaries* vol. 1 (Groot-Brittanje, 1985).
Crafford FS, *Jan Smuts: A Biography* (Londen en Kaapstad, 1945).
Davenport, TRH, *South Africa: A Modern History*, 4de uitgawe (Groot-Brittanje, 1991).
Dubow, Saul, "Smuts, the United Nations and the Rhetoric of Race and Rights", *Journal of Contemporary History*, vol. 43 (1) (SAGE Publications, 2008).
Friedlander, Zelda, *Jan Smuts Remembered* (Kaapstad, 1970).
Friedman, Bernard, *Smuts: A Reappraisal* (Johannesburg, 1975).
Geyser, Ockert, *Jan Smuts and his International Contemporaries* (Johannesburg en Londen, 2001).
Giliomee, Hermann, *Die Laaste Afrikanerleiers: 'n Opperste toets van mag*

(Kaapstad, 2012).
Giliomee, Hermann, *The Afrikaners: Biography of a People* (Kaapstad, 2003).
Hancock, WK, *Smuts: The Fields of Force 1919–1950* (Cambridge, 1968).
Hancock, WK, *Smuts: The Sanguine Years 1870–1919* (Cambridge, 1962).
Hancock, WK en Van der Poel, J, *Selections from the Smuts Papers*, vol. 1–4 (Cambridge, 1966).
Herman, Arthur, *Gandhi & Churchill – The Epic Rivalry that Destroyed the Empire and Forged our Age* (Londen, 2008).
Heyns, Christof en Gravett, Willem, Fakulteit Regte, Universiteit van Pretoria, konsepartikel vir publikasie voorgelê, 2014.
Ingham, Kenneth, *Jan Christian Smuts: The Conscience of a South African* (Londen, 1986).
James, Lawrence, *Churchill and Empire: Portrait of an Imperialist* (Groot-Brittanje, 2014).
Johnson, RW, *South Africa – The First Man, The Last Nation* (Londen en Johannesburg, 2004).
Johnson, Boris, *The Churchill Factor: How One Man Made History* (Groot-Brittanje, 2014).
Joseph, Joan, *South African Statesman: Jan Christiaan Smuts* (Folkestone, Verenigde Koninkryk, 1970).
Kissinger, Henry, *World Order: Reflections on the Character of Nations and the Course of History* (Londen, 2014).
Koorts, Lindie, *DF Malan and the Rise of Afrikaner Nationalism* (Kaapstad, 2014).
L'Ange, Gerald, *Urgent Imperial Service: South African Forces in German South West Africa 1914–1915* (Johannesburg, 1991).
Lawrence, Jeremy, *Harry Lawrence* (Kaapstad, 1978).
Lean, Phyllis Scarnell, *One Man in his Time,* The General Smuts War Veterans Foundation (Johannesburg, 1964).
Lentin, Antony, *Jan Smuts: Man of Courage and Vision* (Johannesburg en Kaapstad, 2010).
Levi, N, *Jan Smuts* (Londen, 1917).
Mandela, Nelson, *Long Walk to Freedom* (Londen, 1994).
Mazower, Mark, *No Enchanted Palace: The End of Empire and the Ideological Origins of the United Nations* (Universiteit van Princeton, 2009).

MacMillan, Margaret, *Peacemakers – Six Months that Changed the World* (Londen, 2001).

Malherbe, EG, *Never a Dull Moment* (Kaapstad, 1981).

Meiring, Piet, *Smuts the Patriot* (Kaapstad, 1975).

Meredith, Martin, *Diamonds, Gold and War: The Making of South Africa* (Londen en Johannesburg, 2007).

Millin, Sarah Gertrude, *General Smuts*, vol. 1 & 2 (Londen, 1936).

Mincher, Kathleen, *I Lived in His Shadow* (Kaapstad, 1965).

Nasson, Bill, "Jan Smuts, His Different Dominion, and the Great War", Smuts-gedenklesing (Kaapstad 2014).

Nasson, Bill, *WWI and the People of South Africa* (Kaapstad, 2014).

Natrass, Gail en Spies, SB, *Jan Smuts: Memoirs of the Boer War* (Johannesburg, 1994).

Nimocks, Walter, *Milner's Young Men: the "Kindergarten" in Edwardian Imperial Affairs* (Londen, 1970).

Pakenham, Thomas, *The Boer War* (Kaapstad, 1979).

Pakenham, Thomas, *The Boer War*, geïllustreerde uitgawe (Brittanje en Johannesburg, 1993).

Paton, Alan, *Hofmeyr*, verkorte uitgawe (Kaapstad, 1971).

Reitz, Deneys, *Commando: A Boer Journal of the Boer War* (Londen, 1929).

Reynolds, David, *In Command of History: Churchill Fighting and Writing the Second World War* (Londen, 2004).

Smuts, JC, *Jan Christian Smuts* (SA-uitgawe, 1952).

Van der Byl, Piet, *The Shadows Lengthen* (Kaapstad, 1973).

Van Onselen, Charles, *The Fox and the Flies* (Londen, 2008).

Van Wyk, At, *Vyf dae: Oorlogskrisis van 1939* (Kaapstad, 1985).

Welsh, Frank, *A History of South Africa* (Londen, 1998).

Williams, Basil, *Botha, Smuts and South Africa* (Londen, 1946).

Williams, David, *Springboks, Troepies and Cadres: Stories of the South African Army 1912–2012* (Kaapstad, 2012).

Koerante
Rand Daily Mail
The Star
Cape Argus
Cape Times
Die Burger
Die Transvaler

Wikipedia: https//en.wikipedia.org/wiki/Jan Smuts

Erkennings

Baie mense het my aangemoedig of raad gegee. James Clarke en Tim Couzens het bly aandring dat ek hierdie boek skryf, dus het ek hulle met voorlopige weergawes belas. Soos ek gevorder het, het David Williams elke woord gelees en baie nuttige terugvoer gegee en Derek du Plessis, Eugene Ashton, Alfred LeMaitre en Christof Heyns het eweneens nuttige bydraes tot verskeie dele van die finale teks gemaak. Ek is hulle almal dank verskuldig.

Lede van die breër Smuts-familie, Phillip Weyers (veral), Mary Hehir en Bob en Mary Tait was baie vrygewig met hul tyd en dit word hoog gewaardeer.

Dankie ook aan Jonathan Ball, doyen van die Suid-Afrikaanse uitgewersbedryf, en Jeremy Boraine, wat gereken het die tyd was ryp vir nog 'n studie van Smuts en my aangemoedig het om dit te skryf. Dit was 'n plesier om met Kevin Shenton, die boek se ontwerper, en Ceri Prenter en Rhianne van der Linde saam te werk.

Ek hoop nie ek het nie enige feitefoute in die teks gemaak nie, maar vir dié wat wel daar is, neem ek volle verantwoordelikheid.

Richard Steyn.

Indeks

Bladsynommers in *kursiewe druk* verwys na foto's en illustrasies.

Abessinië 141
African National Congress (ANC) 5, 152, 160, 240
African Political Union 59
Afrikaans- en Engelssprekende eenheid 15, 16, 47, 49, 51, 54
Afrikaanse taal 10, 12, 64, 119, 122, 260
Afrikanerbond 16, 47, 55
Afrikaner-Broederbond 153
Afrikanerparty 170, 171
Agste Leër 143–144, 145
Alanbrooke, lord 251, 256 *sien ook* Brooke, Alan
Alexander, Harold 144, 148, 151
All-African Conference 133
Allenby, Edmund 88, 92
Amerika 93–95, 124, 142, 148–149, 154, 156, 158, 230
ANC *sien* African National Congress
Anderson, Ross 80, 83
Anglo-Boereoorlog 21–49, 138, 172, 182, 195, 197, 211
apartheid 164 *sien ook* segregasie
"appeasement" (paaibeleid), gebruik van term 101
Approach to Metaphysics, The 174
Arbeidersparty 77, 105, 107, 112–115, 122, 146, 233–234
Argus, The 76
armblankeprobleem 126, 130
Armery, Leo 166
Asquith, Herbert 48, 61
Association for the Advancement of Science 124–125, 221–222
Atlantiese Akte 152
atoombomme 151, 157
Attlee, Clement 3, 4

Auchinleck, Claude 143

Bacon, Francis 1
Baden Powell, Robert 25
Baker, Herbert 62
Balfour, Arthur 90, 252
Balfour-verklaring
  van 1917 90, 119, 122, 252
  van 1926 119–120
Ballinger, Margaret 5, 126, 162, 238, 239
Beukes, Piet 45, 182–183, 185, 195, 198–199, 203–204, 206, 211–212, 216–218, 225, 228
Beyers, Christiaan 67, 70–71, 77
biblioteek van Smuts 190–191, *190*
Blackwell, Leslie 178–179, 213
blokhuise 30–31, 39
Blom-Cooper, Louis xiv
Boereoorlog *sien* Anglo-Boereoorlog
Bohr, Niels 151
Bolsjewisme *sien* kommunisme
Bolus, Harriet 173, 224
Bondelswart-opstand 108
Boonzaaier, DC, spotprente van *79*, *165*
botanie 181, 193, 219, 223–225
Botha, Louis
  Anglo-Boereoorlog 23, 25–29, 31–32, 39–40
  as eerste minister 50–51, 52, 57, 60–64, 68, 77, 233, 259
  Eerste Wêreldoorlog 69–72, 74–76, *75*, 82, 88, 97, 102–103
  gesondheid van 85, 95, 103
  as politieke leier 43–44, 47, 49
  Smuts en 53–54, 184, 194–195
Brett Young, Francis 81
Breuil, Henri 221
Bright, John 46, 198
Brits, Coen 74, 183
Brittanje 78–80, 86–87, *86*, 90–91, 156, 230

281

koninklike familie van 119, 149, 163–164, *163*, 181, *182*, 206, 255–256 *sien ook* Anglo-Boereoorlog
Broederbond 153
Brontë, Emily 174
Brooke, Alan 151 *sien ook* Alanbrooke, lord
Brookes, Edgar 162, 178, 227, 238
Broom, Robert 173, 221
Brown, Ethel 14, 206
bruin mense 5, 49, 59, 61, 139, 146, 235
Bulhoek-rebellie 108
Buller, Redvers 25, 26
Burger, Die 77, 79, *165*, 169
Burger, Schalk 27–28

Cambridge *sien* Universiteit van Cambridge
Campbell, Roy 116
Campbell-Bannerman, Henry xiv, 45, 48–49, 169
Cape Times 123–124
Carnegie-kommissie 130
Chamberlain, Joseph 19, 21, 23, 139
Chinese arbeid 44, 47
Churchill, Clementine *249*
Churchill, Winston
 Anglo-Boereoorlog 26
 Smuts en xv, 4, 84, 116, 174, 190, 248–252, 255
 Tweede Wêreldoorlog 139–140, *139*, 144–145, 148–151, 155, 157, 203–204, *249*
Clark, Alice 196, 200–201
Clark, Bancroft 188
Clark, Hilda 206
Clark-familie 198, 211
Clark-Gillett, Margaret 46–47, 48, 173, 179, 188, 196, *196*, 198–199
Clemenceau, Georges 96, 100, 253
"Climate and Man in Africa" 125
Cloete, Jacob 8
Coaton, Jack 188
Collins, Michael 111
Colville, John 250
Colyn, Lambert 38
Commando 33–34
Crafford, FS 16, 19, 24, 58, 62, 70, 89, 104, 193
Craig, James 109
Creswell, Fred 69, 119, 120, 234
Crewe, Sydney 60

Cronjé, Piet 27
Cronwright, Samuel 17
Cullinan-diamant 57
Cunningham, Alan 143
Curzon, George *86*, 91, 107

Dart, Raymond 220
Darwin, Charles 210–211
De Chardin, Teilhard 214
De Gaulle, Charles 150, 151, 254
De la Rey, Koos 23, 25, 27–29, 31–32, 39–40, 69–70, 77, 182–183, 186
De Valera, Éamon 109–111
De Villiers, Henry 58, 60–61
De Vries, Boudewyn 9
De Vries, Catherina Petronella (Cato) (later Smuts) 8
De Wet, Christiaan 28–29, 31, 39–40, 58, 63, 70–71, 138
De Wet, NJ (Klaas) 13
digkuns 11, 208
Dill, John 141
Dominiumparty 146
Dönitz, Karl 155
Doornkloof (plaas) 6, 60, 147, 186–191, *187*, 193, *261*
droogte 71, 118, 126
Dubow, Saul 239
Duitsland 73, 96–97, 99–102, 131, 138–139, 149, 155
Duits-Suidwes-Afrika 70–71, 73–76, 89, 94, 102 *sien ook* Suidwes-Afrika
Duncan, Patrick 142

Ebden-beurs vir regsstudies 13, 15
Economic Consequences of the Peace, The 248
Eden, Anthony 140, 141, 149, 154
Eerste Vryheidsoorlog 130
Eerste Wêreldoorlog 69–70, 78–95, 111–112, 197–198, 245
Eeu van ongeregtigheid, 'n (Eene Eeuw van Onrecht) 24, 108
Egeland, Leif 177, 184, 251, 261–262
Einstein, Albert 116, 178
Eisenhower, Dwight 148, 150–151
ekonomie van Suid-Afrika 118, 126–127, 129–130, 162
Elizabeth, koningin van Engeland 163, 255
Empire Parliamentary Association 149, 254
Engeland *sien* Brittanje

Engels- en Afrikaanssprekende eenheid 15, 16, 47, 49, 51, 54
Engelse taal 9, 10, 51, 57, 59
Erasmus, FS 172
Esselen, Louis 183
evolusieteorie 210–211, 217
"Explosive Speech" 149, 158, 254

Fagan-kommissie 162, 242
Fitzpatrick, Percy 62
Foch, Ferdinand 93, 94, 102
Fourie, Jopie 71–72, 77
Frankryk 114, 253–254
Frederika, prinses van Griekeland 196, 201, 202–206, 256
French, John 33–34, 36, 39, 83
Friedman, Bernard 56, 227, 238
fusieregering 127–130, 133–135

Gandhi, MK xiii, xiv, 61, 64–67, *65*, 122, 165, 232
gedenknaald op Doornkloof 6, *261*
geologie 219–220
George, koning van Griekeland 204, 256
George V, koning van Engeland 85, 109, 185, 255
George VI, koning van Engeland 142, 163, 193, 255–256
Gesuiwerde Nasionale Party 127, 134
Geyser, Okkie 86
Gifts and Comforts Fund 193
Giliomee, Hermann 59, 257
Gillett, Arthur 199 *sien ook* Clark-Gillett, Margaret
Glen Grey Wet (1894) 17, 105, 123, 229
Goethe, Johann Wolfgang 11, 208, 210
Goodwin, John 223
goudstandaard 126–127, 129–130
Graaff, De Villiers 164
grasse 181, 189, 193, 224–225
Gravett, Willem 240–241
Green, Conyngham 22
Griekeland 141, 256
Griekse koninklike familie 204, 205, 256
Griekse Nuwe Testament 33, 216
Griekse taal 10, 208
Grobler, Piet 21
Groothuis 147, 187–191, *187*, 205
Guardian, The 144

Haig, Douglas 35–36, 39, 88
Haldane, JBS 116
Hancock, Keith
  Afrikanernasionalisme 63, 127
  Eerste Wêreldoorlog 71, 247
  ekologie 222
  holisme 215
  oor Alice Clark 200
  oor Isie Smuts 42, 193, 203
  persoonlikheid van Smuts 178
  rasseverhoudinge 227–228, 231
  Statuut van Westminster 119
  Tweede Wêreldoorlog 136, 152
  Unie van Suid-Afrika 50
Harlech, lord 147
Harris, "Bomber" 149
Havenga, NC (Klasie) 170, 171
Herenigde Nasionale Party/Volksparty (HNP) 138, 142
Hertzog, JBM
  Anglo-Boereoorlog 29, 31, 40
  as eerste minister 115, 117, 119–123, 126–128, *129*, 131–134, 136
  Eerste Wêreldoorlog 70, 95, 99–100
  as politieke leier 62–64, 69, 113–115, 142–143, 234–235, 237, 261
  Tweede Wêreldoorlog 134–135, 137–138
  Unie van Suid-Afrika 50–51, 57–59
Het Volk 47, 48, 49, 50–51
Heyns, Christof 240–241
historisisme 227
Hitler, Adolf 134–135, 154, 250
HNP *sien* Herenigde Nasionale Party/Volksparty
Hobhouse, Arthur 45
Hobhouse, Emily 19, 44–48, *46*, 73–74, 180, 196–198, 211
Hobson, WE 14
Hofmeyr, Deborah 159, 171
Hofmeyr, Jan (Onze Jan) 16–17
Hofmeyr, JH 132–133, *132*, 151–152, 159, 164, 167–168, 170–171, 237–238
Hogben, Lancelot 116
Holism and Evolution 82, 116–117, 200, 202, 210, 213–215, 217, 219
Holistic Smuts, The 211, 216
Hollandse taal 47, 57, 59, 64, 119
Hongarye 97–98
Hoover, Herbert 124
Hughes, WM 111

Ierland 87, 109–111
Imperiale Konferensies 64, 85–87, 108–111, 114, 119, 122
Indian National Congress 240
Indië 122, 159–160, 171–172, 228
Indiërregte 49, 61, 64–67, 146, 152, 159, 164, 232
industrialisasie 161, 234
Ingham, Kenneth 24, 78, 81, 104, 108, 125, 140, 183, 193, 198, 218, 228, 235, 246, 257
Inquiry into the Whole, An 213
Ismay, "Pug" 173
Israel 164, 253

Jabavu, DDT 132, 133, 258
James, Lawrence 250, 257–258
Jameson-inval 17
Japan 142, 146
Jode 90, 124, 164, 252–253
Johannesburg 18, 173
Joubert, Piet 23, 25, 26

Kaapkolonie
 Anglo-Boereoorlog 24, 31–39, 41–42
 Smuts in 17–18
 stemreg in 49, 55–56, 120–121, 133, 146, 230–233, 235–238
 Unie van Suid-Afrika 59–60
Kant, Immanuel 33, 214, 217
Keynes, John Maynard 98, 100, 247–248
King, Mackenzie 154, 156
Kissinger, Henry 246
Kitchener, Herbert 26, 29, 31, 33, 34, 39–41, 76
kleurslagboom (werkreservering) 112, 120
Kleynhans, Hans 34
Klopper, HB 143
Kolbe, FC 217
Kommissie van Naturellesake 105
Kommissie van Ondersoek na Naturelle Wette 242
kommunisme 97–98, 107, 146, 150, 161, 164, *165*
konsentrasiekampe (Anglo-Boereoorlog) 31–32, 44, 45–46
Kotze, JG 18
Krige, Tottie *30*, 36
Krige-familie 42
Kritiek van die suiwer rede 33

Kritzinger, PH 31–32
Kruger, Paul 16, 18–19, 21–23, 27, 29, 43, 65, 172
Kruger Nasionale Park 134
Kruithoring, Die 166
Kun, Bela 97–99
Kwakergemeenskap (Society of Friends) 14, 46, 73–74, 198, 211
KwaZulu-Natal *sien* Natal

Laaste Afrikanerleiers, Die 257
Lagden-kommissie 230–231
Lamont, Florence 206
Lamont, Tom 206
L'Ange, Gerald 74
Lategan, HW 36
Law, Bonar *86*, 253
Lawrence, Harry 179
League of Nations, The – A Practical Suggestion 95, 245
Leaky, Louis 125, 222
Lentin, Antony 48
Leuchars, George 63
Levi, N 212
Liberale Party (Brittanje) 40, 44, 45–46, 48, 50, 56, 69
Lincoln, Abraham xiii–xiv, 230
Livingstone, David 124
Lloyd George, David 49, *86*, 87–97, 99–102, 109, 144, 245–247, 252
Long Walk to Freedom 257
Louw, AJ 9
Ludendorff, Erich 94
Lukin, Henry 67

MacDonald, Ramsay 122, 126, 252
Macmillan, Harold 251
MacMillan, Margaret 100, 243
Maitland, FW 15
Malan, AH 36
Malan, DF (Danie)
 as eerste minister 171–172
 as minister 117
 as politieke leier 71–72, 119, 122–123, 127–128, 134, 137–138, 142, 146
 Smuts en 3–4, 11, 18, 160, 198
Malan, FS 13
malaria 81, 82
Malherbe, EG 170, 184, 258
Malmesbury-brei 10, 177

Manchester Guardian 131
Mandela, Nelson xiii, xiv, 7, 53, 257, 259
Mapungubwe 223
Marais, JI 13, 18
Maritz, Manie 36, 39, 70–71
Marloth, Rudolf 224
Marquard, Leo 170
Masaryk, Thomas 99
Matthews, ZK 162, *241*, 242, 258
Mazower, Mark 95, 108, 156, 160, 243–244
Mbeki, Thabo 53, 259–260
McIldowie, Louis *sien* Smuts, Louis (dogter)
Meinertzhagen, Richard 83
Meiring, Piet 51, 72
menseregte 240–241
menslike persoonlikheid 215–216
Merriman, John X 17, 50, *52*, 55–56, 58, 61–62, 69, 231, 247
Methuen, lord 25
Meyer, Lukas 25
Millin, Sarah Gertrude 180, 190–191
Milner, Alfred 19–23, 31, 40–41, 43–45, 47–48, 54, 65, 85, *86*, 87, 230–231
Mincher, Kathleen (Kay) 179, 180, 188, 189, 191
Moroka, JS 5
Molteno, Donald 238
Montgomery, Bernard 144
Moor, Frederick 61
Moore, Daphne 191, 194, 196, 202, 204–206, *205*, 240
Moore, Deidre 206
Moore, Henry 204
Moore, Jo 206
Moran, lord 250–251
München-ooreenkoms 134
Murray, Charles 10
Murray, Gilbert 116
Mussolini, Benito 140, 148, 155
mynbedryf 44, 55, 63, 67–68, 90–91, 111–113, 120
Mynwerkersunie 112, 161

Namibië *sien* Duits-Suidwes-Afrika; Suidwes-Afrika
Nasionale Herbarium 225
Nasionale Konvensie, Oktober 1908 58–60
Nasionale Party
   Eerste Wêreldoorlog 83
   gestig 63

   konflik in 128
   mynwerkerstaking 112–113
   rasseverhoudinge 164, 233–234
   republikanisme 119
   Tweede Wêreldoorlog 137, 145–146
   verkiesings 77, 105, 107, 114–115, 121–122, 146, 166, 171, 242
nasionalisme 12–13, 44, 108–109
Nasson, Bill 76, 82
Natal 25, 56–60, 64–65, 127, 152
Natal Indian Congress (NIC) 65–66
Naturelle (Stedelike Gebiede) Wet van 1923 234
Naturelle Verteenwoordigersraad (NVR) 121, 162, 240, 242
nazisme 134, 250
Nederduits Gereformeerde Kerk 8, 63, 71–72, 77, 208
Nederlandse taal *sien* Hollandse taal
New York Evening Post 246
NG Kerk *sien* Nederduits Gereformeerde Kerk
NIC *sien* Natal Indian Congress
Nicholls, Heaton 131–132, 237
Nuwe Orde vir Suid-Afrika 137
NVR *sien* Naturelle Verteenwoordigersraad

OB *sien* Ossewa-Brandwag
Oos-Afrika, veldtog in (Eerste Wêreldoorlog) 78–83
Oostenryk 99
Operasie Overlord 148–151
Orangia-Unie 47
Oranjerivierkolonie 27, 51, 57, 58, 60
Oranje-Vrystaat *sien* Vrystaat
Ossewa-Brandwag (OB) 137, 170

paaibeleid ("appeasement"), gebruik van term 101
Pakenham, Thomas 36
paleoantropologie 220–221
Palestina 90, 122, 124, 252–253
Pandit, VL 159
passiewe weerstand (*satyagraha*) 64, 66
paswette 66, 152, 162, 231, 238
Paton, Alan xv, 183, 212, 217
Paul, koning van Griekeland 202, 204, 256
Pershing, John J 93
Phillips, JFV 225–226
Pienaar, Dan 140, 141, 143, 145

285

Pirow, Oswald 136–137
Pole Evans, IB 181, *221*, 224, 225
Post (New York) 144
Powell, Enoch 242
Progressiewe Party 258

Raad van Aksie 113
Rand Daily Mail 3, 5, 7
Randse arbeidsonrus
  van 1913/1914 67–69, 182
  van 1922 111–113, 183
rasseverhoudinge 6, 66, 108, 153, 159, 162–166, 171, 185, 243, 257–258
Rattray, David 255
Rebellie van 1914 70–72, 74
Reitz, Deneys 33–37, 39–40, 134, 178, 213
Reitz, FW 23
republikanisme 99, 107, 112, 119, 122–123, 142, 146, 166
Reyneke, Johan 5–6, 117, 218
Rhodes, Cecil John 12, 16–17, 25, 108, 134, 236
Rhodes-gedenklesings 123–124
Rhodesië 55, 114
Riebeek-Kasteel 9
Riebeek-Wes 8
Roberts, Frederick 26–27, 28–29
Robertson, TC 181
Romantic Smuts, The 195
Rommel, Erwin 141, 143, 145
Rooikop (plaas) 186, 193
Roos, Tielman 127
Roosevelt, Franklin 150, 153–154, 156
Rose-Innes, James 133
Rusland 90, 93, 98, 107, 142, 146, 149–151, 156, 158

SANNC *sien* South African Native National Congress
SAP *sien* Suid-Afrikaanse Party
satyagraha (passiewe weerstand) 64, 66
Sauer-verslag 242
Schreiner, Olive 17, 195, 197–198
Schreiner, WP 50, 60, 61
Schumpeter, Josef 99
Scott Berg, Andrew 243–244
segregasie 159–160, 164, 171, 234, 238–239, 242, 257–258
Selassie, Haile 141
Selborne, lord 47, 55, 231, 233

selfregering vir Boerekolonies 40, 43–44, 46–50
Shelley, PB 11
Sinn Féin 109–111
Skotland 130
Smart, Thomas 105
Smuts, Catherina Petronella (Cato) (née De Vries) (ma) 8
Smuts, Cato (dogter) 188
Smuts, Jacob Daniel (Japie) (seun) 170–171, 188, 218
Smuts, Jacobus Abraham (pa) 8, 42
Smuts, Jacobus (Kosie) (seun) 18, 28, 29
Smuts, Jan Christiaan
  LEWE VAN (chronologies):
  jeug van 8–15, *12*
  huwelik met Isie 10–11, 18, *20*, 173, 193, 207
  as advokaat 16–22
  kinders van 18, *20*, 29, 170–171, 188, 191, *192*, 218
  Anglo-Boereoorlog 21–45, *30*, 37, 182
  as politieke leier 11–12, 16–18, 47–49, 115–127, 168–174
  as minister 50–70, *52*
  Eerste Wêreldoorlog xiv–xv, 69–102, *75*, *79*, *86*, *98*, 244
  as eerste minister 103–115, *106*, 135–167
  as adjunkpremier 128–135, *129*
  Holism and Evolution 82, 116–117, 200, 202, 210, 213–215, 217–218, 219
  Tweede Wêreldoorlog xv, 134–157, *139*, *249*
  dood van 2, 3–7, 174
  ASPEKTE VAN:
  briewe van 173, 195–200, 203–204, 206, 249–250
  bynaam "Slim Jannie" 53, 91
  by Doornkloof 186–193, *190*
  eerbewyse aan 125, 130, 150, 163, 168–169, *169*, 173–174, 204, 255–256
  as ekoloog *118*, 125, *176*, 180–181, 193, *209*, 219–226, *221*, *223*
  finansies van 179–180, 186
  gesondheid van 37–38, 81, 82, 96, 113, 115, 161, 172, 173–174
  as internasionale staatsman xiii, *154*, *163*, *182*, 243–256, 259–262
  persoonlikheid van xiii–xiv, xv, 16, 36, 38, 81–82, 147, 177–185, 261

plase van 186
rasseverhoudinge xiii, xiv, 15, 55–56, 64–67, 123–124, 185, 227–242, 257–258
spiritualiteit van xiv, 9, 208–218
vroulike bewonderaars van 194–207, 205
Smuts, Jan Christiaan (Jannie) (seun) 125, 127, 140, 148–150, 153, 156, 174, 180, 183, 186–189, 216, 248, 249
Smuts, Kathleen (Kay) (later Mincher) (pleegdogter) 179, 180, 188, 189, 191
Smuts, Louis (dogter) 174, 188
Smuts, Michiel (broer) 9
Smuts, Santa (dogter) 20, 188
Smuts, Sybella Margaretha (Isie) (née Krige) (vrou)
  Anglo-Boereoorlog 28–29, 41–42, 49
  eerbewyse aan 193, 203
  gesondheid van 41–42, 152, 163
  huwelik met Smuts 5, 10–11, 13, 15, 18, 20, 24, 82, 85, 104, 173, 179–180, 195, 207
  jeug van 10–11
  kinders van 18, 29, 171, 188
  oor Louis Botha 194
  op Doornkloof 188–189
  persoonlikheid van 192–193
  Tweede Wêreldoorlog 142
  vroulike bewonderaars van Smuts 196–197, 203
Smuts, Sylma (dogter) 174, 188
Solomon, Richard 40
South African Indian Congress 152
South African Native National Congress (SANNC) 59, 70, 233–234
Sowjetunie *sien* Rusland
spotprente 79, 165
stakings
  van 1913/1914 67–69, 182
  van 1922 111–113, 183
Stalin, Joseph 151, 158
Stallard, CF 132, 237
Star, The 7, 68
Statebond 111, 171–172, 232
Statuswet van 1934 130
Statuut van Westminster 86, 119–120, 130
Stewart, JM 81
Steyn, MT 21, 27, 40, 51, 55, 57–59
Stoffberg, TC 9
Story of an African Farm, The 197
Suid-Afrikaanse Lugdiens 137

Suid-Afrikaanse Lugmag 141
Suid-Afrikaanse Party (SAP) 47, 55, 62, 77, 105, 107, 114–115, 117, 119, 121–122
Suid-Afrikaanse Vereniging vir die Bevordering van die Wetenskap 220, 222
Suid-Afrika Wet 60–61, 131, 235–236
Suidwes-Afrika 97, 134, 156, 159–160, 171
  sien ook Duits-Suidwes-Afrika
swart mense
  in Amerika 124
  Anglo-Boereoorlog 26, 34, 40, 44
  "reservate" 231–232, 258
  Smuts en 5, 123–124, 227–242
  stemreg van 49, 55–57, 59–61, 105, 120–121, 130–134, 152, 164, 242
  "swart gevaar"-verkiesing 120–122
  Tweede Wêreldoorlog 139, 146
Unie van Suid-Afrika 59
vakbonde 161–162
verstedeliking 161

Tafelberg 181, 182, 193
Tanner, EW 148
Taung-skedel 220–221
Thomas van Aquinas 214
Times, The 6–7, 44–45, 76, 131, 197
Todd, lord 175
Transvaal 13, 16, 18–19, 21, 27, 29, 40, 44, 47, 49, 54–55, 57, 60, 172
Transvaler, Die 4, 164
Truman, Harry 154, 156
Tweede Vryheidsoorlog *sien* Anglo-Boereoorlog
Tweede Wêreldoorlog 134–158, 162, 185, 202, 250

Uniegebou 62
Unie van Suid-Afrika 50, 54–62, 231
Unie-verdedigingsmag 74, 136–137
Unionistiese Party 77, 105, 107
Universiteit van Cambridge 13–15, 78, 168–169, 169, 172
Universiteit van Londen 125
Universiteit van St. Andrews 130
Urgent Imperial Service 74

Vaalharts-besproeiingskema 134
vakbonde 68, 161–162
Van der Bijl, HJ 139

Van der Byl, Piet 166, 184, 202, 256
Van der Spuy, Kenneth 178
Van Deventer, Jaap 36, 38–39, 81, 82
Van Rensburg, CJJ 181
Van Rensburg, Hans 137
Van Rhyneveld, Pierre 140
Van Riet Lowe, Clarence 221, 222
Verdedigingswet van 1912 67
Verdrag van Vereeniging 41, 44, 49, 60
Verdrag van Versailles 102, 248
Verenigde Nasies (VN) 153, 155, 156–157, 159–160, 164, 240–241
Verenigde Party (VP) 128, 132, 134, 146, 152, 164–166, 168, 170, 238, 258–259
Verenigde State van Amerika *sien* Amerika
verkiesings 62, 77–78, 105, 107–108, 120–122, 134, 146–147, 165–168, 184, 235–236, 239, 242
verskroeideaardebeleid 28, 29–30, 32, 39
Verwoerd, HF 164, 258
Victoria-kollege 10
vlag van Suid-Afrika 117–118
VN *sien* Verenigde Nasies
Volkebond 94–97, 108, 123–124, 131, 149, 155, 245–246, 257
Von Lettow-Vorbeck, Paul Emil 78, 80–83, 124, 173
Von Mensdorff, Albert 91–92
Vorster, BJ 138
VP *sien* Verenigde Party
Vrede van Vereeniging 41, 44, 49, 60

vroue
    Smuts en 194–207, *205*
    in Tweede Wêreldoorlog 139
Vrouemonument 138
Vrystaat 21–22, 27, 40, 47, 49, 57, 59
VSA *sien* Amerika

Wallis 90–91
War Diaries 251
Wavell, Archibald 141
Web, JB 5
Weizmann, Chaim 90, 122, 164, 172, 252–253
werkreservering (kleurslagboom) 112, 120
West Ridgeway-kommissie 49
Wet op Naturellegrond van 1913 120, 231, 233
Wet op Naturellesake van 1920 105, 233
Wetsontwerp op Oorlogsmaatreëls 137–138
Weyers, Andries 188
Whitman, Walt 14–15, 208, 210
Wilson, Woodrow 92–97, 100–102, 184, 218, 243–246, *244*
Wolstenholme, HJ 14, 82, 87, 199–200, 213

Xuma, AB 152, 160, *161*

Yosemite nasionale park 156

Zimbabwe *sien* Rhodesië
Zulu, Pika 5

www.ingramcontent.com/pod-product-compliance
Lightning Source LLC
Chambersburg PA
CBHW051117160426
43195CB00014B/2242